Colin Taylor

Die Mythen der nordamerikanischen Indianer

Colin Taylor

Die Mythen der nordamerikanischen Indianer

Aus dem Englischen übertragen von Eva und Thomas Pampuch

Verlag C. H. Beck München

Der Übersetzung liegt folgende Ausgabe zugrunde:
Colin Taylor
Myths of the North American Indians,
Laurence King Publishing, London 1995

Designed and produced by Calmann & King Ltd, London

Mit 127 Abbildungen, davon 16 in Farbe und 1 Karte

Danksagung

Der Autor ist Paula Fleming für ihre große Unterstützung bei der Bildauswahl sehr zu Dank verpflichtet. Sein Dank gilt ebenso Karen Stafford und dem Verlag Calmann & King, die das Buch während seiner Herstellung so entgegenkommend und engagiert betreuten.

Titelseite: Ein Zuni-Mann lehnt an einem aus luftgetrockneten Lehmziegeln und Holzstäben gebauten Adlerkäfig. Die Adlerjungen wurden aus ihren Nestern genommen und in Käfigen wie diesem gehalten. Ihr Gefieder – besonders der Schwanz und die Federn – waren als Zeremonialgegenstände sehr geschätzt, da der Adler in den meisten Kulturkreisen der amerikanischen Ureinwohner als höchst verehrungswürdiger Vogel galt. In ihren Ritualen und als Symbol spielt er daher eine wichtige Rolle. Abgeworfene und gezupfte Federn fanden gleichermaßen Verwendung; der Vogel wurde im allgemeinen nicht getötet. Das Photo von John K. Hillers entstand 1879 im Zuni-Pueblo, New Mexico.

Umschlag Vorderseite: He Dog (1836–1927), ein Brule Dakota des Rosebud-Reservats. Photo zwischen 1895 und 1915 von John Alvin Anderson.

Umschlag Rückseite: Häuptlingstochter der Nakoaktok. Photo um 1909 von Edward S. Curtis.

Umschlaggestaltung: Fritz Lüdtke, München

ISBN 3 406 39916 9 für die Leinenausgabe
ISBN 3 406 40494 4 für die broschierte Ausgabe

Zweite, unveränderte Auflage 1996
Für die deutsche Ausgabe:

Satz: Kösel, Kempten
Druck: Graphicom, Vicenza
Printed in Italy

Inhalt

Einleitung 7

Erstes Kapitel
Schöpfungsmythen 21

Die Geschichte vom ersten Mann und der ersten Frau 24
Der Schöpfungsmythos der Muskogean 26
Der Schöpfungsmythos der Mandan 26
Der Schöpfungsmythos der Choctaw 28
Der Schöpfungsmythos der Zuni 31
Der Schöpfungsmythos der Apachen 33
Die Blackfoot-Genesis 37
Wie Old Man Above die Welt erschuf 45

Zweites Kapitel
Ursprungsmythen 47

Der Ursprung der Hexerei 50
Der Ursprung des Donners 53
Der Ursprung der Kiefer 55
Die Chilkat-Decke 58
Der Ursprung von Sommer und Winter 60
Der Ursprung des Feuers – Wie der Biber das Feuer stahl 65
Der Ursprung des Mais 66
Der erste Totempfahl 67
Der Ursprung des Pfeifensteins 71
Der Ursprung des Wampum 71

Drittes Kapitel
Himmelsmächte 75

Der himmlische Bär 78
Die Sonne und der Mond 81
Die Geschichte des Nordlichts 83
Die Pleiaden 85
Das Sternmädchen 87
Der Krieg mit den Himmelsmenschen 88
Die Geschichte der Pleiaden 90

Viertes Kapitel
Götter und Göttinnen 95

Menabozho 98
Die Göttin des Salzes 101
Die Geschichte von Tijaiha, dem Zauberer 103
Über den Messias 106
Der Schwarze Gott 110
Die Darstellung des Himmelsgottes, der den Blitz beherrscht 117

Fünftes Kapitel
Stammeslegenden 119

Wie Licht, Feuer und Wasser entstanden 122
Wie der Kojote den Riesen tötet 124
Der Rabe 129
Die Legende vom Spinnenturm 132
Der böse Medizinmann 135
Die Stein-Schilde 141
Blue Jay – der blaue Eichelhäher 141
Wie der Nordwind sein Geburtsrecht verlor 142

Sechstes Kapitel
Mythologie und Sagen der Stammesbräuche 145

Die Falschen Gesichter 148
Die Büffelhüter 148
O-kee-pa-Zeremonie: der Narr 152
Der Mann, der die Büffel rief 154
Der Lakota-Sonnentanz 160
Das Heilige Bündel 166

Anhang 170

Karte 170
Anmerkungen 172
Bibliographie 172
Text- und Bildnachweise 174
Register 174

Einleitung

Ein großer Teil der Mythologie der nordamerikanischen Indianer gilt der Schöpfung, der Jagd, dem Ackerbau, den kosmischen Mächten, die das Universum erschufen, sowie den großen irdischen Kräften: Feuer, Donner, Blitz, Hagel und Sturm. Daneben schöpfen viele Mythen auch aus der engen Beziehung zu Tieren, die zu Führern und Beschützern des einzelnen werden können. Die Tatsache, daß bestimmte Pflanzen medizinisch wertvoll sind, gab auch ihnen einen Platz im mythologischen Erbe.

Zweifellos war die Mythologie der nordamerikanischen Indianer mit ihrer Religion eng verflochten. Grob könnte man die Mythen in zwei große Gruppen gliedern: Während die eine den Stamm als Ganzes betrifft, hat die andere das Individuum zum Thema. Stets liegt eine starke Betonung auf der Existenz einer überwältigenden und mysteriösen höheren Macht, wie etwa Wakanda, Manitu und Orenda bei den Sprachfamilien der Sioux, Algonkin und Irokesen. Diesen Mächten wurde in vielen Zeremonien und Mythen große Verehrung entgegengebracht – oft nahm man dabei beachtliche physische und geistige Anstrengungen in Kauf –, damit dem Stamm oder dem einzelnen Gutes widerfahren möge.

Die meisten Mythen in diesem Band stammen aus dem Werk ‹Legends and Lore of the American Indians›, New York 1993. Der Herausgeber Terri Hardin hat darin rund dreihundert Mythen und Legenden der nordamerikanischen Indianer versammelt. Um für ein gewisses Gleichgewicht zu sorgen und die Eigenarten und den Ursprung wichtiger Zeremonien zu illustrieren, haben wir noch einige zusätzliche Mythen mitaufgenommen, etwa die des Lakota-Sonnentanzes und die *O-kee-pa*-Zeremonie der Mandan (6. Kapitel). Dazu kommen verschiedene Erläuterungen zu Schöpfungsmythen und Stammeslegenden (1., 2. und 5. Kapitel), deren Quellen in den jeweiligen Kapiteln angegeben werden.

Die Mythen lassen sich in sechs Themenbereiche fassen, die von der Schöpfung und den Ursprüngen bis zu den Zeremonien und Bräuchen einzelner Stämme reichen. Dabei ist zu berücksichtigen, daß die volle Bedeutung eines Mythos vielleicht getrübt wurde – durch die Übersetzung oder auch durch unsere ungenaue Kenntnis der Kultur des Stammes, der ihn überliefert hat. Denn viele dieser Mythen stammen aus dem 19. Jahrhundert, manche sind aber auch viel älter. So bemerkte kürzlich ein Feldforscher, der unter den Stämmen der Nordwest-Territorien (nördliches Kanada) arbeitete: «Es gab eine Reihe von Hindernissen, wobei die Sprache das größte war. Wenn wir uns auf Englisch unterhielten – selbst mit Menschen, die sich sehr gut in dieser Sprache ausdrücken konnten – oder wenn wir mit einem Dolmetscher arbeiteten, immer stellte sich ein gewisses unbefriedigendes Gefühl ein, eine Art Trauer darüber, daß die englische Sprache nicht in der Lage ist, Konzepte und Nuancen einer anderen Sicht der Welt darzustellen» (Irving and Harper, S. 39). Diese Schwierigkeiten sollte man stets bedenken, wenn man die hier zusammengetragenen Mythen liest.

Die Auswahl wurde so getroffen, daß alle neun Kulturregionen Nordamerikas vertreten sind. Diese Regionen bieten eine nützliche Hilfe bei der Klassifizierung der Lebensgewohnheiten jener Menschen, welche die verschiedenen Gebiete bevölkerten und die auf der Karte verzeichnet sind. Ihre kulturellen Eigenarten, die sehr stark von den Einflüssen ihrer Umwelt geprägt wurden, sind in den Grenzgebieten der

Regionen jedoch teilweise miteinander verschmolzen: So wiesen die Präriestämme der östlichen Plains kulturelle Merkmale der Waldgebiete wie der Plains auf.

Zu Seite 6: Frau und junges Mädchen der Flathead in ihrer Tracht. Das Photo wurde im Flathead-Indianer-Reservat im westlichen Montana vermutlich von Major Lee Moorhouse um 1900 aufgenommen. Im Hintergrund kann man die Mission Mountains erkennen. Die Tracht der Frau und die Insignien der Pferde sind typisch für den Stamm in dieser Zeit. Bemerkenswert sind die hohen Sattelknäufe und Hinterpausche sowie der Brustschmuck des Pferdes und die perlenverzierte Wiege, die das Pferd links trägt.

Der Südwesten fügt sich aus trockenen Wüsten, grünen Flußtälern und hohen, öden, schneebedeckten Bergen zusammen. Die Region erstreckt sich über die heutigen Bundesstaaten New Mexico und Arizona, dazu kommen die nördlichen Gebiete von Mexiko sowie einige kleine Ausläufer nach Texas, Utah und Colorado. Es gibt zwar deutliche Belege für eine menschliche Besiedlung schon vor mindestens 12000 Jahren, aber diejenige Kultur, die den ersten Europäern entgegentrat – die Spanier tauchten Mitte des 16. Jahrhunderts auf –, entstand erst um 900 n. Chr. Zu diesem Zeitpunkt besaßen die sogenannten Pueblo- und Pima-Stämme – Abkömmlinge der alten Anasazi- (Navaho-Name, der «alte Völker» bedeutet), Hohokam- und Mogollon-Kulturen – eine gemeinsame Kultur kaum unterschiedlicher Ausprägungen. Sie bauten zum Beispiel Bohnen, Kürbis, bunten Mais, Baumwolle und Tabak an, sie produzierten hübsche gedrehte, polierte und bemalte Keramik, ihre Kleidung bestand aus Decken und anderen Gewändern, die auf hohen, aufrecht stehenden Webstühlen hergestellt wurden. Ihre ursprünglichen Behausungen in Felswänden und Höhlen hatten sie aufgegeben. Die Pueblo lebten in großen Gemeinschaftssiedlungen, die aus Steinen und ungebrannten Lehmziegeln errichtet wurden, die Pima in kuppelartigen, strohgedeckten Hütten aus Stangen, Strauchwerk und Erde, deren Eingang immer nach Osten zeigte.

Um 1400 kamen andere Gruppen aus dem Norden; es waren Völker, die Athapaskan sprachen und die heute als Navaho und Apachen bekannt sind. Eine ganze Reihe von Pueblo-Siedlungen entlang des Rio Grande wurde aus Angst vor den Eindringlingen verlassen. Die Navaho und die Apachen drangen nach und nach in den Südwesten vor und nahmen die Lebensweise von Halbnomaden an. Die Navaho lebten vor allem in mit Erde bedeckten Hogans, die Apachen in Wickiups, einer Art Laube aus Strauchwerk, deren Dach oft mit Büffelgras bedeckt war. Diese Spätankömmlinge übernahmen viel von der Kultur des Südwestens, die Navaho allerdings, die von den Spaniern die Schafzucht übernommen hatten, ersetzten in ihren Produkten Baumwolle durch Schafwolle. Sie wurden zu geschickten Webern von Decken und lernten später, um die Mitte des 19. Jahrhunderts, von den Mexikanern die Kunst des Silberschmiedens. Dabei kombinierten sie das Silber mit den Türkisen der Gegend und stellten kunstvolle und sehr begehrte Schmuckstücke her.

Wie ihre Handwerkskunst ist auch die Mythologie der Stämme dieser Region eine Mischung aus verschiedenen Quellen: Manche Erzählungen gehen auf die Kultur der traditionell ansässigen Völker zurück und sind dann überlagert worden von den Geschichten der neu entstandenen Pueblo- und Pima-Kulturen und der späteren Ankömmlinge, der Athapasken, Navaho und Apachen. Unsere Auswahl spiegelt diese Unterschiede wider: So bildet etwa die Erzählung über den Himmelsgott der Zuni einen deutlichen Kontrast zu der über den Schwarzen Gott der Navaho (4. Kapitel).

Der Südosten umfaßt einen Großteil der breiten Küstenebenen, die im Osten an den Atlantik und im Süden an den Golf von Mexiko grenzen. Diese Kulturregion erstreckt sich auf weite Flächen der heutigen Bundesstaaten Alabama, Georgia, Carolina, Tennessee und Florida. Die Stämme, die hier im 19. Jahrhundert siedelten, waren das Produkt einer langen Zeit des Wandels nach den ersten Kontakten mit den Europäern, zu denen es bereits 1513 nach der Landung des spanischen Eroberers Ponce de León in Florida gekommen war. Um etwa 1700 wurde das Gebiet vor allem von Muskogean sprechenden Gruppen bewohnt, wie etwa den Creek, den Seminolen (die von den Creek abstammten), den Chickasaw, den Choctaw und den Natchez. Weiter nördlich jedoch lebten Cherokee, deren Sprache jener der Irokesen verwandt war. Creek, Chickasaw, Choctaw, Cherokee und Seminolen wurden in

Der Apache Buck Kehlh, photographiert von Edward S. Curtis um 1906. Die Apachen gehörten zur Sprachfamilie des Athapaskan und nannten sich selbst Dine *(«Volk») – ein alter subarktischer Ausdruck. Sie teilten sich in mehrere Stammesgruppen auf, von denen die Mescalero, die Jicarilla, die White Mountain und die Mimbre am bekanntesten sind. Der Mann trägt hier eine für die Apachen typische Kriegsmütze aus Leder, die mit geschnittenen Federn verziert ist.*

den Regierungsberichten des 19. Jahrhunderts als «die fünf zivilisierten Stämme» bezeichnet. Das Land, das diese verschiedenen Stämme besiedelten, war durchzogen von Strömen und Flüssen und bot eine Fülle an Nahrung.

So wie die meisten Jägerstämme glaubten auch die Indianer des Südostens an viele Tier- und Pflanzengottheiten. Man nahm an, daß diese die geheimnisvollen Kräfte verkörperten, von denen die gesamte Natur durchdrungen war. Über diesen Geistern standen Luft- und Erdgeister. Der höchste von allen war der sogenannte Meister des Atems. Diesem wurde in der Schöpfungsgeschichte der Muskogean (1. Kapitel) die Erschaffung des Menschen zugeschrieben: Er formte ihn aus dem Lehm, der seinen Wohnsitz umgab.

Der Choctaw-Mythos der Sintflut (1. Kapitel) unterstreicht den im Südosten verbreiteten Glauben, daß es die Pflicht des Menschen sei, all diese Geister zu ehren, und er deutet die Konsequenzen an, falls dieses Gebot ignoriert wird. Eine Botschaft, die sich durch diesen Typus von Mythen zieht, ist die der Erneuerung. Besonders deutlich wird dies daran, daß alle diese Stämme feierliche Reinigungszeremonien abhielten: Einzelnen Mitgliedern wurde dabei die Haut aufgekratzt, bis sie blutete; danach reinigten sich die Teilnehmer der Zeremonie mit einem Brechmittel, das oft der «Schwarze Trunk» genannt wurde.

Die Kulturregion des *Plateau und Basin* umfaßte im 19. Jahrhundert das Gebiet vom mittleren British Columbia Richtung Süden bis Nevada und Utah. Im Norden reichte es über die kontinentale Wasserscheide bis ins nordwestliche Montana, im Süden erstreckte es sich von den Rocky Mountains im Osten bis zur Sierra Nevada im Westen. Ein großer Teil der Plateau-Kultur hing von den beiden großen Flüssen ab, dem Columbia River und dem Fraser River. Lachs und andere Fische waren für viele der Stämme, die hier lebten, das Grundnahrungsmittel. Die üppigen Täler lieferten außerdem ausreichend Futter für das zahlreiche Wild. Je weiter man jedoch nach Süden kommt, desto mehr nehmen Größe und Bedeutung der Flüsse ab. In den Gebieten, die heute Nevada und Utah heißen, beherrschen Wüsten mit Beifuß und Strauchwerk das Bild. Hier im Great Basin, das so heißt, weil aus diesem Gebiet kein Fluß ins Meer abfließt, lebten die Digger-Indianer, ein findiges Volk, das den Namen *«Digger»* (Gräber) trug, weil es weitgehend von Wildgemüse und Wurzeln lebte, die es mit scharfen, spitzen Stöcken aus dem Boden grub. Die Mythologie dieses Volkes spiegelt ihre Armut wider und verfügt auch nicht über eine so reiche Phantasie, wie man sie in den meisten anderen Kulturregionen findet. So hatten die Stämme des Basin zwar prosaische Tiererzählungen, die häufig obszön waren; die Mythen über ihre Ursprünge gehen aber nicht über die Feststellung hinaus, daß die Welt durch den Kojoten und den Wolf eingerichtet wurde.

Alle Indianer in diesem Gebiet waren Halbnomaden. Im frühen 19. Jahrhundert gab es hier etwa 25 Stämme, die zu zwei Sprachfamilien gehörten – den Salish und den Sahaptin. Hier lebten die Nez Perce, die Wallawalla, die Cayuse, die Umatilla, die Flathead und die Kutenai, sämtlich Stämme mit vielen Pferden, die Viehhandel betrieben. Die meisten lebten in Gemeinschaftswohnungen, die für die einzelnen Familien in Bereiche aufgeteilt waren. Manche, wie die Nez Perce, Kutenai und Flathead, wohnten häufig in Tipis, vor allem auf ihren Expeditionen in die Plains.

In dieser im wesentlichen nicht-landwirtschaftlichen Region gibt es wenige Hinweise auf den Ursprung der Erde. Dafür finden wir eine Fülle von Mythen, die von Tieren, vor allem vom Kojoten handeln, der in Gestalt eines Betrügers oft als selbstsüchtig, gierig und schlau beschrieben wird und damit den Menschen durch seine Fehler und Eskapaden zeigt, wie man *nicht* leben soll. Der Kojote war aber auch schöpferisch, wie im Mythos der Flathead gezeigt wird: Dort tötet er einen Riesen, indem er sein Herz zerschneidet (5. Kapitel). Die Vorteile, die es bringt, wenn man den Tiergeistern gefällig ist, werden in jenem Mythos der Nez Perce deutlich, der beschreibt, wie der Biber dem Stamm das Feuer bringt (2. Kapitel).

Ein Zuni-Regentanz, 1899 aufgenommen von Vroman im Zuni-Pueblo, New Mexico. Man sieht die Darsteller, die Kokkoksi *oder «Guten Kachinas», die hier offenbar nach einer Pilgerfahrt zum Heiligen See auf dem Weg zum Dorfplatz sind. Regentänze wurden von den Zuni den ganzen Sommer über abgehalten. Die Tracht, bei der das lange Haar besonders auffällt, haben die Hopi vermutlich für ihre* Angakchina *oder «Langhaarige Kachina» kopiert.*

Plains und Prärie stellen ein großes, flaches Gebiet dar, das sich vom Fuß der Rocky Mountains bis zum Mississippi und vom nördlichen Saskatchewan River im heutigen Alberta fast bis zum Golf von Mexiko erstreckt. Es läßt sich in drei große Zonen aufteilen: im Westen erheben sich die Vorgebirge der Rockies, die ziemlich unfruchtbar und zerklüftet sind; im Osten, wo sich Missouri und Mississippi langsam ins Flachland schieben, liegen die Prärien, während in der Mitte die eigentlichen High Plains (das Hochplateau) liegen, die weitgehend die Provinzen oder Staaten von Alberta, Saskatchewan, Nord- und Süddakota, Wyoming und Montana umfassen. Dies ist das klassische Land der Büffel. Das Gebiet wird kreuz und quer von Flüssen wie dem Powder, dem Bighorn und dem Platte durchzogen, die üppige Täler und inselartige Waldgebiete hervorgebracht und schließlich den nomadischen Lebensstil seiner menschlichen Bewohner, der Plains-Indianer, geprägt haben.

In den nördlichen Plains lebten Stämme wie die Blackfoot, die Cree und die Assiniboin, in den mittleren Plains die Sioux, Cheyenne, Arapaho und Crow und in den südlichen Plains die Comanchen, die Kiowa und die Jicarilla Apachen. Im Westen gab es die Shoshonen, die Plateau- und Plains-Kultur miteinander verbanden, und im Osten, längs des Missouri und Mississippi, lebten Gruppen wie die Mandan, die Hidatsa, Arikara, Pawnee und Omaha, die oft als die Präriestämme bezeichnet werden. Die Vielzahl der in dieser Kulturregion heimischen Sprachfamilien – Algonkin, Sioux, Caddo, Uto-Aztekisch und Athapaskan – spiegelt die Bandbreite der unterschiedlichen kulturellen Ursprünge wider, die auch die Mythologie geprägt haben. Die rein nomadischen Stämme wie die Blackfoot, Sioux

(Lakota) und Comanchen waren mit vielen Pferden gesegnet, zogen den Büffeln durch die Ebenen nach und lebten in Tipis. Andere Stämme wie die Mandan, Pawnee und Omaha lebten in sogenannten Erdhäusern und benutzten die Tipis nur auf ihren Jagdausflügen. Diese Völker galten als die reichsten Indianer Amerikas, wobei Reichtum an der zur Verfügung stehenden Nahrung gemessen wurde, also Büffelfleisch, Wildgemüse und Beeren. In dieser Gesellschaft beteten die Menschen Geister an, die sowohl mit Tieren (siehe zum Beispiel den Mythos der Cheyenne über die Büffelhüter, 6. Kapitel) wie mit dem Himmel in Verbindung gebracht wurden. Die Sonne wurde dabei im allgemeinen als die höchste Macht angesehen. Aber auch Morgen- und Abendstern galten bei den Cheyenne (3. Kapitel) und den Pawnee (6. Kapitel) als besonders wichtig. Alle glaubten an eine durchdringende Kraft, die Mensch, Tier oder Pflanze zum Leben erwecken könne.

Die Zeremonien der Plains-Indianer wurden immer mit mythologischen Erzählungen begründet. Die Themen der Mythen waren vor allem der Ursprung des Menschen und der Erde, aber auch Helden und die Topographie des Landes tauchten immer wieder auf. So ist es in der Blackfoot-Genesis (1. Kapitel) die mythische

Vier maskierte Geisterdarsteller, die die vier Richtungen repräsentieren. Es handelt sich vermutlich um Mescalero-Apachen, die im San-Carlos-Reservat in Arizona zwischen 1898 und 1902 photographiert wurden. Die charakteristische Tracht dieser sogenannten Gahan-*Tänzer bestand aus schwarzen Ledermasken, auf die geschnitzte und bemalte Holzleisten montiert wurden. Das Tragen von Pfeil und Bogen ist nicht ungewöhnlich – zwei der abgebildeten Personen tun es –, wahrscheinlich war ein Teil des Rituals der Verabreichung von* japane diyi *oder «Kriegsmedizin» gewidmet.*

Figur des Napi oder Old Man, der nicht nur Menschen und Tiere erschaffen und das Land hervorgebracht hat, sondern auch die Kraft der Träume demonstrierte und die Menschen viele Dinge lehrte. Die heiligen Mythen dienten dazu, ein grundsätzliches Verhaltensmuster aufzuzeigen, das die Bevölkerung bis zu einem gewissen Grad beherrschte. Häufig wurden die Mythen in komplizierten Zeremonien dramatisiert und blieben damit für die folgenden Generationen im wesentlichen unverändert, wie die Beispiele des Sonnentanzes der Sioux und des *O-kee-pa* der Mandan veranschaulichen (beide im 6. Kapitel).

In der Kulturregion *Kalifornien,* im Westen des Great Basin, jenseits der Sawtooth Mountains, im heutigen Bundesstaat Kalifornien, lebten verschiedene Stämme. Hier sind etwa fünf oder sechs der nordamerikanischen Sprachfamilien heimisch – ein deutlicher Kontrast zu Gebieten wie dem Nordosten, in dem nur zwei Sprachen, Algonkin und Muskogean, vertreten sind. Die wahrscheinlichste Erklärung dafür ist wohl, daß das Land durch seine Lage am Rande des Pazifiks einen letzten Zufluchtsort für die vielen umherwandernden Stämme bildete, wobei dann kleine Gruppen, die vielleicht des Reisens müde waren oder Streit hatten, sich hier und dort ansiedelten. Diese kleinen Gruppen (die oft als *«tribelets»* bezeichnet werden) zeigten eine erstaunliche Feindseligkeit untereinander, und jede entwickelte ihre eigenen, höchst unterschiedlichen Gebräuche. Im Norden des Gebietes lebten die Karok und Shasta, südlich von ihnen Stämme wie die Pomo, Maidu und Chumash, die für ihre spezielle Korbflechterei bekannt waren. Die *tribelets* lebten in kleinen Dörfern in kuppelartigen Strohhütten oder in Hütten, deren Rahmen aus Pfählen bestand und mit Binsenmatten bedeckt war. Sie waren Halbnomaden und ernährten sich hauptsächlich von Fisch. Aber sie jagten auch Kleintiere wie Kaninchen, Vögel und Bergschafe.

Es ist nicht leicht, die Mythologie dieser sehr verschiedenen Gruppen zusammenzufassen. Bei den nördlichen Stämmen wie den Karok und Shasta findet man jedoch übereinstimmend den festen Glauben an einen einzigen Schöpfer, der manchmal noch durch den betrügerischen Kojoten ergänzt wird. Old Man oder Chareya als Schöpfer der Welt ist das Thema des Shasta-Mythos im 1. Kapitel; er enthält zum Beispiel mehrere Elemente der Erschaffung von Tieren und Landschaften, die für den Stil der Mythen in Nordkalifornien typisch sind.

Die *Nordwestküste* stellt einen sehr speziellen Kulturkreis dar, wenngleich auch zwischen Norden und Süden große Unterschiede bestehen. Er reichte vom Pfannenstil Alaskas über die Küste British Columbias und im Süden bis zum Columbia River im Staat Washington. Im Norden siedelten die sogenannten maritimen Stämme, die hauptsächlich auf den Künsteninseln Alaskas und British Columbias lebten. Zu ihnen gehörten so berühmte Totempfahlschnitzer wie die Haida, Nootka, Tlingit und Tsimshian, während die Stämme der Flüsse und Buchten das Festland an der Pazifikküste besetzten – Gruppen wie die Bella Coola und die Makah. Südlich davon, an der Grenze zu Nord-Kalifornien lebten die Tillamook und Yurok, deren Kultur sich mit der Kultur der kalifornischen Stämme mischte.

Was der Büffel für die Stämme der Plains, das war der Lachs für die Stämme der Nordwestküste. Diese prächtigen Fische mit ihrem fettreichen, nahrhaften Fleisch zogen jeden Sommer vom Pazifik die zahlreichen Flüsse hinauf. Zusätzlich gab es noch reichliche Mengen an Tiefsee-Heilbutt und Kabeljau, Schellfisch, Seeotter, an Seelöwen und Walen, die von vielen dieser Küstenstämme in Einbaumkanus gejagt wurden.

Diese Stämme waren außerdem geschickte Holzhandwerker. Die ausgedehnten, fast unpassierbaren Wälder lieferten Zedern-, Mammutbaum- und Kiefernholz, das zumeist ziemlich weich und gleichmäßig gemasert war. Aus diesem natürlichen Material bauten sie sich bequeme Häuser, seetüchtige Kanus und schnitzten – in einigen der nördlichen Dörfer – die beeindruckenden Totempfähle. Die Chilkat, eine Gruppe der Tlingit, die in Süd-Alaska zu Hause waren, stellten prachtvolle und sehr begehrte Decken her.

Der Mythenschatz der Nordwestküste ist besonders reichhaltig. Viele ihrer ursprünglichen Geschichten beginnen mit dem Hinweis auf höhere Mächte, die in den verschiedenen Bereichen des Himmels, oftmals in Menschengestalt, leben. So wimmelt es von Geschichten über Monster, die erst Tiere sind und dann zu Menschen werden, Kannibalen, die den Menschen die Schädel einschlagen, oder Hexen, die sich in Schamanengräbern aufhalten (2. Kapitel). Viele Mythen drehen sich um einen Betrüger, der einmal ein Rabe, einmal ein Rotkehlchen, ein Eichelhäher oder Nerz sein kann. Diese Tiere sind stets klug und lehren die Menschen viele Dinge, denn diese Gesellschaften betrachteten die Menschen keineswegs als den Tieren überlegene Geschöpfe. Es ist daher in den Mythen, die um den Ursprung des Totempfahls kreisen (2. Kapitel), auch der Rabe und nicht der Mensch, dem es anvertraut wird, den Kwakiutl den Totempfahl zu bringen. Diese Überlieferung steht im deutlichen Gegensatz zur allgemeinen Ansicht, daß sich die Indianer der Nordwestküste mit Holzschnitzerei wahrscheinlich erst ab dem späten 18. Jahrhundert intensiv beschäftigt haben, nachdem vornehmlich russische Schiffe Eisenwerkzeuge ins Land gebracht hatten, die man gegen die im Orient sehr begehrten Seeotterfelle eintauschte.

Der Nordosten: Diese Kulturregion erstreckt sich im Westen von der Atlantikküste zum Nordwestufer des Lake Superior und dann südlich zu den Flüssen Ohio und Cumberland bis zur Küstenebene von North Carolina und Virginia. Um die indianischen Kulturen hier genauer zu definieren, wird diese riesige Region allgemein in drei geographische Gebiete unterteilt: die Great-Lakes-Flußgebiete, das Tiefland von Saint Lawrence und das Küstengebiet. Die größeren Stämme dieser Kulturregion gehörten hauptsächlich zur Sprachfamilie der Algonkin und Irokesen. Im Nordwesten um den Lake Superior lebten die Chippewa; mehr im Süden dieses großen Stammes (er umfaßte 1760 etwa 25000 Menschen) siedelten die Menominee, Illinois und Winnebago, wobei letztere sprachlich den Sioux zuzurechnen sind. Im Norden waren die Abenaki, die Malecite-Passamaquoddy und die Micmac; südlich von ihnen lebte die Irokesen-Konföderation, bestehend aus sechs lose verbundenen Stämmen – Mohawk, Oneida, Onondaga, Cayuga, Seneca und Tuscarora –, die man häufig als Langhaus-Stämme bezeichnete, da sie traditionsgemäß in Häusern wohnten, von denen viele bis zu dreißig Meter lang waren und Platz für acht bis zehn Familien boten.

Häuser und Kleidung dieser Region waren äußerst unterschiedlich: während einige Familien in Langhäusern lebten, wohnten andere in Wigwams, die mit Birken- oder Ulmenrinde bedeckt waren. Alle aber trugen Mokassins mit weichen Sohlen. Als Beförderungsmittel diente hauptsächlich das Kanu, und alle besaßen Schneeschuhe. Viele dieser Gruppen fertigten prachtvollen Federschmuck und Stikkereien aus Elchhaaren, später dann Perlenstickereien. In der gesamten Region wurde einfache Keramik hergestellt, dazu Matten, Textilien und Taschen, die im allgemeinen aus Zedernrinde oder Nesselfasern fein gewebt waren. Die Taschen zeigten häufig das Motiv eines Donnervogels oder Unterwassermonsters auf der Vorder- und Rückseite, die auf die Mächte des Himmels und der Unterwelt verwiesen, während das Innere der Tasche die Erde symbolisierte, die diese beiden großen Mächte voneinander trennte. In kultureller Hinsicht zwar sehr unterschiedlich, wurde dieses Gebiet jedoch durch mehrere gemeinsame kosmologische Glaubensinhalte geeint. Am wichtigsten war die Anerkennung von drei großen kosmischen Zonen: die Unterwelt, die Erde und die Höhere Welt des Himmels und der Sonne. Diese Glaubensvorstellungen manifestierten sich in den verschiedenen Zeremonien, wie zum Beispiel in der Mittwinter-Erneuerungszeremonie der Irokesen, die «Traumfestival» hieß. Man glaubte, der «Besitzer der Himmel» habe verfügt, daß

Blackfoot-Indianer mit um den Kopf gewundenen Weidenzweigen. Das Datum der Aufnahme ist nicht bekannt, muß aber in der Zeit zwischen 1900 und 1920 liegen. Es handelt sich hier offensichtlich um einen Bestandteil des Sonnentanz-Rituals. Als Teil der Zeremonie brachte eine Kriegergesellschaft hundert Weidenzweige herbei und lehnte sie an das Gerüst der Sonnentanzhütte.

Zuni-Straße, vermutlich im Zuni-Pueblo in New Mexico. Photo von Hillers, 1879. Laut Hillers handelt es sich bei den Personen um In-ih-ti (links) und Ho-ta (rechts). Man beachte die burros *(Esel), die als Packtiere in der Pueblo-Region sehr verbreitet waren und, wie man hier sieht, außergewöhnlich schwere Lasten tragen konnten.*

die Zeremonie auf der Erde stattfinden solle, weil sie auch in der Himmelswelt ausgetragen wurde. Verbindungen mit dieser Himmelswelt, ihren Mächten und Geschenken sind die Basis der Mythen der Passamaquoddy, Abenaki, Onondaga und Chippewa, die im 2. und 3. Kapitel dargestellt sind. Auch die Macht des «Lebensspenders», wie sie die Chippewa-Mythen vom ersten Mann und der ersten Frau und vom Geschenk des Lichts, des Feuers und des Wassers ansprechen (1. und 5. Kapitel), wird in der Midewiwin oder «Grand Medicine Society»-Zeremonie des Stammes aufgegriffen. Dies dokumentiert eine komplizierte Folge von in Birkenrinde geritzten Piktogrammen, in denen die Verlängerung des Lebens durch die rechte Lebensweise hervorgehoben wird, wie es der große Manitu, der treue Freund des Menschen, verfügt hat.

Die subarktischen Gebiete: Die Kultur der subarktischen Gebiete übergreift den ganzen nordamerikanischen Kontinent vom Osten Alaskas bis zur Halbinsel Labrador und reicht hinunter bis südlich der Hudson Bay und des Lake Winnipeg. Als Mitte des 18. Jahrhunderts die ersten Europäer in diesem Gebiet ankamen, lag die geschätzte Bevölkerungszahl dieser Region kaum über 60000 Personen, wobei die Mehrheit zu den Athapaskan oder Algonkin sprechenden Völkern zählte. Sie bewohnten ein Gebiet von ungefähr fünf Millionen Quadratkilometern.

Die Landschaft in dieser riesigen Region ist höchst unterschiedlich und variiert zwischen arktischer, gebirgiger Tundra im Norden und offener, waldiger Tundra im Süden, die sich abwechselnd in nördliche Wälder oder eine Parklandschaft mit vereinzelten Bäumen auf weiten Grasebenen verwandelt. Viele der heutigen Provinzen am Yukon, der Nordwest-Territorien und der nördlichen Teile von British Columbia, Alberta, Saskatchewan, Ontario und Quebec sowie ganz Neufundland gehören zu diesem subarktischen Kulturgebiet. Die Stämme, die Athapaskan sprachen, waren zum Beispiel die Kutchin und die Tanana am Yukon, die Dogrib, Beaver und Chipewyan in den Nordwest-Territorien und den nördlichen Teilen von Alberta und Saskatchewan. Zum Sprachbereich der Algonkin gehörten verschiedene Gruppen der Cree, der nördlichen Chippewa, Naskapi und der Montagnais, wobei die beiden letzten den nördlichen Teil von Quebec und Labrador bewohnten. Viele dieser Gruppen bestanden aus mehreren großen Nomaden-Familien, die weitgehend voneinander isoliert lebten, da die Nahrungsmittel oft begrenzt waren. Man jagte vor allem Karibus und Elche, aber auch kleineres Wild wie Hasen oder Kaninchen, und verschiedene Wasservögel machten, ebenso wie Fisch, einen wichtigen Teil der Ernährung aus.

Die Stämme der Algonkin-Sprachfamilie lebten bevorzugt in konisch geformten Wigwams, während die Athapaskan-Stämme in kuppelförmigen Behausungen wohnten, die mit Birkenrinde oder Häuten bedeckt waren. Die Feuerstelle befand sich bei beiden in der Mitte des Baus. Die Sommer in diesem Gebiet sind warm aber kurz, die Winter bitter kalt und lang. In diesen langen Monaten erzwungener Passivität trugen die Geschichtenerzähler die Mythen und Legenden des Stammes vor, und man übte die Kunst des *«Skapulimancy»*. Dabei wurden die großen Schulterblätterknochen eines Karibus oder Elches über das Feuer gehalten, und man las die Risse oder geschwärzten Flecken, an die sich phantastische Geschichten knüpften, die sehr von der Einbildungskraft des Erzählers abhingen. So gab es reichlich Erzählungen, die von Kannibalen, Buschmännern, Himmelsmächten und Geistern handelten. Letztere werden im 3. Kapitel durch den Athapaskanischen Mythos von Sonne und Mond veranschaulicht. Die Bedeutung, die das Holz zum Überleben in diesem rauhen Land (zur Herstellung von Werkzeugen, Schneeschuhen, Reibehölzchen, Waffen und Masken für die Zeremonien) besaß, klingt in einer Geschichte an, die sich mit dem Ursprung der Kiefer befaßt (2. Kapitel). Die Mythologie der Subarktis spiegelt stets die Unsicherheit der menschlichen Existenz wider. Immer wieder gibt es Hinweise auf die unvorhersehbaren Ereignisse des täglichen Lebens, die den Zuhörern der Geschichten halfen, ihren Platz zu finden und die richtigen Verhaltensmuster in einer kompromißlosen, weitgehend feindlichen Umgebung zu finden.

Mikasuki-Seminolen-Frauen mit Holzmörser und Stößel. Das Photo entstand um 1890 vermutlich in der Nähe des Big Cypress Swamp in Florida. Der Mörser wurde ausgehöhlt, indem man die Mitte eines Holzklotzes auskratzte. Den geschnitzten Stößel beließ man oberhalb des Griffes absichtlich schwer, um das Zerkleinern des harten, getrockneten Mais zu erleichtern. Das Maismehl wurde zusammen mit geraspelten Wurzeln der Coontie-*Pflanze (einer wilden Zykadazee) in einer Suppe gekocht, die man* «Sofkie» *nannte.*

Die Arktis, die häufig als eine der letzten, praktisch unberührten Naturlandschaften der Erde betrachtet wird, erstreckt sich über fast 6500 Kilometer von der Westküste Grönlands bis zur Küste Sibiriens. In dieser Region lebten drei getrennte Gruppen. Sie alle stammten ab von den Aleuten-Eskimos, die vor etwa 10000 Jahren – und damit als letzte aller einheimischen Völker Nordamerikas – über die Beringstraße aus Sibirien eingewandert waren. Ihre Sprache unterscheidet sich deutlich von anderen Sprachen, sei es in der Neuen oder in der Alten Welt. Im Nordwesten lebten die Aleuten auf der gleichnamigen Inselkette, die sich zwischen Pazifik und Beringmeer erstreckt. Die Yupik besiedelten beide Seiten der Beringstraße, während der Stamm der Inuit-Inupik sich von Grönland nach Alaska ausdehnte und den ganzen arktischen Teil Kanadas bewohnte.

In der Sprache der Aleuten-Eskimos gibt es verschiedene Begriffe, mit denen sie sich selbst bezeichnen. Manche sagen, Eskimo bedeute übersetzt: «wirklich echter Mensch». In den siebziger Jahren kam man – in der (irrtümlichen) Annahme, Eskimo sei ein abschätziger Ausdruck, der soviel heiße wie: «jemand, der rohes Fleisch ißt» – nach einer langen Debatte überein, den Namen «Inuit» für alle Eskimos zu übernehmen, unabhängig von ihren örtlichen Gepflogenheiten.

Obwohl die Inuit unterschiedliche Kulturen haben, gibt es bei all diesen Völkern fellbespannte Boote, Harpunen, aufblasbare Lederflöße, gezinkte Vogelspeere, zweiflügelige Lachsspeere, Lampen, Steintöpfe, Hausterrassen, geschneiderte Kleidung und Elfenbeinschnitzerei. Auch der Gebrauch von Gemeindehäusern (Dorfhalle) und schamanistische Mythen oder Geschichten sind allen gemeinsam. Der Mythos, den wir für diese Kulturregion ausgesucht haben, hat mit dem Raben zu tun (5. Kapitel) und stammt von den Eskimos am Pazifik, welche die Festlandküste Alaskas und Kodiak Island bewohnen. Die Siedlungen dieser Gruppen waren im allgemeinen auf die küstennahen Bezirke beschränkt. Da dieses Gebiet meistens eisfrei war, jagte man hauptsächlich Meeressäugetiere und sammelte und fischte im Salzwasser. Die fellbespannten Kajaks hatten einen besonderen, hochgezogenen Bug, der für die ruhige See, die für diese Region typisch ist, perfekt geeignet war.

Die mythologischen Geschichten ranken sich um eine Reihe von Zeremonien, Tänzen, Ritualen und Festen sowie den Kontakt mit übernatürlichen Wesen. Dieser Kontakt wurde durch das Anlegen von Masken oder durch Trance erreicht. Wie bei allen Inuit-Gruppen gab es zahlreiche Tabus, die eine wesentliche Grundlage des religiösen Lebens darstellten. Auch davon ist in den Mythen oft die Rede. Diese Tabus hatten mit der Jagd zu tun, mit verschiedenen Wildtieren und Wendepunkten im Lebenszyklus eines Menschen. Insgesamt war die Rolle des Schamanen äußerst wichtig. Sie verwirrten den gewöhnlichen Menschen durch den Gebrauch einer heiligen oder geheimen Sprache im Umgang mit der Welt der Geister. Auf diese Weise wurden die höheren Mächte besänftigt. So auch durch die weisen Taten des Häuptlings von Kodiak Island, von denen im Mythos vom Raben die Rede ist und auf die in der Einführung zum 5. Kapitel noch ausführlicher eingegangen wird.

Erstes Kapitel

Schöpfungsmythen

In einer Reihe von Mythen der nordamerikanischen Indianer gibt es das Bild des Windes, der in der Gestalt eines riesigen Vogels über dem Ur-Ozean hängt. Die Welt wird erschaffen von verschiedenen Tieren, die der Schöpfer auffordert, in die Wasser zu tauchen und genügend Schlamm heraufzuholen, so daß er damit beginnen kann, die Erde zu formen. In einigen Mythen, wie etwa dem der Muskogean (S. 26) wird der Schlamm in Fleisch und Knochen verwandelt. Bei den Plateau-Stämmen, wie den Shoshonen und Bannock, entstehen so nicht nur die Menschen, sondern auch das Himmelszelt ist aus diesem Schlamm geschaffen.

Manchmal kommt es in diesen Mythen zu einer bizarren Umkehrung der Ereignisse. So erzählen zum Beispiel die Algonkin, daß ihr großer Gott Michabo eines Tages zu seiner Überraschung sah, wie die Tiere in einen großen See stiegen und verschwanden. Er folgte ihnen ins Wasser, um sie zu retten, aber als er dies tat, lief der See plötzlich über und überschwemmte die ganze Welt.

Der große Gott schickte daraufhin einen Raben aus, um ein Stück Erde zu suchen, das als Kern einer neuen Welt dienen könne, aber der Vogel kehrte unverrichteter Dinge zurück. Dann schickte der Gott einen Otter mit demselben Auftrag fort, aber auch dem Otter gelang es nicht, jenen irdischen Keim zu finden. Zum Schluß wurde eine Bisamratte ausgesandt, und sie kehrte mit genügend Erde zurück, so daß Michabo das feste Land neu erschaffen konnte. Die Bäume hatten inzwischen ihre Zweige verloren, deshalb beschoß sie der Gott mit Pfeilen und gab ihnen auf diese Weise wieder neue Äste. Danach heiratete Michabo die Bisamratte, und aus dieser Verbindung entsprang die menschliche Rasse.

In der Genesis der Blackfoot (S. 37) wird Michabo zu Na'pi oder «Old Man», der die ersten Menschen aus Lehm formte, ihnen dann Pflanzen und Tiere gab und zeigte, wie man Pfeil und Bogen herstellt. In der Zeit der Reservate, als die Weißen die Indianer bereits beherrschten und die traditionelle Blackfoot-Kultur zerstörten, wurde dieser Mythos ausgeweitet: Grund für ihr unglückliches Schicksal sei, so sagten die Blackfoot, daß sie Na'pis Gesetze nicht befolgt hätten.

Die Idee des Auftauchens aus dem Wasser ist ein immer wiederkehrendes Motiv. Dies zeigt beispielsweise der Schöpfungsmythos der Zuni (S. 31), der Mutter Erde und Vater Himmel aus grünen Schäumen entstehen läßt. Auch die Apachen, ein Stamm der Athapaskan-Sprachfamilie, der vor mindestens vierhundert Jahren in den Südwesten zog, erwähnen die Überreste eines Ur-Ozeans (S. 33) – vielleicht eine Erinnerung an jene Zeiten, als sie noch in der Nähe des Beringmeers im hohen Norden von Kanada lebten.

In der Mythologie der Choctaw spielte die Sintflut eine wichtige Rolle, wie aus ihrer Schöpfungsgeschichte (S. 28, zitiert nach Swanton 1931, S. 202 ff.) eindeutig hervorgeht. Die Choctaw nannten dieses Ereignis denn auch *Oka Falama* (die Rückkehr der Wasser), ein Hinweis auf ihre Überzeugung, «alles sei bei der ersten Schöpfung von Wasser bedeckt gewesen» (Swanton 1931, S. 202).

Das Auftauchen der Menschen aus der Erde ist ebenfalls ein verbreiteter Schöpfungsmythos. Eine Version davon zeigt der Schöpfungsmythos der Mandan (S. 26). Andere Varianten findet man bei so weit voneinander entfernt lebenden Gruppen wie den Choctaw und den Creek im Südosten bis zu den Haida, Tsimshian, Kwakiutl und Tlingit an der Nordwestküste, während im Südwesten der Schöpfungsmythos der Zuni davon berichtet, wie der Stamm durch vier unterirdische Höhlen reist, bis er schließlich in der Oberen Welt des Sehens und der Erkenntnis auftaucht (S. 31).

Im Gegensatz dazu betont der Schöpfungsmythos der Shasta (Kalifornien) das Wirken der Himmelsmächte (S. 45). Chareya oder Old Man Above bohrt ein Loch in den Himmel, klettert durch dieses Loch zur Erde hinunter und erschafft dort Bäume und Tiere. In dieser Hinsicht ähnelt dieser Mythos der Schöpfungsgeschichte der Pawnee (Plains), die von Tirawahat (auch Ti-ra'-wa) oder The one Above erzählt. Nach dieser Überzeugung soll Tirawahat der Erschaffer aller Dinge gewesen sein und die Ehe zwischen dem Abend- und dem Morgenstern gestiftet haben, deren Kinder dann später die Erde bevölkerten.

Der Schöpfungsmythos der Muskogean (S. 26) ist ganz offensichtlich der Schöpfungsgeschichte in der Genesis des Alten Testaments sehr ähnlich: In beiden Geschichten wird der Mensch von einem höheren Wesen aus Lehm gemacht. Analog zu dem Schöpfergeist der Bibel, der über den Wassern schwebt, erscheinen bei den Muskogean in dieser Funktion Tauben. Die Parallelen seien so auffallend, schreibt Terri Hardin, daß man fast «gezwungen ist, daraus zu schließen, daß dies eines jener Beispiele ist, in denen die Ideen des Evangeliums einer ursprünglichen Legende aufgepfropft wurden» (Hardin 1993, S. 3).

Bevor man jedoch solche Ähnlichkeiten dem neuzeitlichen Wirken der christlichen Missionare zuschreibt, sollte man die verschiedenen indianischen Mythen und Legenden Amerikas mit ihren präkolumbianischen Vorläufern vergleichen. Dann scheint nämlich der Schluß überzeugender, daß die biblische Überlieferung eben nur ein bestimmter Ausdruck von jenen Glaubensvorstellungen ist, die in der ganzen Menschheit und über den ganzen Erdkreis verbreitet sind und die sich «in der Neuen Welt auf ihre eigene Weise entwickelten» (Brotherston, S. 153).

Aber nicht alle Schöpfungsmythen folgen diesem Muster. So meinten die Abenaki der Wälder des Nordostens, daß sie von einer allmächtigen Sonne erschaffen wurden, die zuerst das Universum formte und dann die Erde befruchtete und mit ihren durchdringenden Strahlen lebendige Geschöpfe hervorbrachte. Bei den Chippewa war es der «Große Manitu» (Hardin, S. 126) in der Gestalt eines riesengroßen Vogels, aus dessen Ei der Mensch entstand (S. 24).

Wie auch immer die verschiedenen Versionen dieser Schöpfungsmythen im einzelnen aussahen, sie galten fast überall als heilig, und es gibt einige

Zu Seite 20: Apachen-Frau, die Feuerholz auf ihrem Rücken trägt. Das Photo ist nicht datiert, entstand aber vermutlich zwischen 1900 und 1920. Das sogenannte Hogan *(bei den Navaho* Goghan, *«Haus») ist eine typische Behausung der Apachen. Es besteht aus einem Stangengerüst, das an der Spitze zusammengebunden ist und mit Zweigen, Rinde oder Häuten bedeckt wird. Auf dem Boden liegen große Wasserkrüge. Sie wurden oft aus Korb geflochten und mit Fichten-Harz wasserdicht gemacht.*

Belege dafür, daß die traditionellen religiösen Führer einer Stammesgemeinschaft ihre Aufzeichnung ablehnten. Ebenso wie in den anderen Kulturkreisen der übrigen Welt versuchten auch die Schöpfungsmythen der nordamerikanischen Indianer mit großem Einfallsreichtum, Antworten auf die Frage zu geben, woher alles kam, sowie auf die Frage nach dem «wie» und «warum» der oftmals paradoxen oder von ihnen paradox empfundenen Welt, die sie umgab.

Nijogijig, ein Chippewa des Red-Lake-Stammes in Minnesota. Im Mittelpunkt des spirituellen Lebens der Chippewa standen die Zeremonien der Grand Medicine Lodge *und des* Midewiwin, *deren wichtigste Funktionen die Heilung und Unterweisung in ethisch-sittlichem Verhalten waren. Der an dem Stab dieses Chippewa angebrachte Vogelkopf – er stammt vermutlich von einem Eisvogel – repräsentiert die Kräfte der Tierwelt: Nach dem Schöpfungsmythos der Chippewa schlüpfte der Mensch aus einem Vogelei.*

Die Geschichte vom ersten Mann und der ersten Frau

– Chippewa –

Der große Manitu lebte im Land des Friedens. Bevor er ein Mensch wurde, und man sein Gesicht in Stein haute, war er ein großer Vogel. Sein Nest lag in den Pfeifensteinfelsen.

Er ernährte sich von den wilden Büffeln, die in der Prärie lebten. In seinen Klauen konnte er zwei Büffel tragen; er fraß sie immer in der Nähe seines Nests; deswegen ist der Fels dort rot.

Noch heute sind die Spuren des Manituvogels im Land des Friedens zu sehen. Die Indianer wissen, wo man diese Spuren finden kann, und zeigen sie dem weißen Mann.

Die Große Schlange ist älter als die Menschheit. Sie lebte schon, bevor der Mensch erschaffen wurde. Sie fand das Nest des Manituvogels; in dem Nest lag ein Ei. Der Manitu hörte, daß sich jemand an dem Ei zu schaffen machte. Er war meilenweit entfernt, aber er flog mit einem großen

Seminolen-Frauen des Cow-Creek-Reservats in Florida, photographiert um 1917. Die Seminolen gehörten sprachlich zu den Muskogean-Indianern. Sie wurden erst ab etwa 1775 als Stamm der Seminolen bezeichnet. Zuvor waren sie den «Lower Creek» zugeordnet, nachdem die Engländer Anfang des 18. Jahrhunders die Städte der ihnen verwandten Appalachen-Indianer niedergebrannt hatten. Doch nach dem Schöpfungsmythos der Muskogean wurden die Menschen aus dem Lehm geformt, der am Anfang die Erde bedeckte.

Stein in seinen Klauen herbei und tötete die Schlange. Der Stein zerbrach das Ei, und heraus schlüpfte ein erwachsener Mann. Aber der Stein lag auf seinen Füßen, und er konnte nicht gehen. Er mußte an einer Stelle stehen bleiben, denn der Manituvogel wollte ihn erst freilassen, wenn er viele Dinge wußte.

Der Mann lernte, wie man den Büffel jagt, denn er konnte viele Meilen weit sehen. Er lernte, wie man die Büffelhaut gerbt und wozu man sie verwendet, er lernte die Sprache der Vögel; sie kamen zu ihm, wenn er sie bei ihrem Namen rief; er lernte, wie man mit Pfeil und Bogen umgeht.

Der Manituvogel bekleidete den Mann mit einer großen Büffelhaut, aber seinen Kopf bedeckte er nicht, denn er hatte viele schwarze Haare. Der erste Mensch lernte nur langsam, und er stand viele Monde auf seinem Platz in den Pfeifensteinfelsen; niemand kam, um ihm zu schaden.

Als er viel gelernt hatte, erwachte er eines Morgens und sah eine Frau neben sich stehen. Der Manituvogel zog den Stein von den Füßen des Mannes. Er flatterte mit seinen Flügeln, und der Mann und die Frau rannten in die Prärie.

Diese beiden waren die allerersten Menschen. Sie waren Indianer. Die ganze Menschheit weiß, daß sie die ersten waren, die auf der Welt lebten.

Der Mandan-Häuptling Rushing War Eagle, Sohn von Four Bears, photographiert in Washington D. C. vermutlich 1874. Rushing War Eagle war ein hochangesehener Häuptling und der einzige Überlebende der Pockenepidemie von 1837, der auch seine Eltern zum Opfer fielen. Er trägt eine edle Halskette aus Bärenklauen und hält eine langstielige Pfeife in der Hand, deren Kopf aus rotem Catlinit gearbeitet ist.

Der Schöpfungsmythos der Muskogean

– Muskogean –

Die Muskogean-Indianer glauben, daß am Anfang nur die urzeitlichen Wassermassen zu sehen waren. Über den trüben Weiten flogen zwei Tauben hierhin und dorthin, und nach langer Zeit entdeckten sie einen Grashalm, der aus dem Wasser ragte. Allmählich folgte die feste Erde, bis sie ihre heutige Gestalt angenommen hatte. In der Mitte erhob sich ein großer Hügel, *Nunne Chaha,* und darin befand sich das Haus der Gottheit Esaugetuh Emisse, «der Meister des Atems». Er nahm den Lehm, der seinen Wohnsitz umgab, und formte daraus die ersten Menschen. Da aber die Wasser immer noch die Erde bedeckten, war er gezwungen, eine große Mauer zu bauen, auf der er die Menschen, die er gemacht hatte, trocknete. Langsam verwandelte sich der feuchte Schlamm in Fleisch und Knochen, und Esaugetuh gelang es, die Wasser in ihre richtigen Kanäle zu leiten. Das so gewonnene trockene Land gab er dann den Menschen, die er geschaffen hatte.

Der Schöpfungsmythos der Mandan

– Mandan –

Die Mandanstämme der Sioux glauben, daß ihr Volk in einem unterirdischen Dorf in der Nähe eines riesigen Sees lebte. Einige von ihnen kletterten dicht neben den Wurzeln eines großen Weinstocks, die bis zu ihnen nach unten drangen und an denen sie sich festhielten, hinauf und erhaschten einen Blick auf die obere Welt. Sie fanden sie reich gesegnet mit vielerlei Nahrung, sowohl Tieren wie Pflanzen. Diejenigen, die die neu gefundene Welt gesehen hatten, kehrten nach Hause zurück und brachten so begeisterte Berichte über deren Reichtum und Freundlichkeit mit, daß sich die anderen entschlossen, ihr trübseliges, unterirdisches Heim für die Freuden der sonnigen Sphäre dort oben aufzugeben. Die gesamte Bevölkerung machte sich auf den Weg und begann, die Wurzeln des Weinstocks hochzuklettern: Aber schon als die Hälfte des Stammes nach oben gelangt war, brach die Wurzel unter dem Gewicht einer dicken Frau entzwei. Die Mandan glauben, daß sie nach dem Tod wieder in die unterirdische Welt zurückkehren, in der sie ursprünglich lebten; die Guten erreichen das Dorf über den See, die Schlechten müssen wegen des Gewichts ihrer Sünden auf die Reise verzichten.

Die Minnetaree glaubten, daß ihr Urahn aus den Wassern eines Sees aufstieg und dabei die Ähre des Mais in der Hand hielt. Und die Mandan hatten einen Mythos, der dem Ursprungsmythos der Muskogean sehr ähnlich war.

Ein Ballspiel der Choctaw, photographiert 1925 bei Philadelphia, Mississippi. Das Spiel war bei den Choctaw sehr populär. Die Torstangen, die der Ball berühren mußte, standen etwa 65 Meter auseinander. Selbst während des Spiels «fielen die Geisterbeschwörer auf», sie «rannten zu den Pfosten und schlugen mit ihren Stöcken auf sie ein». Das taten sie, «um den Geist des Pechs zu vertreiben» (Swanton 1931, S. 150).

Der Schöpfungsmythos der Choctaw

– Choctaw –

In alten Zeiten, nachdem schon viele Generationen der Menschheit gelebt und den Zustand des Seins wieder verlassen hatten, wurde ihre Rasse so schlecht und böse – Bruder bekämpfte Bruder, Kriege, Schlachten und Blut überfluteten die Erde –, daß der Große Geist sehr unzufrieden war und schließlich beschloß, die menschliche Rasse zu zerstören. Er schickte deshalb einen großen Propheten zu den Menschen, der von Stamm zu Stamm und von Dorf zu Dorf zog und die beängstigende Nachricht verkündete, daß die menschliche Rasse ausgelöscht werden würde. Niemand glaubte seinen Worten, und alle fuhren fort, in Bosheit zu leben, als ob es ihnen egal sei, und die Jahreszeiten kamen und gingen weiterhin. Dann kam der Herbst des Jahres und mit ihm viele wolkige Tage und Nächte, in denen tagsüber die Sonne und nachts der Mond und die Sterne verborgen blieben. Danach kam völlige Dunkelheit, und die Sonne schien ausgelöscht. Dunkelheit, Stille und Kälte nahmen von der Erde Besitz. Die Menschheit war gequält und entsetzt, aber nicht bußfertig und nicht zu Veränderung bereit. Sie schlief in der Dunkelheit und erwachte in der Dunkelheit. Dann war das Murmeln eines fernen Donners zu hören, und es hörte nicht mehr auf, bis es alle Teile der Erde erfaßt hatte. Angst und Bestürzung ergriff jedes Herz, und alle glaubten, die Sonne würde nie wieder zurückkommen. Die Weisen der Choctaw antworteten mutlos auf die vielen Fragen der alarmierten Menschen, und sie sangen ihre Todeslieder, aber sie wurden kaum noch gehört in der Verwirrung, die nun ausbrach angesichts einer nächtlichen Düsternis, die durch keine Wiederkehr des Morgens mehr abgelöst werden sollte. Die Menschen liefen nur noch mit Fackeln von Ort zu Ort, ihr Essen in den Speichern wurde schimmelig und ungenießbar. Die wilden Tiere im Wald sammelten sich verwirrt um die Feuer der Menschen, drangen sogar in ihre Städte und Dörfer ein und schienen jede Angst vor dem Menschen verloren zu haben. Plötzlich schien ein beängstigender Donnerschlag die Erde zu erschüttern, lauter als je zuvor, und sofort danach sah man ein Licht, das scheinbar weit weg im Norden aufglomm. Bald wurde entdeckt, daß es nicht das Licht der wiedergekehrten Sonne war, sondern der Schein von großen Wassern, die in mächtigen Wogen nahten. Welle um Welle rollte über die Erde und zerstörte alles, was auf ihrem Weg lag.

Nun konnte man den Klageruf aus allen Richtungen hören. *Oka Falamah, Oka Falamah* (die zurückgekehrten Wasser). Von Horizont zu Horizont ergossen sich die gewaltigen Wassermengen. «Die Fundamente der Großen Tiefe sind aufgebrochen.» Bald war die Erde völlig von den mächtigen und unwiderstehlichen Fluten überrollt. Sie überschwemmten die menschliche Rasse und alle Tiere, die Erde blieb in Verwüstung zurück. Nur ein einziger Mensch wurde gerettet, und das war der geheimnisvolle Prophet, der vom Großen Geist geschickt worden war, um die Menschheit vor ihrem nahen Untergang zu warnen. Dieser Prophet rettete sich, indem er nach den Anweisungen des Großen Geistes ein Floß aus Sassafras-Stämmen baute, mit dem er auf den großen Wassern trieb, die die Erde bedeckten. Verschiedene Fische schwammen um ihn herum

Choctaw-Frau beim Maisstampfen, um 1900. Der Stößel ist zwar traditionell, der Mörser aber war normalerweise ein aufrecht stehender ausgehöhlter Baumstamm, nicht ein horizontal liegender, wie man ihn hier sieht. Obwohl ab 1885 große Wellen von Eindringlingen das Territorium der Choctaw überfluteten, widersetzten sie sich dem sozialen Kontakt, pflegten viele ihrer traditionellen Bräuche weiter und aßen auch weiterhin ihre althergebrachten Speisen.

und wanden sich um die Zweige der Stämme unter Wasser. Oben auf dem Wasser sah er die Leichen der Menschen und Tiere, die in den schweren Wogen auftauchten und wieder versanken.

Nach vielen Wochen des Treibens im Wasser kam ein großer schwarzer Vogel zu dem Floß und kreiste über seinem Kopf. Der Prophet rief ihn um Hilfe an, aber der Vogel antwortete nur mit lauten krächzenden Rufen, flog dann wieder fort und wurde nicht mehr gesehen. Einige Tage später kam ein bläulich gefärbter Vogel mit roten Augen und rotem Schnabel und schwebte über dem Floß. Der Prophet sprach zu ihm und fragte, ob in den weiten Wassermassen irgendwo ein Fleck trockenen Landes zu sehen sei. Der Vogel flog einige Augenblicke um seinen Kopf herum, flatterte mit den Flügeln und stieß einen klagenden Laut aus. Dann flog er in Richtung jenes Teils des Himmels davon, wo die neue Sonne in den rollenden Wellen des großen Ozeans zu versinken schien. Sofort kam ein starker Wind auf und trug das Floß schnell in diese Richtung. Bald kam die Nacht, und Mond und Sterne tauchten auf. Am nächsten Morgen ging die Sonne in ihrem früheren Glanz auf. Der Prophet blickte sich um und sah in einiger Entfernung eine Insel, auf die das Floß langsam zutrieb. Bevor die Sonne wieder in die Welt des Wassers untergegangen war, hatte das Floß die Insel erreicht. Der Prophet ging an Land und schlug sein Lager auf. Er war erschöpft und einsam, aber bald vergaß er im Schlaf seine Ängste. Als der Morgen kam, sah er sich auf der Insel um und fand, daß sie mit allen Arten von Tieren bevölkert war – nur das Mammut war vernichtet worden. Er fand auch Vögel und Federvieh aller Art in großer Zahl auf der Insel, und er entdeckte auch denselben schwarzen Vogel, der ihn auf dem Wasser besucht und ihn dann seinem Schicksal überlassen hatte. Weil er ihn für einen grausamen Vogel hielt, nannte er ihn *Fulushto* (Rabe) – für die alten Choctaw war er ein Vogel des schlechten Omens.

Mit großer Freude entdeckte er auch den bläulichen Vogel, der den Wind dazu gebracht hatte, sein Floß zu der Insel zu blasen. Und wegen dieser Freundlichkeit und wegen seiner großen Schönheit nannte er ihn Puchi Yushubah (Verlorene Taube: *pachi yoshoba,* die Turteltaube).

Nach vielen Tagen gingen die Wasser zurück; und im Lauf der Zeit wurde Puchi Yushubah zu einer schönen Frau, die der Prophet dann heiratete. Und von diesen beiden wurde die Erde wieder bevölkert.

Der Choctaw Toshkachito, bei den Weißen als Joe Silestine bekannt, photographiert 1909 in Bayou Lacombe, Louisiana. Er demonstriert den Gebrauch des Blasrohrs beim Jagen. Das Blasrohr war bis zu drei Meter lang. Geschossen wurde mit scharfen zugespitzten Pfeilen, die kleine Tiere und Vögel bis auf acht Meter Entfernung töten konnten. Die Choctaw waren ein bedeutender Stamm der Sprachfamilie der Muskogean. Ihr Name leitet sich möglicherweise aus dem spanischen chato *ab, was «flach» bedeutet und sich auf ihren früheren Brauch, die Köpfe der Säuglinge durch Umwickeln abzuflachen, beziehen könnte.*

Zuni-Pueblo (= Dorf) in der Nähe des Tafelbergs Taaiyalone, «Maisberg», in New Mexico, photographiert von Hillers 1879. Dieses Pueblo war der Zusammenschluß der sieben Städte von Cibola und verfügte über drei außerhalb gelegene landwirtschaftliche Dörfer. Die Struktur des Dorfes ist über Jahrhunderte praktisch unverändert geblieben.

Der Schöpfungsmythos der Zuni

– Zuni –

Awonawilona, der Schöpfer, befruchtete das Meer mit seinem eigenen Fleisch und brütete es mit seiner eigenen Wärme aus. Daraus entstanden grüne Schäume, die zu der vierfaltigen Mutter Erde und dem alles bedeckenden Vater Himmel wurden, aus denen alle Geschöpfe entsprangen. Aus der untersten der vier Höhlen der Welt nahm dann der Same der Menschen und aller Geschöpfe Gestalt an und wuchs; so wie sich bei Eiern an warmen Orten schnell Würmer bilden und mit dem Wachsen die Schalen brechen und Vögel, Kaulquappen oder Schlangen entstehen, so vermehrten sich der Mensch und alle Geschöpfe auf vielerlei Weise. Die unterste Welthöhle quoll über von Leben, angefüllt mit unfertigen Geschöpfen, die in schwarzer Dunkelheit wie Reptilien übereinander kletterten, sich eng aneinander drängten und aufeinander traten. Sie spuckten einander an oder benahmen sich sonstwie derart ungehörig, daß das Gebrummel und Lamentieren immer lauter wurde. Viele versuchten, dieser zunehmenden Verwirrung zu entfliehen, und wurden klüger und menschenähnlicher. Da kam Po-shai-an-K'ia, der herausragendste und klügste aller Menschen, aus dem untersten Meer unter die Menschen und Lebewesen. Er bemitleidete

sie und fand einen Weg, diese erste Welthöhle zu verlassen. Der Pfad aber war so dunkel und schmal, daß es zu einer großen Drängelei kam. Einige rangen so sehr miteinander, daß sie ihm nicht folgen konnten. Nur Po-shai-an-K'ia gelangte von einer Höhle in die nächste und schließlich in diese Welt, die damals wie eine Insel inmitten der Weltwasser lag, riesig, naß und schwankend. Er suchte und fand den Sonnenvater und flehte ihn an, die Menschen und alle Geschöpfe aus jener untersten Welt zu erlösen.

Tanz der Zuni, photographiert von Hillers um 1879. Der Gouverneur der Zuni, Pesancio Lasiloo, identifizierte diese Szene 1970 als Teil des Erntetanzes. Das große Gebäude rechts im Hintergrund ist der Überrest einer spanischen Missionsstation, die Ende des 17. Jahrhunderts gebaut wurde. 1680 rebellierten die Zuni gegen die Missionare und setzten sich gegen die Zerstörung ihrer Mythologie und Religion durch christliche Einflüsse zur Wehr.

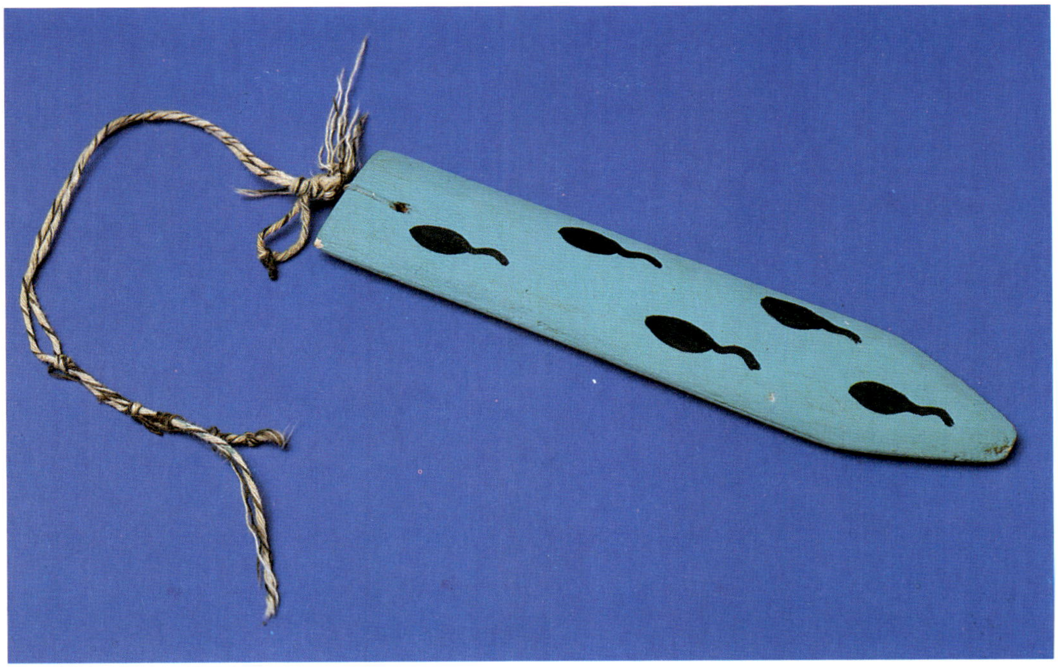

Oben rechts: «Bull-roarer» (Schwirrholz) aus dem Südwesten. Dieser Gegenstand wurde während eines Tanzes herumgewirbelt, um die bösen Geister zu verscheuchen. Das Motiv der Kaulquappe fand häufig Verwendung und wies auf die Vorstellung hin, daß das Leben aus einem Ur-See entstanden sei. Im Schöpfungsmythos der Zuni wird beschrieben, wie sie aufbrechen und zum Leben erwachen.

Der Schöpfungsmythos der Apachen

– Apachen –

In der Unterwelt, *Un-gó-ya-yĕn-ni,* gab es keine Sonne, keinen Mond oder sonst irgendein Licht. Es gab nur das Licht, das von den großen Adlerfedern ausging, die die Menschen mit sich trugen. Diese Art der Beleuchtung erwies sich als unbefriedigend, und die führenden Männer des Stammes versammelten sich, um einen Plan auszuarbeiten, wie man die Welt besser beleuchten könne. Einer der Häuptlinge schlug vor, eine Sonne und einen Mond zu erschaffen. So wurde eine große gelbe Scheibe hergestellt und dann im Himmel aufgehängt. Auch wenn diese Miniatur-Schöpfung zu klein war, um sehr viel Licht zu geben, so durfte sie doch einen Umlauf über den Himmel machen, bevor sie abgenommen und vergrößert wurde. Viermal ging die Sonne auf und unter, und viermal wurde sie vergrößert, bevor sie «so groß war wie die Erde und viel Licht spendete». In der Unterwelt lebten ein Zauberer und eine Hexe, die über die Anmaßung der Menschen sehr erzürnt waren und versuchten, die neuen Himmelskörper zu zerstören. Daraufhin flohen die Sonne und der Mond aus der Unterwelt und ließen sie wieder in Dunkelheit zurück. Ihre Flucht endete auf der Erde, wo sie nie gestört wurden, und deshalb scheinen sie bis heute in der Nacht und am Tage. Der Verlust von Sonne und Mond brachte die Menschen zusammen, und sie berieten, mit welchen Mitteln man das verlorene Licht wiederbekommen könnte. Sie tanzten und sangen lange Zeit und stellten Medizin her. Schließlich wurde beschlossen, sich auf die Suche nach der Sonne zu machen. Die Medizinmänner ließen vier Berge entstehen. Sie wuchsen mit viel Lärm bei Nacht und ruhten am Tage. So nahmen die Berge an Höhe zu, bis sie in der vierten Nacht fast den Himmel erreichten. Dann wurden vier Jungen ausgesandt, um herauszufinden, warum die Berge nicht die Öffnung im Himmel *ha'ná-za-ä* erreicht hatten, durch die die Sonne und der Mond verschwunden waren. Die Jungen folgten den Spuren zweier Mädchen, die die Berge dazu gebracht hatten, mit dem Wachsen aufzuhören. Die Spuren der beiden verschwanden in zwei Erdlöchern am Berg. Als die Jungen diese Geschichte den Leuten erzählten, sagten die Medizinmänner: «Ihr, die ihr uns geschädigt habt, sollt in Kaninchen verwandelt werden, damit ihr wenigstens irgendeinen Nutzen für die Menschheit habt; eure Körper sollen gegessen werden.» Und bis zum heutigen Tage dient das Kaninchen dem Menschen als Nahrung.

Dann brachen alle zu den Gipfeln der Berge auf. Dort wurde eine Leiter gebaut, die bis zu der Öffnung im Himmel reichte, der das Dach der Unterwelt war. Der Dachs wurde ausgeschickt, um die Welt oben zu erkunden; er kehrte bald zurück und berichtete, daß überall Wasser sei, außer am Rande des Loches. Die Beine des Dachses waren mit Schlamm bedeckt, und darum haben sie bis heute eine dunkle Farbe. Vier Tage später wurde der Truthahn ausgeschickt, um nachzusehen,

Frau der West-Apachen in Arizona (Fort-Apache-Reservat) mit einem Baby in einem Wiegengestell auf ihrem Rücken, um 1907. Das Haar der Frau ist ungewöhnlich kurz. Vermutlich wurde es wenige Monate vor der Aufnahme als Zeichen der Trauer um den Tod eines nahen Verwandten geschnitten. Das typische Wiegengestell ist aus einer Reihe von Holzleisten hergestellt, die das Kind halten und den vertikalen Rahmen bilden. Der Kopfschutz besteht aus Weidenruten.

Zwei Apachen-Jäger. Links Chato, ein hochrangiger Chiricahua-Krieger und enger Mitstreiter Geronimos. Seine gestrickten Socken stammen vermutlich aus Armeebeständen. Beide Männer tragen die typische Kleidung der Apachen in dieser Zeit: Stirnbänder, hohe Mokassins (rechts) und langen Lendenschurz. Ihre Waffe ist der bei den Apachen übliche flache Bogen mit langem Pfeil.

Gruppe von Coyotero-Apachen hinter einem Laubschirm. Das Datum der Aufnahme ist unbekannt, liegt aber vor 1907. Die Apachen waren ein Nomadenvolk, das vor allem von der Jagd, von wilden Beeren und Wurzeln lebte. Die Behausungen, lockere Laubschirme, wurden – wie man hier sieht – in schützendem Gebüsch aufgeschlagen. Das ging schnell und war sowohl den Gegebenheiten ihrer Umwelt angepaßt als auch praktisch bei dem ständigen Umherziehen der Apachen.

ob das Wasser gesunken war. Als der Truthahn mit dem Schaum der Fluten, die das Loch umgaben, in Berührung kam, wurde sein Schwanz naß und schwer; als er ihn schüttelte, verteilte er hauchdünne Tropfen auf seine Flügel, und deshalb zeigen die Federn des Truthahns bis heute ein schillerndes Farbenspiel. Dann kam der Wind zu den ängstlichen Menschen und sagte: «Wenn ihr mich bittet, euch zu helfen, werde ich das Wasser für euch zurückdrängen.» So kam es, daß die ersten Gebete an den Wind gerichtet waren, und er ist bis heute eine mächtige Gottheit geblieben. Als der Wind das Wasser bis zu den Grenzen des heutigen Ozeans zurückgedrängt hatte, begannen die Indianer, die Leiter zu erklimmen. Viermal brach die Leiter unter ihnen, und viermal wurde sie durch eine neue ersetzt. Alle Menschen erreichten die neue Welt außer einer alten Frau, die zu alt und zu gebrechlich war, um die Leiter hochzusteigen. Sie sagte zu den anderen: «Ich will das Land meiner Jugend nicht verlassen. Geht euren Weg und laßt mich hier; wenn ihr sterbt, werdet ihr zu mir zurückkehren. Ihr habt etwas vergessen; bald werdet ihr entdecken, was es ist.» Nach dem Auftauchen in der neuen Welt konnte vier Tage lang niemand schlafen; dann erinnerten sich die Menschen an die Warnung der alten Frau, und zwei Jungen wurden hinunter in die Unterwelt geschickt, um zu erfahren, was es denn war, was sie vergessen hatten. Die alte Frau antwortete auf ihre Frage: «Ihr habt vergessen, Läuse mitzunehmen, ohne sie könnt ihr nicht schlafen.» Sie nahm zwei schwarze Läuse aus ihrem Haar und zwei weiße von ihrem Körper und sagte: «Das ist alles, was ihr braucht, denn sie werden sich Tag und Nacht vermehren.» Und so schlafen die Apachen gut bis auf den heutigen Tag, weil sie diesen Parasiten auf ihren Körpern Platz gewähren.

Der Wind hatte seine Aufgabe, das Wasser zu trocknen, so gut erfüllt, daß für die Menschen nichts zum Trinken übriggeblieben war; aber sie beteten zur Gottheit, und die antwortete mit Quellen und Flüssen. Die wenigen Seen, die es im Land der Apachen gibt, sind Überreste des Ur-Ozeans. Damals waren alle Bewohner der Erde Apachen, aber bald schon wurden die Cheyenne und Ute aus Weiden erschaffen. Der höchste Gott, Yi-ná-yĕs-gŏ̂-i, führte die Menschen nach Westen; während der Reise blieben kleine Gruppen zurück und siedelten sich am Wege an. Sie erhielten verschiedene Namen und Sprachen.

Die Blackfoot-Genesis

– Blackfoot –

Einst hörten und kannten ihn alle Tiere der Plains, und alle Vögel in der Luft hörten und kannten ihn. Alle Wesen, die er gemacht hatte, verstanden ihn, wenn er zu ihnen sprach – die Vögel, die Tiere und die Menschen.

Old Man reiste im Süden umher und machte die Menschen. Er kam vom Süden, reiste nach Norden, und unterwegs erschuf er Tiere und Vögel. Als erstes machte er Berge, Prärien, Bäume und Sträucher. Dann reiste er weiter nordwärts, und unterwegs schuf er alles mögliche, ließ hier und da Flüsse entstehen, gab ihnen Wasserfälle, verteilte rote Farbe da und dort auf dem Boden –, und so erschuf er die Welt, wie wir sie heute sehen. Er machte den Milk River (den Teton), überquerte ihn, und weil er müde war, stieg er auf einen kleinen Hügel und legte sich hin, um sich auszuruhen. Er legte sich mit ausgebreiteten Armen auf den Rücken und markierte seinen Umriß mit Steinen: die Form seines Körpers, seines Kopfes, der Arme und Beine und alles andere. Diese Felsformation kann man dort heute noch sehen. Nachdem er ausgeruht hatte, ging er weiter Richtung Norden, stolperte über eine Bergkuppe und fiel auf die Knie. Er sagte: «Es ist schlecht, daß man über dich stolpert!» Deshalb errichtete er daneben zwei große Hügel und nannte sie «die Knie», und so heißen sie bis heute. Er ging weiter nach Norden und mit einigen Felsen, die er trug, baute er die Sweet Grass Hills.

Die Ebenen bedeckte Old Man mit Gras, damit die Tiere darauf weiden konnten. Er markierte ein Stück Erde und ließ darauf alle Arten von Wurzeln und Beeren wachsen – Kamaswurzeln, wilde Karotten, wilde Rüben, Süßwurzel, Bitterwurzel, Servicebeeren, Büffelbeeren, Kirschen, Pflaumen und Rosenknospen. Er setzte Bäume in die Erde. Er setzte alle Arten von Tieren auf die Erde. Dann machte er das Dickhornschaf mit seinem großen Kopf und den Hörnern und setzte es in die Prärie. Aber es schien für die Prärie nicht gut geeignet; es war unbeholfen und konnte nicht schnell laufen. So nahm er es bei einem seiner Hörner, führte es in die Berge und ließ es dort laufen; es hüpfte in den Felsen herum und kletterte mit Leichtigkeit in furchterregende Höhen. Also sagte er: «Dies ist der passende Ort für dich; du bist für Felsen und Berge geeignet.» Während er in den Bergen war, machte er aus etwas Erde die Antilope und ließ sie laufen, um zu sehen, wie sie zurechtkam. Sie rannte so schnell, daß sie über einige Felsen fiel und sich verletzte. Er sah, daß es so nicht ging, und nahm die Antilope hinunter in die Prärie und ließ sie dort wieder laufen; sie rannte schnell und anmutig davon, und er sagte: «Das ist der passende Ort für dich.»

Eines Tages entschloß sich Old Man, eine Frau und ein Kind zu machen. Also formte er sie beide – die Frau und das Kind, ihren Sohn – aus Lehm. Nachdem er den Lehm in eine menschliche Gestalt geformt hatte, sagte er zu ihr: «Aus dir sollen Menschen werden.» Dann deckte er sie zu, ließ sie stehen und ging fort. Am nächsten Tag ging er zu dem Ort und nahm das Tuch fort und sah, daß sich der Lehm ein wenig verändert hatte. Am zweiten Tag hatte er sich noch mehr verändert und am dritten Tag noch mehr. Am vierten Tag ging er wieder zu dem Ort, nahm das Tuch ab, schaute die Formen an und hieß sie, sich zu erheben und zu gehen; und sie taten es. Sie gingen daraufhin mit ihrem Schöpfer hinunter zum Fluß, und dann sagte er ihnen, sein Name sei Na'pi, Old Man.

Als sie so am Fluß standen, sagte die Frau zu ihm: «Wie ist das? Werden wir immer leben, gibt es kein Ende?» Er sagte: «Darüber habe ich nie nachgedacht. Wir müssen das entscheiden. Ich werde diesen Büffelmist nehmen und ihn in den Fluß werfen. Wenn er schwimmt, werden Menschen, die sterben, in vier Tagen wieder lebendig; sie werden nur vier Tage lang tot sein. Wenn er aber versinkt, wird es für sie das Ende sein.» Er warf den Mist in den Fluß, und er schwamm. Die Frau drehte sich um, hob einen Stein auf und sagte: «Nein, ich werde diesen Stein in den Fluß werfen: wenn er schwimmt, werden wir ewig leben, wenn er sinkt, müssen die Menschen sterben, damit sie immer Mitleid füreinander haben.» Die Frau warf den Stein ins Wasser, und er sank. «Gut», sagte Old Man, «du hast gewählt. Es wird ein Ende für sie geben.»

Es dauerte nur wenige Nächte, da starb das Kind der Frau, und darüber weinte sie sehr viel. Sie sagte zu Old Man: «Wir wollen es ändern. Laß das Gesetz gelten, das du zuerst gemacht hast.» Er sagte: «Nein. Was zum Gesetz gemacht wurde, muß Gesetz sein. Wir werden nichts ungeschehen machen, was wir einmal gemacht haben. Das Kind ist tot, und das kann nicht geändert werden. Die Menschen müssen sterben.»

So wurden wir zu Menschen. Er war es, der uns gemacht hat.

Die ersten Menschen waren arm und nackt, und sie wußten nicht, wovon sie leben sollten. Old Man zeigte ihnen die Wurzeln und Beeren und sagte ihnen, sie könnten sie essen. In einem bestimmten Monat des Jahres könnten sie die Rinde einiger Bäume abschälen und sie essen, und sie würde gut schmecken. Er sagte den Menschen, daß die Tiere ihre Nahrung sein sollten, und er gab sie den Menschen und sagte: «Das sind eure Herden.» Er sagte: «All diese kleinen Tiere, die am Boden leben – Ratten, Eichhörnchen, Stinktiere, Biber – schmecken gut. Ihr braucht euch

Apachen-Frau aus Arizona mit einem Lastkorb. Undatiertes Photo, vermutlich um 1900. Die Apachen waren für ihre Kunstfertigkeit beim Korbflechten berühmt. Die Frau trägt einen gefransten und perlenbestickten Lederponcho, wie er traditionsgemäß während der Geschlechtsreife-Zeremonie angezogen wurde. Diese Zeremonie sollte für ein langes Leben, Kraft und gute Laune sorgen.

Camp der Blackfoot-Indianer. Das Photo wurde 1915 – vermutlich in der Nähe von Browning, Montana – aufgenommen. Man sieht (von links nach rechts) Bill Shoot, Black Bull, Eagle Child, Stabs by Mistake und Mrs. Brocky. Rechts hängt ein großes Medizinbündel an einem Dreifuß – es handelt sich wahrscheinlich um ein sogenanntes Biberbündel. Diese Bündel spielten in mythologischen Erzählungen eine bedeutende Rolle.

nicht zu fürchten, von ihrem Fleisch zu essen.» Er machte alle Vögel, die fliegen, und sagte den Menschen, daß ihr Fleisch nicht schädlich sei und daß man es essen könne. Er führte die ersten Menschen, die er erschuf, durch den Wald und die Sümpfe und über die Prärie, und er zeigte ihnen die verschiedenen Pflanzen. Bei einer bestimmten Pflanze sagte er dann zum Beispiel: «Wenn man die Wurzel dieser Pflanze in einem bestimmten Monat sammelt, so ist sie eine gute Medizin für eine bestimmte Krankheit.» So lernten sie die Heilkraft aller Kräuter.

In jenen Tagen gab es Büffel. Die Menschen hatten damals noch keine Waffen, aber diese schwarzen Tiere mit langen Bärten waren bewaffnet; und einmal, als die Menschen umherzogen, wurden sie von den Büffeln erspäht. Die Büffel stürmten auf sie zu, spießten sie auf die Hörner, töteten sie und fraßen sie auf. Als der Schöpfer der Menschen eines Tages über das Land reiste, sah er einige der Kinder, die er gemacht hatte, tot daliegen, vom Büffel in Stücke gerissen und halb aufgefressen. Als er das sah, wurde er sehr traurig. Er sagte: «Das ist nicht gut. Ich werde es ändern. Die Menschen sollen die Büffel essen.»

Er ging zu einigen der Menschen, die übriggeblieben waren, und sagte ihnen: «Wie kommt es, daß ihr Menschen diesen Tieren, die euch töten, nichts tut?» Die Menschen sagten: «Was können wir denn tun? Wir haben keine Möglichkeit, sie zu töten, aber sie sind bewaffnet und können uns töten.» Da sagte der Schöpfer: «Das ist nicht schwer. Ich werde euch eine Waffe geben, die diese Tiere töten wird.» Also ging er los und schnitt einige Servicebeerentriebe und schälte die Rinde ab. Er nahm einen größeren Stock, glättete ihn und band eine Schnur daran. So machte er einen Bogen. Da er der Herr aller Vögel war und mit ihnen machen konnte, was er wollte, ging er hin und fing einen. Er nahm die Federn von seinem Flügel, spaltete sie und befestigte sie am Ende des hölzernen Schaftes. Er befestigte vier Federn am Schaft und probierte den Pfeil mit einer Zielscheibe aus. Aber er fand heraus, daß der Pfeil nicht gut flog. Er nahm die Federn ab und

Blackfoot-Frauen beim Fleischkochen. Photographie von E. S. Curtis vor 1927. Ein Dreifuß, an dessen Spitze das bereits geschnittene Fleisch hängt, dient hier als Stütze für einen Metalltopf über dem Feuer. Die Frau im Vordergrund trägt ein prachtvolles Kleid, das mit Elchzähnen geschmückt ist. Vor der Einführung der Töpfe wurde Fleisch nach der «Steinkoch»-Methode zubereitet: In ein mit Häuten abgedichtetes Loch legte man heiße Steine, bis das Wasser darin kochte.

befestigte diesmal nur drei Federn, und als er es wieder versuchte, sah er, daß das gut war. Und er ging wieder los und begann, scharfe Stücke aus dem Stein zu brechen. Er probierte sie aus und fand heraus, daß der schwarze Feuerstein und einige weiße Feuersteine die besten Pfeilspitzen ergaben. Dann lehrte er die Menschen, wie man diese Waffen benutzte.

Dann sagte er: «Das nächste Mal wenn ihr losgeht, nehmt diese Waffen mit und verwendet sie so, wie ich es euch sage, und rennt nicht weg vor den Tieren. Wenn sie angreifen, schießt die Pfeile auf sie ab, wie ich es euch gelehrt habe, sobald sie nahe genug sind; und ihr werdet sehen, sie werden wegrennen oder in einem Kreis um euch herumrennen.»

Als die Menschen immer mehr wurden, gingen eines Tages drei Männer hinaus in die Ebene, um die Büffel zu suchen, aber sie hatten keine Waffen. Sie sahen die Tiere, aber als die Büffel die Männer sahen, griffen sie an und töteten zwei von ihnen. Einer aber konnte entkommen. Einige Zeit später gingen die Menschen auf einen kleinen Hügel, um sich umzusehen, und die Büffel erspähten sie und sagten: «*Saiyah*, da ist noch mehr von unsrem Essen.» Und sie stürzten sich auf sie. Dieses Mal aber liefen die Menschen nicht weg. Sie fingen an, die Büffel mit den Pfeilen und Bögen, die ihnen Na'pi gegeben hatte, zu beschießen. Die Büffel fielen, aber im Kampf wurde eine Person getötet.

Zu dieser Zeit hatten die Menschen auch Messer aus Feuerstein bekommen, und sie zerschnitten die Körper der toten Büffel. Es ist nicht gesund, das Fleisch roh zu essen, also sammelte Old Man weiches, trockenes Treibholz und machte daraus Zunder. Dann nahm er ein Stück hartes Holz und bohrte mit einer Pfeilspitze ein Loch hinein. Und dann gab er ihnen ein spitzes Stück Hartholz und lehrte sie, Feuer mit diesen Feuerstöcken zu machen und das Fleisch der Tiere zu kochen und zu essen.

Sie bekamen einen bestimmten Stein, den es im Land gab, und dann nahmen sie einen anderen härteren Stein, höhlten damit den weicheren aus und machten daraus ein Gefäß. So sah ihr Geschirr aus.

Old Man sagte auch zu den Menschen: «Nun, da ihr alles gemeistert habt, dürft ihr euch zum Schlafen legen, daß ihr Kraft bekommt. Und es wird etwas in euren Träumen erscheinen, das euch helfen wird. Was immer euch diese Tiere sagen werden, ihr müßt ihnen gehorchen, wenn sie in eurem Schlaf auftauchen. Laßt euch von ihnen führen. Wenn jemand Hilfe braucht, wenn ihr etwa allein auf Reisen seid und laut um Hilfe ruft, wird euer Gebet erhört werden. Vielleicht von

Getrockneter Mais und Kuchen aus zerstampften Wildkirschen in einem Mörser aus Rohleder. Der Stößel wurde von den Sioux hergestellt, der Steinkopf ist mit Rohleder umwickelt und der Griff mit weißen, grünen, gelben und roten Samenperlen verziert. Wilde Beeren und Früchte waren ein wichtiges Nahrungsmittel. In der Blackfoot-Genesis war es Napi oder Old Man, der den Menschen zeigte, wo sie Beeren und Früchte finden konnten.

den Adlern, vielleicht von den Büffeln oder auch von den Bären. Welches Tier euch auch immer antwortet, ihr müßt ihm zuhören.»

Und so sind die ersten Menschen durch die Kraft ihrer Träume durch die Welt gekommen.

Danach reiste Old Man weiter nach Norden. Viele der Tiere, die er gemacht hatte, folgten ihm auf seinem Weg. Die Tiere verstanden ihn, wenn er zu ihnen sprach, und waren seine Diener. Als er zur nördlichen Spitze der Porcupine Mountains kam, schuf er noch ein paar Menschen aus Lehm, hauchte ihnen den Atem ein, und sie wurden zu Menschen. Er machte Männer und Frauen. Sie fragten ihn: «Was sollen wir essen?» Er formte aus Lehm die Figuren vieler Büffel. Dann hauchte er ihnen den Atem ein, und sie erhoben sich; und als er ihnen ein Zeichen gab, begannen sie zu laufen. Dann sagte er zu den Menschen: «Das ist euer Essen.» Sie sagten zu ihm: «Nun haben wir diese Tiere; wie sollen wir sie töten?» «Ich werde es euch zeigen», sagte er. Er brachte sie auf einen steilen Felsen und ließ sie dort Steinhaufen bauen; dahinter sollten sie sich verstecken. Und er sagte: «Wenn ich die Büffel hierher führe, erhebt euch, wenn sie euch gegenüber stehen.»

Nachdem er ihnen gesagt hatte, wie sie sich verhalten sollten, ging er zu einer Herde von Büffeln. Er fing an, sie zu rufen, und sie begannen, auf ihn zuzulaufen. Die Herde folgte ihm, bis sie innerhalb der Linien war. Da hörte er auf zu laufen; und als die Menschen hervorkamen, rannten die Büffel geradeaus weiter und sprangen über die Klippe in den Abgrund. Er sagte den Menschen, daß sie sich das Fleisch dieser Tiere holen sollten. Sie versuchten, die Glieder auseinanderzureißen, aber sie konnten es nicht. Sie versuchten, Stücke herauszubeißen, aber sie konnten es nicht. Also ging Old Man zur Kante des Abgrunds, brach einige Steine mit scharfen Kanten ab und sagte ihnen, sie sollten das Fleisch damit schneiden. Als sie die Haut von den Tieren abgezogen hatten, stellten sie einige Pfähle auf und spannten die Häute darüber. So bauten sie einen Schutz, um darunter zu schlafen. Es gab einige Büffel im Abgrund, die nicht tot waren. Ihre Beine waren gebrochen, aber sie lebten noch. Die Menschen schnitten Streifen aus frischer Haut, umwickelten Steine damit und stellten auf diese Weise schwere Hämmer her, mit denen sie die Schädel der Büffel einschlugen und sie töteten.

Nachdem er den Menschen diese Dinge beigebracht hatte, brach Old Man wieder auf und reiste weiter nach Norden, bis er zu der Stelle kam, wo sich der Bow und der Elbow River vereinigen. Dort erschuf er noch ein paar Menschen und lehrte sie dieselben Dinge. Von dort ging er wieder weiter nach Norden. Als er bereits kurz vor dem Red Deer's River war, erreichte er den Hügel, wo der Old Man schläft. Dort legte er sich nieder und ruhte sich aus. Die Form seines Körpers kann man heute noch dort sehen.

Als er vom Schlaf erwachte, ging er weiter nordwärts und kam zu einem schönen hohen Berg. Er kletterte auf den Gipfel und setzte sich dort hin, um auszuruhen. Er schaute auf das Land unter ihm, und es gefiel ihm. Der Berg war steil, und er sagte sich: «Das ist ein hübscher Platz, um hinunterzurutschen; ich werde mir einen Spaß machen», und er fing an, den Berg hinunterzurutschen. Die Spuren, wo er hinunterrutschte, kann man heute noch sehen, und der Ort ist bei allen Leuten als «Old Man's Rutschbahn» bekannt.

Die Blackfoot-Indianer folgten Old Man bis an diesen Ort. Die Cree wissen, was er weiter im Norden tat.

In späteren Zeiten sagte Na'pi einmal: «Hier werde ich euch ein Stück Land markieren», und er tat es. Dann sagte er: «Das ist euer Land, und es ist voll von allen Arten von Tieren, und es wachsen viele Pflanzen in diesem Land. Laßt keine anderen Menschen in dieses Land kommen. Es ist für eure fünf Stämme (Blackfoot, Blood, Piegan, Gros Ventre, Sarcee). Wenn Leute kommen und die Grenze überschreiten, nehmt eure Pfeile und Bögen, eure Lanzen und Streitäxte und kämpft mit ihnen und vertreibt sie. Wenn sie auch nur einen Fußbreit behalten, werdet ihr Schwierigkeiten bekommen.»

Unsere Vorväter kämpften mit allen, die diese Grenze überschritten, und hielten sie fern. In den letzten Jahren haben wir unsere Freunde, die Weißen, hereingelassen, und ihr kennt das Ergebnis. Wir, seine Kinder, haben seine Gesetze nicht befolgt.

Die Familie von Running Owl (Blackfoot), photographiert von E. S. Curtis vor 1910, offensichtlich im Inneren eines Tipi. Bemerkenswert sind die geometrischen Dekorationen im Hintergrund. Die Frauen links und rechts tragen Kleider, die mit Korb- oder anderen kleinen Perlen verziert sind, während der Gewandschmuck des Kindes in der Mitte aus Elchzähnen besteht.

Grizzlybärentatzen-Talisman, verziert mit Messingbeschlägen und behängt mit Bändern. Dieser Talisman wurde bei den Midewiwin- oder Grand Medicine Lodge-Zeremonien der Chippewa verwendet. Die Kraft des Bären war in sämtlichen Kulturregionen Nordamerikas geachtet. Ein Shasta-Mythos beschreibt den Bären als den «Meister aller Dinge».

Wie Old Man Above die Welt erschuf

– Shasta –

Vor langer, langer Zeit, als die Welt noch so neu war, daß selbst die Sterne dunkel waren, war die Erde ganz, ganz flach. Chareya, Old Man Above, konnte im Dunkeln die neue, flache Erde nicht sehen. Er konnte auch nicht zu ihr hinuntersteigen, denn sie lag zu tief unter ihm. Also bohrte er mit einem großen Stein ein Loch in den Himmel. Durch das Loch preßte er dann gewaltige Mengen von Eis und Schnee, so daß unten auf der Ebene bald eine große Pyramide entstand. Old Man Above kletterte durch das Loch, das er in den Himmel gemacht hatte, hinunter, wobei er von Wolke zu Wolke schritt, bis er seinen Fuß auf die Spitze der Pyramide aus Eis und Schnee setzen konnte, und mit einem einzigen großen Schritt gelangte er schließlich auf die Erde.

Die Sonne schien durch das Loch im Himmel, und Eis und Schnee fingen an zu schmelzen. Die Sonne brannte Löcher in Eis und Schnee. Als die Erde weich war, bohrte Chareya da und dort seinen Finger hinein und pflanzte die ersten Bäume. Die Ströme des schmelzenden Schnees wässerten die neuen Bäume, und sie wuchsen. Dann sammelte er die Blätter, die von den Bäumen fielen, und blies darauf. Sie wurden zu Vögeln. Er nahm einen Stock und brach ihn in Stücke. Aus dem dünnen Ende machte er Fische und setzte sie in den Gebirgsbächen aus. Aus der Mitte des Stockes machte er alle anderen Tiere bis auf den Grizzlybär. Den schuf er aus dem dicken Ende des Stockes und ernannte ihn zum Herren aller Lebewesen. Grizzly war groß, stark und klug. Als die Erde neu war, lief er auf zwei Beinen und trug einen großen Knüppel. Grizzly war so stark, daß auch Old Man Above dieses Geschöpf fürchtete, das er geschaffen hatte. Um vor ihm sicher zu sein, höhlte Chareya die Pyramide aus Eis und Schnee aus, so daß sie zu einem Tipi wurde. Dort lebte er über tausend Schneezeiten. Die Indianer wußten, daß er dort lebte, weil sie den Rauch sehen konnten, der sich über dem Rauchabzug seines Tipis kringelte. Als das Bleichgesicht kam, ging Old Man Above fort. Es gibt keinen Rauch mehr über dem Rauchabzug. Die weißen Männer nennen das Tipi Mount Shasta.

Der Blackfoot-(Piegan)-Krieger Lazy Boy, 1947 von Donald Schmidt in Montana photographiert. Zu dieser Zeit war Lazy Boy, geboren 1855, vermutlich der älteste lebende Indianer des Reservats. Der Ethnologe John Canfield Ewers, der bei der Entstehung des Photos dabei war, erhielt von ihm wichtige Informationen über die Rolle des Pferdes in der Blackfoot-Kultur. So wird in vielen Mythen der Blackfoot das Pferd als ein Geschenk des Himmels oder der Unterwassergeister angesehen.

Zweites Kapitel

Ursprungsmythen

Für den außenstehenden Betrachter ist die wohl augenscheinlichste Funktion von Mythen in jeder Tradition die der Erklärung. In dieser Hinsicht sind die reichen mythologischen Erzählungen der verschiedenen Kulturregionen Nordamerikas keine Ausnahme. Während Erklärungen des Ursprungs so allgemeiner Phänomene wie Feuer (S. 65), Donner (S. 53) und Hexerei (S. 50) in verschiedenen Formen auf dem ganzen Kontinent immer wieder auftauchen, verweisen einige andere Geschichten, wie etwa zu den Ursprüngen des Wampum (S. 71), des Pfeifensteins (S. 71, zitiert nach Catlin 1967) oder des ersten Totempfahls (S. 67) auf besondere Kulturregionen.

Es gibt im Nordosten mehrere Irokesen-Legenden, die sich mit den traditionellen Grundnahrungsmitteln des Stammes beschäftigen: dem Mais (S. 66), dem Kürbis und den Bohnen. Man hat sie oft als «die drei Schwestern» bezeichnet, die Seneca nannten sie *De-o-ha-ko,* «unser Leben» oder «unsere Erhalter», die Onondaga dagegen nannten sie *Tune-ha-kwe,* «die, von denen wir leben». In einer dieser Geschichten gibt der Große Geist den Mohawk Mais, den Onondaga Kürbisse und den Seneca Bohnen und verteilt damit diese drei Nahrungsmittel unter den drei älteren Brüdern der Irokesen-Konföderation. Deren Kleidung soll das Blattwerk und die Blüten dieser lebenswichtigen Pflanzen repräsentiert haben. Wohlwollende Geister schützten die Ernte nicht nur vor Schädlingen wie Insekten oder Mehltau, sie sollen auch die Kürbisse zur Sonne hin gedreht haben, um den Reifungsprozeß zu beschleunigen.

Vergleichbare Legenden gibt es auch bei den Pueblo-Indianern des Südwestens. In dem dortigen Wüstenklima war der Anbau von ertragreichen Pflanzen wie Mais, Kürbissen und Bohnen zum Überleben notwendig, da es nur wenig Wild, Früchte und vor allem kaum Wasser gab. Um die wertvollen Ressourcen zu erhalten, entwickelten die Hopi komplizierte Zeremonien für die *Kachina*-Götter, die ihnen die Feuchtigkeit der geistigen Welt brachten und damit die Pflanzen nährten. Vom Mais, der aus Mexiko stammte und dort schon mehr als 7000 Jahre angebaut wurde, berichten fast alle Legenden übereinstimmend, daß sein Ursprung eine fruchtbare Mais-Mutter oder ein Mais-Mädchen sei. Und so war es die Frau im Nordosten, die nicht nur die Samen pflanzte, sondern die Pflanzen auch erntete. Im Gegensatz dazu pflanzten bei den Pueblo die Männer den Mais, doch auch bei ihnen waren es die Frauen, die für dessen Fruchtbarkeit standen: für jede der verschiedenen Farben, die die Maiskolben beim Reifen annahmen, gab es einen weiblichen Mais-Geist.

Was bei vielen nordamerikanischen Stämmen der Mais für das leibliche Wohlergehen war, das war der Tabak für den Geist. In allen Kulturregionen wurde er zu zeremoniellen Zwecken eingesetzt, an der Nordwestküste allerdings nicht in so starkem Maße. Der Kommunikation mit den höheren Mächten diente der aufsteigende Rauch. Selten fand eine Zeremonie statt, brach man zur Jagd oder in den Krieg auf oder begann mit der Aussaat, ohne den rituellen Gebrauch von Tabak miteinzuschließen. Getrocknet und zerbröselt wurde er an heiligen Orten verteilt, auf offenes Feuer gestreut oder in Pfeifen aus Bambus, Holz oder Stein geraucht. Für die Stämme des Nordostens war er ein Geschenk des Großen Geistes, damit die Menschen den höheren Mächten etwas Wertvolles bieten konnten. In den Plains betrachteten die Crow den Tabak als die erste Pflanze, die auf der Welt erschienen war, und glaubten, sie sei von den Sternen gekommen. Bei den komplizierten Zeremonien, welche die Crow Tabakgesellschaft durchführte, wurden eigens Tabaksamen ausgesucht, die jene sternenähnlichen Symbole aufwiesen, wie man sie manchmal beim Tabak finden kann.

Die Pfeife bestand normalerweise aus einem steinernen Pfeifenkopf und einem Holzstiel – wenngleich in den verschiedenen Regionen auch beträchtliche Abweichungen von diesem Modell vorkamen – und war nicht weniger heilig als der Tabak, der in ihr geraucht wurde.[1] Einige der erlesensten Pfeifen waren bei den Sioux in Gebrauch: Die Pfeifenköpfe wurden aus einem weichen roten Stein mit Namen *catlinit* gefertigt.[2] Eine Sioux-Legende (S. 71) berichtet, daß der Stein ein Geschenk des Großen Geistes gewesen und die Pfeife selbst dem Stamm von der Weißen Büffelkalbfrau gebracht worden sei, einer mächtigen Stammesgottheit, die bei den großen Zeremonien eine wichtige Rolle spielte, nicht zuletzt beim *wiwanyang wacipi* oder «Sonnentanz».

Den Ursprung ihrer berühmten gewebten Decken erklärt die Chilkat-Legende von «Tsihooskwallaam» mit folgender Erzählung (S. 58): Eine schöne und bewunderte Frau entschließt sich, hoch in den Bergen in Abgeschiedenheit zu leben, und wird dabei eine Meisterin in der Kunst des Webens. Lachs, Rabe und Baumschwalbe, die in dieser Geschichte die Rolle der Gauner übernommen haben und genau das Gegenteil von dem tun, was sie versprochen haben, bringen Tsihooskwallaam um ihren gesamten Besitz, doch noch schlimmer ist, daß ihre Zufluchtsstätte entdeckt wird und sie vor Kummer stirbt. Nach dieser Tragödie verteilen der Rabe und die Baumschwalbe, in die sich der Häuptling und sein Sohn verwandelt hatten, die gewebten Decken bei einer großen Geschenk-Zeremonie, der Cutlas Potlach (Potlatch).

Eine ähnliche Rolle in der Erklärung zum Ursprung des Webens spielt bei den Navaho – ebenfalls als Abkömmling der mythischen heiligen Weiblichkeit – die Spinnenfrau. Dieses heilige Wesen soll in einem versteckten Bau im Canyon de Chelly im heutigen Arizona gelebt haben. Spinnennetze galten als Zeugnisse ihrer großen Geschicklichkeit im Weben[3], und ihr Geist soll die Hände der kunstfertigen Navaho-Weberinnen geführt haben. Auch die Kräfte der Sonne und des Donners kommen in dieser mythischen Erzählung vor, denn die Spinnenfrau arbeitet an einem großen Webstuhl, der vom Blitz und den Sonnenstrahlen erschaffen wurde (Woodhead, S. 167).

In der Mythologie sind es die Götter, die den Menschen Fertigkeiten wie die des Webens schenken. In der Realität beruhte die Entwicklung dieser Kunst bei den Navaho auf Kontakten mit dem Volk der Pueblo und später mit spanischen sowie anderen weißen Händlern. Obwohl solche Ursprungs-

Zu Seite 46: Ansicht eines Kwakiutldorfes mit Häusern, Booten und Totempfählen, photographiert um 1895. Die riesigen geschnitzten Totempfähle mit ihren Familien- und Clanabzeichen voller Symbolik gelangten vermutlich erst gegen Ende des 18. Jahrhunderts zu ihrer vollen Blüte, als durch russische Händler Metallwerkzeuge eingeführt wurden. Die Symbolik ist jedoch weitaus älter.

Eine Kachina der Hopi. Die Aufnahme ist undatiert, entstand aber vermutlich um 1920. Kachinas repräsentierten die zahlreichen Geister-Götter, die die gesamte Religion und die Zeremonien der Hopi durchziehen und darin eine wichtige Rolle spielen. Auch in der religiösen Erziehung der Kinder wurden Kachinas häufig eingesetzt.

mythen Erklärungen anbieten, geben die häufig phantastischen Erzählungen jedoch keine klaren Antworten auf die Fragen nach der historischen Entwicklung: Deutlich ist der erzieherische Wert in die Stammestradition eingebettet, die der Geschichtenerzähler aufnimmt und fortführt.

So ist es die Kiefer, der in der Legende der Nez Perce in einer bizarren Geschichte von sprechenden Bäumen und Tieren die Erschaffung des Feuers zugeschrieben wird (S. 65). Im Verlauf der Entwicklungsgeschichte geht die Technik des Feueranzündens, so wie wir es kennen, jedoch auf den Gebrauch von Reibehölzchen zurück. Die große Bedeutung der Kiefer für die Menschen der Subarktis liegt auch dem Mythos der Athapasken zugrunde (S. 55), der von der Entstehung dieses Holzes durch menschlichen Nasenschleim erzählt. Die Erklärung der Acoma, wie es zu Sommer und Winter kam (S. 60), ist eine lange und komplizierte Geschichte, in der über den Geist des Winters, Shakok, und den des Sommers, Miochin, berichtet wird, die am Ende einen Handel abschließen: jeder von ihnen darf die Welt ein halbes Jahr regieren. Zuvor jedoch färben sie mit verschiedenartigen Handlungen die Tiere des Nordens (ganz oder teilweise) weiß und die des Südens braun oder schwarz.

Die Atmosphäre der Nordwestküste mit ihren Totenhäusern, den Festen zum Gedenken der Toten, den Rasseln aus menschlichen Schädeln und Halsketten aus Schamanenhänden wird lebendig in dem Mythos der Tlingit vom Ursprung der Hexerei (S. 50). Er läßt vieles von den Zeremonien und Ritualen erkennen, die es in diesem hochentwickelten und komplexen Kulturkreis gab.

Der Ursprung der Hexerei

– Tlingit –

In den frühen Tagen der Indianer lebte einmal ein junger Mann, der ein guter Jäger war und eine schöne junge Frau und einen Sohn hatte, die beide sein Herz mit Liebe erfüllten. Ihrer aller Leben verlief glücklich wie das der Blumen, bis seine Frau eines Tages beim Holzsammeln im Wald den Sohn des Häuptlings traf und sich Hals über Kopf in ihn verliebte. Daraufhin traf sie ihn jede Nacht am Ufer oder im Wald. Nach einiger Zeit täuschte sie vor, krank zu sein, rief ihren Mann zu sich und sagte ihm, daß sie die Geister ihrer alten Freunde sehe, die kämen, um sie abzuholen. Sie werde bald sterben und ihn verlassen, aber er müsse ihr versprechen, sie nicht zu verbrennen, sondern ihren Körper in einen großen Kasten zu legen und ihn im Leichenhaus aufzustellen. Am selben Tag starb sie scheinbar, und ihr letzter Wunsch wurde erfüllt. Sie wurde in ein kleines Leichenhaus gebracht. Die Nacht kam, und als das große Fest gefeiert wurde (das bei den Tlingit üblich ist, um die Toten zu ehren), ging der Häuptlingssohn zu dem Grab, half ihr zu entfliehen und führte sie ins Haus seines Vaters, wo sie als seine Frau lebte, was aber nur seine Familie wußte. Tagsüber blieb sie im Haus, und nur im Schutz der Dunkelheit verließ sie es.

Viele Winterabende saß der einsame Jäger mit seinem kleinen Sohn zusammen, dachte an seine tote Frau, und das Herz wollte ihm brechen. Eines Tages kam er von der Jagd nach Hause, und da es kein Feuer gab, schickte er seinen kleinen Jungen in das Haus des Häuptlings, um ein paar glühende Kohlen zu erbitten, damit er sein Feuer entzünden könne. Als der kleine Junge das Haus des Häuptlings betrat, überraschte er seine Mutter, die am Feuer saß. Sie erblickte ihn und bedeckte sofort ihr Gesicht, aber es war zu spät. Der Junge ging nach Hause und erzählte seinem Vater, daß er seine Mutter gesehen hatte, aber sein Vater sagte ihm, er solle still sein. Er beharrte jedoch darauf, so daß schließlich sein Vater doch Verdacht schöpfte. Am Abend stahl er sich leise zum Haus des Häuptlings, und als er durch eine Ritze spähte, entdeckte er seine Frau, wie sie mit ihrem Liebhaber am Feuer saß.

Als er nach Hause zurückkam, setzte er sich nieder, um zu überlegen, wie er am besten diese große Sünde rächen könne. Er beschloß, sich in den Besitz eines Hexengeistes zu bringen. So ging er in der folgenden Nacht zum Leichenhaus und schlief neben einer Leiche, aber der Geist kam nicht über ihn; als nächstes tötete er einen Hund und schlief eine Nacht in der Haut, die er ihm abgezogen hatte. Aber auch dieser Versuch schlug fehl. Dann holte er sich aus dem Leichenhaus den Schädel eines toten Schamanen und benutzte ihn, um daraus zu trinken. Am nächsten Morgen ging er ganz benommen hinaus, stolperte und fiel auf den Totenschädel. Als er aufwachte, war der Hexengeist über ihn gekommen, und er war glücklich. Als die Nacht kam,

Der Tlingit-Häuptling Shuky, aufgebahrt in Fort Wrangel, Alaska. Photo von 1878. Shuky war ein Häuptling der südlichen Tlingit, die längs der Küste an den geschützten Ufern des Pazifik lebten. Die Trauerzeit dauerte acht Tage. Vier Tage lang wurde die Leiche aufgebahrt. Neben dem Toten türmte man, wie auf dem Photo zu sehen ist, die Schätze der Familie auf.

Das Haus des Häuptlings Shake im Tlingitdorf in Fort Wrangel, Alaska. Das Photo stammt vermutlich von George Emmons und ist um 1890 entstanden. Das Land der Tlingit war zerklüftet, das Festland zwischen dem Gezeitenwasser und den hohen Bergen nicht breiter als 30 Meilen. Das Meer bot eine Fülle an Nahrung: Schellfisch, Meeressäugetiere und Fische. Als ab 1890 zersägte Baumstämme, Nägel und Zimmermannswerkzeug verfügbar wurden, bauten viele Tlingit Häuser für mehrere Familien in Zimmermannsbauweise, wie auf dem Photo zu sehen ist.

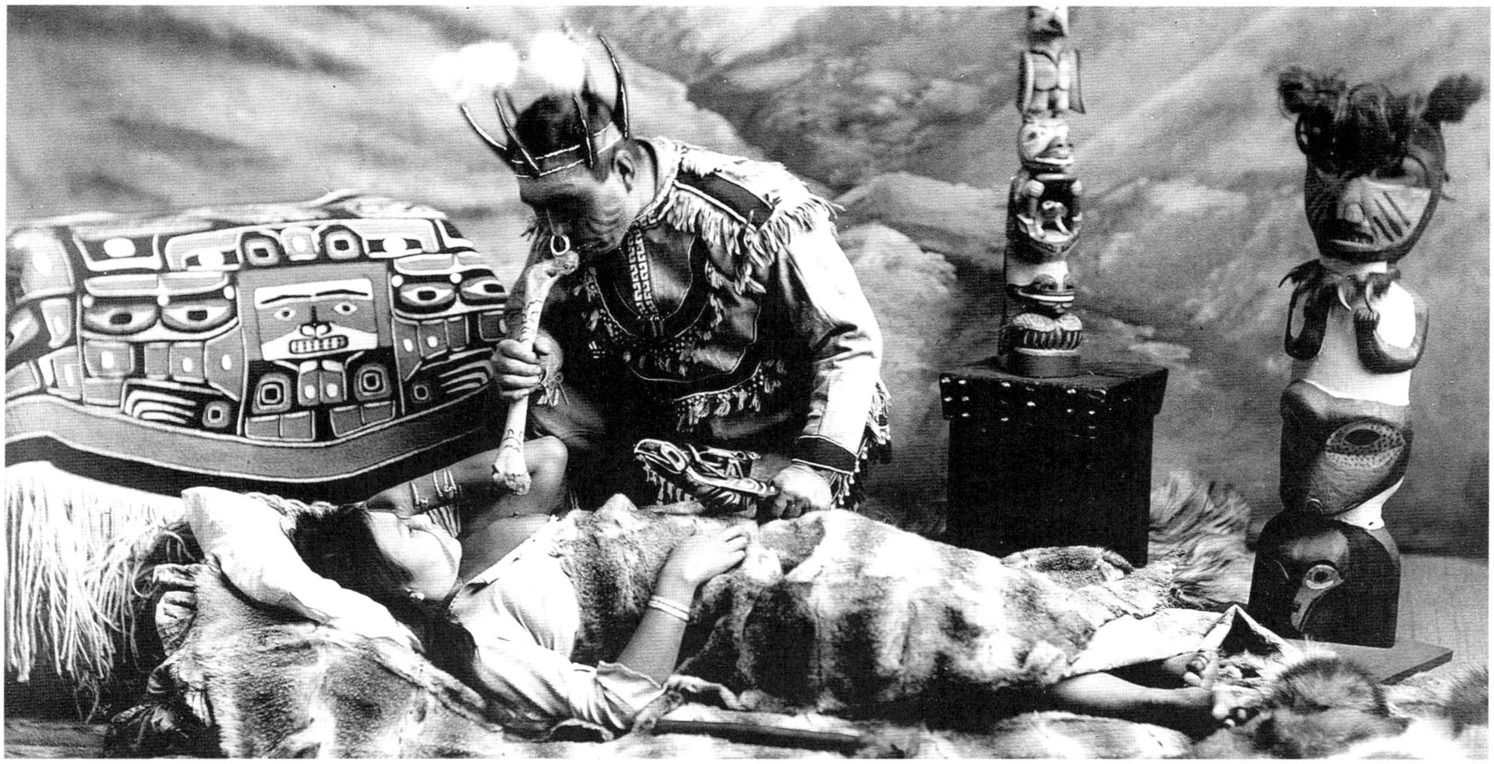

Da-yuc-hene, ein Tlingit-Schamane, heilt eine kranke Frau. Datum der Aufnahme unbekannt, aber vor 1906. Der Schamane gehörte zu den wichtigsten und mächtigsten Personen im Clan. Er verdankte seine Kräfte den Geistern, die, wie man annahm, in seinen Körper eindrangen und durch ihn sprachen. Die wichtigste Funktion der Schamanen war es, eine Hexe aufzuspüren, die Nu-kw-sa-ti, «Meisterin der Krankheit», genannt wurde.

kehrte er zu den Gräbern der Schamanen zurück und traf dort viele Geister von Männern und schönen Mädchen, die mit ihm tanzten und spielten. Von nun an besuchte er sie jede Nacht und lernte immer mehr über die Zauberei.

Nach einiger Zeit nahm er die Knochen des toten Schamanen und machte daraus eine Kette, die er sich umlegte. Dann tötete er einen Hund und machte eine Decke aus seiner Haut; dann nahm er zwei Schamanenschädel, füllte sie mit Kieselsteinen und machte Rasseln aus ihnen (all diese Gegenstände werden von den Schamanen bei der Zauberei benutzt). Er fuhr fort, Gräber zu besuchen und sich mit Geistern und Hexen zu treffen, und so lernte er mit jedem Tag mehr, bis er fliegen konnte. Da nahm er die beiden Schädelrasseln in die Hände und flog zum Haus des Häuptlings. Als er den Rauchabzug erreicht hatte, schüttelte er die Rasseln und brachte damit alle dazu, fest zu schlafen. Dann betrat er das Haus und sah seine Frau in den Armen ihres Liebhabers schlafen. Am nächsten Morgen ging er hinaus und spielte; die Leute kamen aus ihren Häusern und sagten: «Wir haben letzte Nacht sehr fest geschlafen.» Er ging in den Wald, schnitt einen kleinen Stock ab und schnitzte ihn an einer Seite zu einer scharfen Spitze. Als in der nächsten Nacht alle schliefen, flog er durch den Rauchabzug des Häuptlingshauses hinunter, durchbohrte seine treulose Frau mit dem spitzen Stock und tötete sie damit schnell und lautlos. Man fand sie am nächsten Tag tot auf, aber niemand wußte, wer sie umgebracht hatte.

Nun entschloß sich der Jäger, den Hexengeist seinem kleinen Jungen weiterzugeben, damit auch er zaubern könne. Er nahm die Hand eines toten alten Schamanen und hängte sie um den Hals des Kindes. Der kleine Junge fiel in Trance, und der Hexengeist kam über ihn; daraufhin begleitete er seinen Vater jede Nacht, um mit den Geistern zu spielen. Der Jäger schlug nun vor, sich an dem Häuptlingssohn zu rächen. Er trug seinem kleinen Sohn auf, seinen Feind zu beobachten und etwas von seinem Speichel zu sammeln, ein Stück seiner Decke abzuschneiden und die Erde in seinen Fußabdrücken zusammenzukehren. Aus diesem und anderem Material machte er eine kleine menschliche Figur, die er in einen toten Schamanen legte. Und in dem Maße wie diese Figur verrottete, kam auch die Krankheit über den Häuptlingssohn, und in dem Maße wie die Figur zerfiel, wurde auch der Häuptlingssohn immer schwächer, bis ihn der Tod holte. Dann weihte der Jäger seine Familie in die Mysterien der Hexerei ein, und das war der Ursprung der Hexen.

Der Ursprung des Donners

– Passamaquoddy –

Einst ging ein Indianer zum Jagen. Er startete vom Ostarm des Flusses Penobscot, kam zur Mündung eines anderen Armes, der in den Ostarm fließt, und folgte ihm bis zum Fuße des Mount Katahdin. Dort ging er viele Tage lang allein auf die Jagd und traf niemanden, bis er eines Morgens im Winter die Spuren von Schneeschuhen entdeckte. Er kehrte zu seinem Lager zurück, aber am nächsten Tag traf er an einem weit entfernten Ort wieder auf diese Spuren. Und so geschah es, wo immer er auch hinging, die Spur erreichte ihn jeden Tag. Er nahm das als ein Zeichen, das er beachten sollte, und folgte der Spur, und sie führte auf den Berg Katahdin – was soviel bedeutet wie «der große Berg» –, bis sie sich in einer festen Schneeschuh-Straße verlor, die von vielen Reisenden ausgetreten worden war. Da sie fest und eben war, zog er seine *agahmook,* oder Schneeschuhe, aus und ging die Straße weiter hinauf; es war ein seltsamer Pfad, und seltsam war auch sein Ende, denn er hörte vor einem hohen Fels auf, der einer riesigen Mauer glich und an dessen Fuß sich eine Plattform befand. Es gab eine Reihe von Hinweisen auf viele Menschen, aber

Wiwi-yokpa oder Mary Elmanico von dem kleinen Stamm der Passamaquoddy. Der Stamm gehörte zur Konföderation der Abenaki und zur Sprachfamilie der Algonkin. Er bewohnte die Region um die Bucht von Passamaquoddy und den Schoodic Lake an der Grenze zwischen Maine und New Brunswick. Nach der Mythologie der Passamaquoddy waren der erste Mann und die erste Frau aus Stein erschaffen worden. Aber ihr Hauptgott Keshi Niwaskw sei mit ihnen nicht zufrieden gewesen und habe sie zerstört, um dann zwei weitere Menschen aus Holz zu schaffen. Diese Gleichberechtigung zwischen Mann und Frau spiegelt sich auch in der Sozialstruktur wider. So entschieden zum Beispiel im allgemeinen Rat sowohl Frauen wie Männer über Fragen von Krieg und Frieden.

er sah keinen einzigen. Und als er dort so verweilte, wurde es immer seltsamer. Schließlich hörte er ein Geräusch wie von sich nähernden Schritten – aber innerhalb der Mauer –, und dann trat, hoppla!, ein Mädchen direkt aus dem Abgrund auf die Plattform. Obwohl das Mädchen unglaublich schön war, hatte er Angst. Sie antwortete auf jeden seiner Gedanken mit Worten, die so süß und freundlich und klug waren, daß er bald seine Angst verlor, obwohl er sah, daß sie eine mächtige *m'téoulin,* das heißt große magische Kraft, hatte. Und da sie beide sich so sehr aneinander freuten und einander so begehrten, bat sie ihn, sie zu begleiten, und zwar mitten hindurch durch den Fels. «Hab keine Angst», sagte sie, «sondern schreite tapfer voran!» Er gehorchte, und siehe da!, der Fels war wie Luft und machte ihm Platz. Die ganze Zeit, die sie gingen, redete das Mädchen mit ihm und beantwortete seine Gedanken, obwohl er sie nicht aussprach.

Bald kamen sie zu einer großen Höhle tief drinnen, und dort saß ein alter Mann an einem Feuer und hieß sie willkommen. Den ganzen Tag behandelte ihn das seltsame Paar sehr freundlich; nie in seinem Leben war er so glücklich gewesen. Als die Nacht näher kam, sagte der alte Mann zu seiner Tochter: «Kannst du etwas von deinen Brüdern hören?» Sie ging hinaus auf die Terrasse und sagte, als sie wiederkam: «Nein.» Bald fragte er sie wieder, und sie ging und kehrte zurück wie vorher und antwortete: «Jetzt höre ich sie kommen.» Sie lauschten, und siehe da!, nun kam von draußen ein Donnerschlag mit einem Blitz, und aus dem Licht traten zwei junge Männer von großer Schönheit, aber gewaltig wie Riesen und mit furchterregenden Mienen. Und wie bei ihrem Vater waren ihre Augenbrauen aus Stein und ihre Wangen wie Fels.

Die Schwester erzählte dem Jäger, daß ihr Vater ihnen immer, wenn sie fortgingen, was alle paar Tage geschah, sagte: «Erhebt euch meine Söhne! Die Zeit für euch ist gekommen, hinaus in die Welt zu gehen und unsere Freunde zu retten. Geht nicht zu nahe an die Bäume, aber wenn ihr etwas seht, das denen, die wir lieben, Schaden bringt, schlagt zu und spart nicht dabei!» Wenn sie dann losgingen, flogen sie hoch hinauf über die Wolken. So wurden der Donner und der Blitz geschaffen, deren Heim der mächtige Katahdin ist. Und wenn der Donner rollt, schießen die Brüder auf die Feinde ihrer Freunde.

Als nun der Tag vorüber war, kehrte der Jäger nach Hause zurück, und als er ankam, fand er heraus, daß er sieben Jahre fortgewesen war.

Eine typische Hütte der Passamaquoddy aus Birkenrinde, photographiert im Zoologischen Garten von Washington 1896. Sie wurde auf Anregung des Bureau of American Ethnology *von zwei Passamaquoddy-Indianern, Joseph und Newell Thomas, gebaut, um die Architektur und das häusliche Leben der amerikanischen Ureinwohner zu veranschaulichen. Als Baumaterial dienten Birkenrinden und Weidenstämme, die man mit Splinten aus Eschenholz und Fichtenwurzeln aneinander befestigte. Das gesamte Zuschneiden und Zusammenfügen wurde mit Steinwerkzeugen und Feuer bewerkstelligt.*

Babys der Lower Ahtena, Photo um 1903. Die Babys befinden sich in einer Trage, die vermutlich aus Birkenrinde hergestellt und mit Fichtenwurzeln zusammengeflochten ist. Sie wurde gepolstert und anschließend mit einem absorbierenden Material wie Moos oder Gras ausgelegt (wie links zu sehen ist). Die Beine der Kinder hängen über und werden durch eine vertikale Zunge festgehalten. Bemerkenswert ist der Tragriemen mit seinen Blumenverzierungen (rechts).

Der Ursprung der Kiefer

– Athapasken –

Es gab eine Anzahl Indianer in einem Lager, die einer nach dem anderen weggingen und verschwunden blieben. Zum Schluß blieb nur noch einer übrig, und auch er beschloß, das Lager zu verlassen. Bald traf er einen Vielfraß, der zu ihm sagte: «Ich weiß, wer du bist; du mußt vor mir hergehen.» Als sie so gingen, kamen sie zum Fluß und zwar an eine Stelle, wo das Ufer sehr steil war. Der Vielfraß sagte: «Du mußt hinunterrutschen.» Also rutschte der Indianer das Ufer hinunter, und der Vielfraß rannte außen herum durch eine Schlucht. Als der Mann unten angekommen war, brachte er seine Nase zum Bluten, schmierte etwas Blut auf seinen Speer, legte sich hin und stellte sich tot. Als der Vielfraß den Ort erreichte, wo der Mann lag, nahm er ihn und trug ihn zu seinem Lager über den Fluß. Nachdem er ihn in die Mitte des Lagers gebracht hatte, fing er an, sein Messer zu schleifen. Alsbald öffnete der Mann seine Augen und sah sich nach einem Stock um; als er einen Stock gefunden hatte, sprang er auf und tötete alle Vielfraße bis auf einen jungen, der einen Baum hinaufgeklettert war. Der Mann schneuzte sich und warf den Schleim auf den Baum, und der verwandelte sich in eine Kiefer. Darauf sagte der Vielfraß: «Die wird dir deine Pfeile geben; jetzt mußt du mich aber in Ruhe lassen.»

Gruppe von Ahtena-Indianern, vermutlich in einem improvisierten Jagdlager, photographiert um 1903. Im 19. Jahrhundert umfaßte das Territorium der Ahtena etwa 23 000 Quadratmeilen des Copper-River-Tals im südlichen Alaska. Aus einer ganzen Reihe verschiedener Behausungen wählten sie jeweils eine der Aufenthaltsdauer entsprechende Form. Im Winterlager bevorzugte man kuppelartige Konstruktionen aus Häuten oder Leinwand, die man hier sieht. Als Fußbodenbelag im Zelt dienten Fichtenzweige.

Die Chilkat-Decke

– Chilkat –

Vor vielen Generationen lebte eine sehr schöne Frau mit dem Namen Tsihooskwallaam, die sich entschieden hatte, weit weg von ihren Stammesbrüdern in der bergigen Wildnis des großen Chilkat-Landes zu leben.

Tsihooskwallaam hatte viele Bewunderer unter ihren Stammesbrüdern, die sie gerne geheiratet hätten, aber Tsihooskwallaam lebte lieber abgeschieden von ihrem Stamm.

Als Wohnort wählte sie einen unbekannten See, weit weg von den Nachstellungen der Männer, und nahm an, daß ihre Leute sie dort nie finden würden. Und dort ließ sie sich nieder, um die Kunst und das Handwerk des Webens von Decken zu erlernen. Der Abfluß des Sees war ein Fluß mit vielen Stromschnellen und Wasserfällen, und häufig schwammen dort Lachse, wenn sie zum See wollten.

Die Lachse versuchten viele Male, Tsihooskwallaam zu finden, und als sie sie fanden, bat Tsihooskwallaam sie inständig, ihr zu helfen und ihr neues *illahee* (Heim) niemandem zu verraten. Als die Lachse zum salzigen *chuck* (Wasser) zurückkehrten, erzählten sie von Tsihooskwallaams neuem Heim, und der große Häuptling und sein Sohn brachen auf, so schnell es ging, um sie zu finden. Sie richteten ihr Kriegskanu her, versorgten sich mit *muck-a-muck* (Eßbarem) und nahmen viele *skookum* (starke) Flußmänner mit. Sie fuhren in die Richtung, die ihnen die Lachse gesagt hatten, und kamen zu dem See. Der Häuptling, der Num-Kil-slas hieß, schlug Tsihooskwallaam vor, sie solle seinen Sohn Gunnuckets heiraten. Sie stimmte unter der Bedingung zu, daß der Häuptling und sein Sohn sich bereit erklärten, bei ihr zu bleiben und ihr ganzes Leben lang den Ort nicht mehr zu verlassen, was die beiden versprachen. Nach der Hochzeit und dem Fest ließen sie sich nieder, um die Decken herzustellen. Sie fragten Tsihooskwallaam, wo sie das Material für die Decken herbekomme, und sie antwortete, daß sie in den Bergen Bergziegen jage, von denen sie das Material nehme. Am nächsten Morgen bei *tenas sun* (Tagesanbruch) nahm sie Gunnuckets mit, damit er das Bergschaf für sie jagen konnte. Tsihooskwallaams Haus war sehr groß. Es war aus Baumstämmen gebaut und maß vierzig bis sechzig Fuß in der Länge. Innen war es

Sitka Jake, ein Tlingit-(Sitka)-Indianer mit Decke und Kopfschmuck für einen Chilkat-Tanz. Photo vermutlich um 1900. Sitka Jake war als großzügiger Potlatch-Verteiler bekannt. Das Potlatch (oder Cutlas Potlach*) war eine der großen Winterzeremonien bei den Stämmen des Nordwestens. Die Bezeichnung ist aus dem Nootka-Wort* patshatl, *«geben» oder «Geschenk», abgeleitet. Ein Teil der Zeremonie bestand darin, viele Besitzgüter zu verschenken, vor allem so prachtvolle Decken wie die hier gezeigte.*

Potlatch-Tänzer der Haida in Klinkwan, Alaska. Das Photo entstand um 1900. Bemerkenswert sind die feinen Decken, die drei der Männer tragen. Sie wurden eigentlich von Tlingit-Frauen hergestellt (einem Stamm, der eng mit den Haida verwandt war). Die Tlingit lebten im Dorf Chilkat an der Mündung des Copper River in Alaska, daher der Name «Chilkat-Decke». Sie war ein sehr begehrtes Handelsobjekt und ein Zeichen großen Reichtums.

geschmackvoll dekoriert mit vielen schönen Hölzern, die den Mitgliedern ihres Stammes unbekannt waren. Gunnuckets und sein Vater Num-Kil-slas waren sehr neidisch, und da sie von Herzen schlecht waren, machten sie einen Plan, wie sie der Frau alle Decken und anderen Besitztümer stehlen konnten. Gunnuckets trug seinem Vater auf, sich anzusehen, was es alles gab, und es in Bündel zu schnüren, die sie beide wegtragen konnten, wenn seine Frau abwesend war. Am nächsten Tag, als Tsihooskwallaam und ihr Mann in den Bergen Schafe jagten, sah sich Num-Kil-slas alles an und schnürte es in Bündel, so daß er und sein Sohn es wegtragen konnten, wenn sich die Gelegenheit dazu ergab.

Inzwischen verließ Gunnuckets unter einem Vorwand seine Frau und kehrte allein nach Hause zurück. Bei seiner Ankunft im Haus verwandelten sich er und sein Vater in ihre ursprünglichen Charaktere.

Num-Kil-slas wurde ein Rabe und Gunnuckets eine Baumschwalbe. Der Rabe nahm viele Bündel wertvoller Decken in seinen Schnabel, während die Baumschwalbe alles nahm, was sie nur tragen konnte, und schnell flogen sie mit alledem davon. Am Abend kam Tsihooskwallaam zurück ins Haus und erkannte, daß ihr Mann und sein Vater sie betrogen und ihr alle Schätze gestohlen hatten. Aber dieser Verlust ängstigte sie weniger als das Wissen, daß ihre Stammesbrüder nun erfahren würden, wo sie war. Sie lief davon in den Wald und dachte, daß sie sie vielleicht einholen und so ihr Eigentum wieder zurückgewinnen könne, aber ihre Anstrengungen waren vergebens, und sie starb vor Kummer.

Num-Kil-slas und Gunnuckets erreichten ihr Ziel mit allen Decken und sonstigen Schätzen und verteilten sie als *Cutlas Potlach* (Geschenke) an alle Mitglieder des Stammes. So lernten sie die Herstellung dieser wunderbaren Decken, die bis auf den heutigen Tag nur von den Häuptlingen bei ihren Tänzen und Stammeszeremonien benutzt werden.

Der Ursprung von Sommer und Winter
– Acoma –

Die Stämme der Acoma und der Laguna lebten, so berichtet ihre älteste Tradition, auf einer Insel. Ihre Häuser wurden durch Flutwellen, Erdbeben und feurig rote, heiße Steine, die vom Himmel fielen, zerstört. Sie flohen und landeten an einer flachen, sumpfigen Küste. Von dort aus zogen sie in den Nordwesten. Wo immer sie länger blieben, bauten sie eine «Weiße Stadt» *(Kush-kut-ret)*.

Die fünfte Weiße Stadt wurde irgendwo im südlichen Colorado oder im nördlichen New Mexico errichtet. Doch Kälte, Trockenheit und Hunger zwangen die Menschen, auch sie zu verlassen.

Der erste Herrscher von Acoma hatte eine Tochter namens Co-chin-ne-na-ko: Sie war die Frau von Shakok, dem Wintergeist. Seit er zu den Acoma gekommen war, waren die Jahreszeiten immer kälter geworden; Schnee und Eis blieben länger, der Mais wurde nicht mehr reif, und die Menschen mußten sich von Kaktusblättern *(E-mash-chu)* und anderen wilden Pflanzen ernähren.

Eines Tages ging Co-chin-ne-na-ko hinaus, um Kaktusblätter zu sammeln, ihre Dornen abzubrennen und sie dann zum Essen nach Hause mitzunehmen. Sie hatte ein Blatt angesengt und aß es gerade, als sie beim Aufschauen einen jungen Mann auf sich zukommen sah. Er trug ein gelbes Hemd, das aus Maisseide gewoben war, einen Gürtel und einen großen spitzen Hut sowie grüne Strümpfe, die aus dem grünen Moos gefertigt waren, das in den Quellen und Teichen wächst. Seine Mokassins waren mit Blumen und Schmetterlingen wunderschön verziert. In der Hand trug er einen grünen Maiskolben. Er kam zu ihr und grüßte sie. Sie erwiderte den Gruß. Dann fragte er sie, was sie aß. Sie erzählte ihm, daß die Menschen fast verhungerten, daß kein Mais wüchse und daß sie alle gezwungen seien, von Kaktusblättern zu leben.

«Hier», sagte er, «nimm diesen Maiskolben und iß ihn. Ich werde dir ein Bündel davon bringen, damit du es mit nach Hause nehmen kannst.» Er ging los in Richtung Süden, und bald war er verschwunden. Nach kurzer Zeit kehrte er jedoch zurück und brachte ein großes Bündel von grünem Mais *(ken-utch)*, das er ihr zu Füßen legte. Co-chin-ne-na-ko fragte ihn, wo er den Mais gefunden habe und ob er in der Nähe wüchse. Er antwortete, er habe ihn von sich zu Hause, weit im Süden geholt, wo der Mais wachse und die Blumen das ganze Jahr über blühten. «Oh, wie gern würde ich dein Land sehen; willst du mich nicht mit dir nehmen?» sagte sie. «Dein Mann Shakok, der Wintergeist, wäre sehr ärgerlich, wenn ich dich mitnähme», sagte der junge Mann. Sie antwortete: «Ich liebe ihn nicht, er ist kalt; seit er hierher gekommen ist, wächst kein Mais mehr, die Blumen wollen nicht mehr blühen, und die Menschen müssen sich von stacheligen Blättern ernähren.»

«Gut», sagte der Mann, «bring das Bündel Mais nach Hause und wirf keine einzige Hülse vor die Tür; komm morgen zurück, und ich werde dir mehr bringen. Wir treffen uns hier.» Dann verabschiedete er sich und kehrte wieder nach Hause in den Süden zurück. Co-chin-ne-na-ko

Die Regenbogenquelle, von den Zuni K'iapkwainakwin, *«Ort, wo die heißen Wasser fließen», genannt. Diese Quelle wurde als Heiligtum der* Shalako-*Götter der Zuni angesehen und spielte bei den Zeremonien zum Regenmachen eine wichtige Rolle (siehe nächstes Bild). Die Quelle befindet sich bei Ojo caliente (spanisch: heißes Auge), einem Sommerdorf der Zuni, etwa 14 Meilen südwestlich von Zuni-Pueblo, New Mexico.*

Zuni-Altar mit Wolkensymbolen und Fetischen des Regenpriesters. Die Aufnahme entstand vor 1898 in Zuni-Pueblo, New Mexico. Provisorische Altäre dieser Art waren für die Pueblo-Indianer charakteristisch. Ein Richtungs- oder Wolkenaltar bestand oft nur aus einer Schale, die von Maiskolben umgeben war, die in die vier Himmelsrichtungen zeigten.

nahm das Maisbündel, das er ihr gegeben hatte, und machte sich auf den Weg zurück ins Dorf. Sie war noch nicht weit gegangen, als sie ihre Schwestern traf, die wegen ihres langen Ausbleibens unruhig geworden waren und nach ihr suchten. Sie waren sehr erstaunt, als sie sie vollbepackt mit grünem Mais erblickten statt mit Kaktusblättern. Co-chin-ne-na-ko erzählte ihnen, wie der junge Mann zu ihr gekommen war und ihr den Mais gebracht hatte. Also halfen sie ihr, den Mais nach Hause zu tragen. Als sie im Dorf ankamen, waren ihr Vater und ihre Mutter sehr überrascht, aber auch entzückt, als sie sahen, daß sie grüne Maiskolben statt Kaktusblätter brachten. Sie fragten Co-chin-ne-na-ko, wo sie die gefunden habe, und sie sagte ihnen, was sie schon ihren Schwestern erzählt hatte, daß ihr ein junger Mann, den sie genau beschrieb, den Mais gebracht habe und sie gebeten habe, ihn am nächsten Tag am selben Ort wieder zu treffen, und daß er sie dann nach Hause begleiten würde. «Es ist Miochin», sagte ihr Vater, «es ist Miochin.» «Ganz sicher ist es Miochin», sagte ihre Mutter. «Bring ihn auf jeden Fall mit.» Am nächsten Tag ging Co-chin-ne-na-ko zu dem Ort, wo sie Miochin getroffen hatte, denn es war wirklich Miochin, der Sommergeist. Er wartete bereits auf sie. Und er hatte große Maisbündel dabei.

Gemeinsam trugen sie die Bündel ins Dorf, und nun gab es genug, um alle Leute von Acoma satt zu machen. Miochin wurde im Hause des Herrschers begrüßt. Am Abend kehrte Shakok, der Wintergeist und Ehemann von Co-chin-ne-na-ko, wie es sein Brauch war, zurück aus dem Norden, wo er die Tage damit verbrachte, mit dem Nordwind, dem Schnee, dem Graupel und dem Hagel zu spielen. Er kam mit einem furchtbaren Sturm aus Schnee, Graupel und Hagel.

Als er das Dorf erreichte, wußte er, daß Miochin da war, und rief ihn: «He, Miochin, bist du da?» Miochin ging auf ihn zu. «Ha, Miochin, nun werde ich dich vernichten.» «Ha, Shakok, ich werde dich vernichten», antwortete Miochin. Shakok hielt inne, und als Miochin auf ihn zuging, schmolzen der Schnee und der Hagel, und der grimmige Wind wurde zu einer Sommerbrise. Shakok war mit Eis bedeckt, überall hingen Eiszapfen an ihm, aber als sich Miochin ihm näherte, schmolz das Eis, die Eiszapfen lösten sich in Tropfen auf und seine Kleidung kam zum Vorschein. Sie war aus trockenen, gebleichten Binsen *(Ska-ra-ska-ru-ka)*. Shakok sagte: «Jetzt werde ich nicht mit dir kämpfen, aber wir treffen uns hier in vier Tagen, und dann kämpfen wir, bis einer von uns beiden geschlagen ist. Der Sieger soll Co-chin-ne-na-ko bekommen.» Und zornig verließ Shakok den Ort.

Wieder heulte der Wind und erschütterte die Mauern, aber den Menschen in ihren Häusern war warm. Miochin war da. Am nächsten Tag machte er sich auf den Heimweg in den Süden. Dort angekommen bereitete er sich auf sein Treffen mit Shakok vor. Zuerst schickte er einen Adler zu seinem Freund Yat-chum-me Moot, der im Westen lebte, und bat ihn, zu kommen und ihm bei seinem Kampf mit Shakok zu helfen. Dann rief er alle Vögel, Insekten und vierbeinigen Tiere, die in den Ländern des Sommers lebten. Sie alle bat er, ihm zu helfen. Die Fledermaus *(Pick-le-ke)* war seine Vorhut und sein Schild, denn die rauhe Haut der Fledermaus konnte dem Graupel und Hagel, den Shakok auf ihn werfen würde, am besten widerstehen. Am dritten Tag entzündete Yat-chum-me seine Feuer und heizte die dünnen, flachen Steine, nach denen er benannt war. Dann türmten sich große, schwarze Rauchwolken vom Süden her auf und bedeckten den Himmel. Shakok war nach Norden gegangen, und er rief alle Wintervögel und die vierbeinigen Tiere der Länder des Winters zu sich. Er forderte sie auf, zu kommen und ihm bei der bevorstehenden Schlacht zu helfen. Die Elster *(Shro-ak-ah)* war sein Schild und seine Vorhut. Am Morgen des vierten Tages konnte man die beiden Gegner kommen sehen. Aus dem Norden brachten die schwarzen Sturmwolken des Winters mit Schnee, Graupel und Hagel Shakok zur Schlacht. Im Süden türmte Yat-chum-me noch mehr Holz auf seine Feuer, und große Schwaden von Dampf und Rauch stiegen auf und bildeten Wolken. Diese Wolken zogen rasch nach Acoma, dem Ort, wo der Kampf stattfinden sollte, und sie brachten Miochin, den Sommergeist, mit sich. Der dichte Rauch von Yat-chum-mes Feuer schwärzte all die Tiere, die Miochin bei sich hatte, und deshalb sind alle Tiere im Süden schwarz oder braun. Aus den Wolken, die Miochin brachten, zuckten gezackte, flammende Blitze. Die beiden stürmten aufeinander zu. Shakok aus dem Norden, Miochin aus dem Süden. Schließlich erreichten sie das Dorf, und die Blitze aus den Wolken versengten die Federn der Vögel und das Haar der Tiere, die mit Shakok kamen, so daß sie weiß wurden; das ist der Grund dafür, daß alle Tiere und Vögel, die im Norden leben, weiß sind oder etwas Weißes an sich haben. Shakok und Miochin waren dicht beieinander. Vom Norden her schleuderte Shakok Schneeflocken, Graupel und Hagel, so daß ein alles verdunkelnder Sturm durch die Luft pfiff. Vom Süden her rollten die großen schwarzen Wolken an, und aus Yat-chum-mes Feuern stiegen immer noch große Rauchschwaden auf, die die Luft erhitzten und Shakoks Schnee, Graupel und Hagel schmelzen ließen, so daß er sich zurückziehen mußte. Schließlich bot Shakok einen Waffenstillstand an. Miochin stimmte zu, die Winde hörten auf, und auch Schnee und Regen fielen nicht mehr.

Sie trafen sich an der Mauer von Acoma, und Shakok sagte: «Ich bin besiegt; du bist der Sieger; Co-chin-ne-na-ko ist dein.» Dann kamen sie überein, daß Shakok eine Hälfte des Jahres regieren solle und Miochin die andere, und daß keiner von beiden den anderen hinfort belästigen würde.

Seitdem ist eine Hälfte des Jahres kalt und die andere warm.

Die Shalako-*Tänzer galten als Riesen- und Kuriergötter der Regenmacher und Boten der Regenpriester. Das Photo stammt aus den späten neunziger Jahren des 19. Jahrhunderts. Es zeigt eine* Shalako-*Haussegnungs-Zeremonie. Die Tänzer sind auf dem Weg zum Zeremonienplatz von Zuni-Pueblo, New Mexico, und überqueren dabei ein Feld.*

Joseph Ratunda, ein Junge der Nez Perce, aufgenommen um 1900 vermutlich in Lapwai, Idaho. Der Glauben der Nez Perce vor der Einführung des Christentums maß den Kräften der Tiere große Bedeutung bei und beruhte auf einer genauen Beobachtung ihrer typischen Eigenschaften. Die edle Tracht des kleinen Jungen ist mit Pferdehaar und Stachelschweinborsten verziert. Er trägt ein Brustband aus Otternhaut, an dem seinerseits Wieselhäute hängen. Das Wiesel wurde wegen seiner Geschwindigkeit und seiner Überlebensfähigkeit geschätzt.

Tomason (Timothy), Führer der Nez Perce, photographiert in Washington 1868. Er trägt eine prachtvolle, traditionelle Tracht, die reich mit Federn und Perlenstickereien verziert ist. Als die Missionare in den vierziger Jahren des 19. Jahrhunderts bei den Nez Perce ankamen, waren mehrere der Anführer bereit, sich die Lehren des Christentums anzuhören. Tomason konvertierte als einer der ersten und änderte seinen Namen in Timothy. Andere Führer jedoch, wie etwa Joseph, überzeugten die Lehren nicht, und es kam zu einer Spaltung im Stamm der Nez Perce. 1877 unternahm eine Gruppe schließlich einen heroischen aber vergeblichen Versuch, sich nach Kanada zurückzuziehen.

Perlenverzierung auf einer Damentasche, vermutlich von den Nez Perce aus der Zeit um 1890. Die Figur stellt offensichtlich einen Schmetterling dar, das dreieckige Hauptmotiv meint zweifellos einen Kokon. Die Metamorphose war ein in ganz Nordamerika stark beachtetes Phänomen, das symbolische Assoziationen in Bezug auf Erneuerung und Regeneration weckte.

Maishülsentasche der Nez Perce, vermutlich um 1890. Diese Taschen dienten vornehmlich der Aufbewahrung von Kamaswurzeln und Rüben. Sie tauchen auch unter den Medizinbündeln der Blackfoot auf und wurden von den Crow als Behältnis für Kleidung und Perlenstickereien geschätzt. Die Taschen bestehen hauptsächlich aus geärehten Maishülsen, ein Teil des Musters ist jedoch aus gefärbter Wolle.

Der Ursprung des Feuers – Wie der Biber das Feuer stahl

– Nez Perce –

Vor langer Zeit gab es noch keine Menschen auf der Welt. Die Tiere und Bäume sprachen miteinander wie heute die Menschen. Und sie liefen auch umher. In jenen Zeiten nun kannten die Kiefern das Geheimnis des Feuers. Egal wie kalt es war, niemand konnte ein Feuer besitzen, außer er war eine Kiefer. Eines Winters war es so kalt, daß die Tiere fast erfroren. Da beriefen sie einen Rat ein. Sie wollten den Kiefern das Feuer stehlen.

Nun hielten die Kiefern am Grande Ronde River auch einen großen Rat ab. Sie hatten ein großes Feuer entzündet, um sich zu wärmen. Rund um das Feuer hatte man Wächter aufgestellt, um alle Tiere fernzuhalten. Aber der Biber versteckte sich nahe beim Feuer unter dem Ufer, bevor die Wächter ihre Plätze einnahmen, so daß sie ihn nicht sahen. Nach einer Weile rollte eine glühende Kohle das Ufer hinunter in die Nähe des Bibers. Er versteckte sie an seiner Brust und rannte weg. Die Kiefern verfolgten ihn. Als sie ihm immer näher kamen, schlug der Biber Haken von einer Seite zur anderen. Manchmal rannte er auch geradeaus. Darum windet sich der Grande Ronde River an manchen Stellen hin und her und ist an anderen Stellen gerade.

Als sie nun lange gerannt waren, wurden die Kiefern müde. Sie rasteten am Flußufer. Es waren so viele, und sie waren so dicht zusammen, daß selbst heute die Jäger kaum durch die Bäume kommen. Einige verfolgten den Biber weiter, aber auch sie rasteten da und dort. Und auch sie blieben bis heute da und dort am Ufer stehen.

Einige der Kiefern aber blieben dem Biber auf den Fersen. Die Zeder zum Beispiel. Die Zeder sagte: «Ich werde bis zum Gipfel dieses Hügels laufen, um zu sehen, wie weit er voraus ist.» Also rannte die Zeder zum Gipfel des Hügels. Der Biber war schon weit voraus. Er tauchte gerade in den Big Snake River, dort wo der Grande Ronde River in ihn mündet. Der Biber schwamm über den Big Snake River und gab den Weiden am gegenüberliegenden Ufer Feuer. Auf seinem weiteren Weg gab er den Birken und anderen Bäumen Feuer. Deshalb haben diese Bäume das Feuer in sich. Seitdem können die Tiere und die Indianer von diesen Bäumen Feuer bekommen, wenn sie ihr Holz aneinander reiben.

Die Zeder steht noch immer ganz allein oben auf dem Hügel. Sie ist sehr alt. Ihre Krone ist tot. Es war eine lange Jagd. Das sieht man daran, daß Hunderte von Meilen weit und breit keine andere Zeder steht. Die Alten der Stämme zeigen sie den Kindern. Sie sagen: «Da ist die Alte Zeder. Sie steht genau da, wo sie aufhörte, den Biber zu jagen.»

Gahano oder «Hängende Blume», besser bekannt als Caroline Parker, eine Seneca-Frau, photographiert um 1870. Sie war die Tochter des Halbblut-Seneca General Eli Samuel Parker oder Hasanoanda, «Der nach vorne geht», eines engeren Mitarbeiters von General Grant. Bemerkenswert ist das Pflanzenmuster auf Gahanos Rock, möglicherweise ein symbolischer Hinweis auf De-o-ha-ko, *«die drei Schwestern» Mais, Kürbis und Bohnen.*

Der Ursprung des Mais

– Irokesen –

Auf einem kleinen Hügel lebte einmal ein schöner junger Mann. Und weil er so allein war, wollte er heiraten. Er hatte wehende Gewänder und trug lange, wippende Federn, so daß es eine Freude war, ihn zu betrachten. Jeden Morgen und jeden Abend kam er aus seinem stillen Haus und sang dreimal: «*Che hen, Che hen, Che hen. Sone ke kwah no wah ho ten ah you ke neah.* Sag es, sag es, ich werde jemanden heiraten»; und er dachte, es sei ihm völlig egal, wer es sein würde. Lange Zeit machte er das, und doch blieb er ein einsamer junger Mann.

Schließlich kam eine große junge Frau mit langem Haar, das hinten ordentlich zusammengebunden war, wie es bei den Indianerinnen üblich ist. Ihre Perlen leuchteten wie Tropfen von Morgentau, und ihr fließender, grüner Umhang war mit großen goldenen Glocken verziert. Der junge Mann hörte auf zu singen, und sie sagte: «Ich bin die, nach der du so lange gesucht hast, und ich bin gekommen, um dich zu heiraten.» Er aber schaute sie an und sagte: «Nein! Die bist du nicht. Du gehst so weit weg von deinem Zuhause und läufst so schnell über den Boden, daß ich nicht an deiner Seite bleiben kann. Ich kann dich nicht nehmen.» So ging das Kürbismädchen wieder fort, und der junge Mann war immer noch allein. Aber er sang weiter, jeden Morgen und jeden Abend, und er hoffte weiter, daß seine Braut kommen würde.

Eines Tages erschien eine schlanke junge Frau mit anmutigen Formen und einem hübschen Gesicht. Ihr schöner Umhang war an einigen Stellen mit lieblichen Blumensträußchen verziert und mit Armreifen behängt. Sie hörte das Lied und näherte sich dem Sänger. Dann sagte sie, daß sie jemanden, der so männlich sei, von Herzen lieben könnte und ihn heiraten würde, wenn er sie auch lieben würde. Das Lied erstarb; er schaute sie an, und sie gefiel ihm. Und er sagte, sie sei genau die, die er sich gewünscht und auf die er so lange gewartet habe. Sie umarmten sich liebevoll, und seither ranken sich die schlanken Bohnen eng um den Mais, er stützt sie, und sie verehrt ihn. Vielleicht sollte man noch hinzufügen, daß sie selbst im Tod nicht getrennt werden, denn Bohnen sind ein Bestandteil des indianischen Maisbrotes.

Vorderansicht eines Hauses der Gens-Gi'gilkum-Indianer aus dem Gebiet der Alert Bay, British Columbia. Photo vermutlich von C. O. Hastings, vor 1889. Das charakteristische Kwakiutl-Gemälde zeigt die «Donnervogel-hebt-den-Wal»-Darstellung, wobei realistischer und geometrischer Stil miteinander verbunden sind. Derartige Embleme wurden gemeinsam mit rituellen Privilegien und den zugehörigen Mythen im Zuge von Eheschließungen weitergegeben.

Der erste Totempfahl

– Kwakiutl –

Es war einmal ein Häuptling, der hatte noch nie einen Tanz veranstaltet. Alle anderen Häuptlinge hatten schon große Tänze veranstaltet, aber Wakiash keinen einzigen. Darüber war Wakiash sehr unglücklich. Er dachte eine Weile über den Tanz nach. Dann ging er in die Berge, um zu fasten. Er fastete vier Tage lang. Am vierten Tag schlief er ein. Dann fiel etwas auf seine Brust. Es war ein grüner Frosch. Der Frosch sagte: «Wach auf.» Da wachte Wakiash auf. Er blickte um sich, um zu sehen, wo er war. Der Frosch sagte: «Du bist auf dem Rabenrücken. Der Rabe wird mit dir um die Welt fliegen.»

Und so flog der Rabe. Er flog um die ganze Welt. Der Rabe zeigte Wakiash alles auf der Welt. Am vierten Tag flog der Rabe über ein Haus, vor dem ein Totempfahl stand. Wakiash konnte

hören, daß im Hause gesungen wurde. Wakiash wünschte, er könne den Totempfahl und das Haus mitnehmen. Nun wußte der Frosch, was Wakiash dachte. Der Frosch sagte es dem Raben. Der Rabe hielt an, und der Frosch sagte Wakiash, er solle sich hinter der Tür verstecken. Und er sagte: «Wenn sie tanzen, dann spring hinein.»

Die Leute im Haus begannen zu tanzen. Es waren Tiermenschen. Aber sie konnten weder singen noch tanzen. Einer sagte: «Irgend etwas stimmt nicht. Irgend jemand ist in der Nähe.»

Der Häuptling sagte: «Jemand, der schneller als das Feuer rennen kann, soll um das Haus gehen und nachsehen.»

Also ging die Maus. Die Maus konnte überall hingehen, selbst in eine Schachtel. Die Maus sah aus wie eine Frau; sie hatte ihr Tierkostüm abgelegt. Sie rannte hinaus, aber Wakiash fing sie.

Wakiash sagte: «Warte, ich gebe dir etwas.» Und er gab ihr ein Stück Bergziegenfett. Er sagte zur Maus: «Ich möchte den Totempfahl und das Haus. Ich möchte die Tänze und die Lieder.»

Die Maus sagte: «Warte bis ich wiederkomme.»

Die Maus ging zurück ins Haus. Sie sagte: «Ich habe niemanden gefunden.» Wieder versuchten die Tiermenschen zu tanzen. Sie versuchten es dreimal. Jedesmal schickte der Häuptling die Maus hinaus, um nachzusehen, ob jemand in der Nähe war. Jedesmal sprach die Maus mit Wakiash. Beim dritten Mal sagte die Maus: «Wenn sie anfangen zu tanzen, spring hinein.»

Da fingen die Tiermenschen an zu tanzen, und Wakiash sprang in den Raum. Die Tänzer schämten sich. Sie hatten ihre Tierkostüme abgelegt und sahen aus wie Menschen. Die Tiermenschen schwiegen. Dann sagte die Maus: «Was will dieser Mann?» Wakiash wollte den Totempfahl und das Haus. Er wollte die Tänze und die Lieder. Die Maus wußte, was Wakiash dachte, und sie sagte es den Tiermenschen.

Der Häuptling sagte: «Laßt den Mann sich zu uns setzen. Wir werden ihm zeigen, wie man tanzt.» Sie tanzten. Dann fragte der Häuptling Wakiash, welchen Tanz er haben wollte. Sie benutzten Masken für den Tanz. Wakiash wollte die Echo-Maske und die Kleiner-Mann-Maske – der kleine Mann, der redet und redet und mit den anderen streitet. Die Maus erzählte den Leuten, was Wakiash dachte.

Der Häuptling sagte: «Du kannst den Totempfahl haben, und das Haus auch. Du kannst die Masken und Tänze für einen Tanz haben.» Dann faltete der Häuptling das Haus ganz klein zusammen. Er legte es in den Kopfschmuck eines Tänzers. Der Häuptling sagte: «Wenn du zu Hause bist, wirf dieses Bündel auf den Boden. Das Haus wird sich entfalten, und du kannst zu einem Tanz einladen.»

Wakiash ging zurück zu dem Raben. Er kletterte auf dessen Rücken und schlief ein. Als er aufwachte, waren der Rabe und der Frosch fort. Wakiash war allein. Es war Nacht, und der Stamm schlief. Da warf Wakiash das Bündel auf den Boden. Und siehe da! Das Haus und der Totempfahl standen auf einmal da. Der Wal, der auf das Haus gemalt war, blies. Die Tiere auf dem Totempfahl machten Lärm. Der Stamm wachte sofort auf. Alle kamen, um Wakiash zu sehen. Wakiash war vier Jahre, und nicht vier Tage, fort gewesen.

Dann veranstaltete Wakiash einen großen Tanz. Er brachte den Leuten die Lieder bei. Das Echo kam zu dem Tanz und wiederholte alle Geräusche, die sie machten. Als sie den Tanz beendet hatten, siehe da! Da war das Haus verschwunden. Es ging zurück zu den Tiermenschen. Aber alle Häuptlinge schämten sich, weil Wakiash den schönsten Tanz veranstaltet hatte.

Dann baute Wakiash aus Holz ein Haus und noch einen Totempfahl. Sie nannten ihn *Kalakuyuwish*, «der Pfahl, der den Himmel stützt».

Koskimo-Frau, photographiert vor 1895. Die Koskimo waren ein wichtiger Kwakiutl-Stamm, der die Ufer des Quatsino Sound auf Vancouver Island bewohnte. Bemerkenswert ist der hohe Schädel der Frau; bei den Kwakiutl gehörte es zur Tradition, daß die Köpfe der weiblichen Nachkommen höherer Familien verformt wurden, indem man den Babys noch in der Wiege den Schädel mit einem Verband zusammendrückte. Die «Zuckerhut»-Form ist typisch für die Region.

Geschnitzter Totempfahl der Nordwestküste aus dem späten 19. Jahrhundert, vermutlich von den Kwakiutl. Die Figur oben zeigt einen stilisierten Raben, ein Vogel, der für seine Intelligenz und Schlauheit bekannt war. In der Mitte ist ein Lachs dargestellt und darunter ein Bärensymbol. Auf diese Weise wird hier auf die Kräfte des Himmels, der Erde und des Wassers hingewiesen.

Der Ursprung des Pfeifensteins

– Sioux –

In alter Zeit stand der Große Geist in Gestalt eines großen Vogels an einer Felswand und rief die Stämme um ihn herum. Er brach ein Stück aus dem roten Gestein und formte es zu einer Pfeife. Die rauchte er, und der Rauch zog über die Menge. Dann sagte er seinen roten Kindern, daß dieser rote Stein ihr Fleisch sei und sie daraus gemacht worden seien. Sie alle müßten durch die Pfeife zu ihm rauchen – und sie dürften den Stein nur für Pfeifen verwenden. Und da er allen Stämmen gleichermaßen gehörte, war der Boden heilig: Niemand durfte dort Waffen benutzen oder dorthin bringen.

Der Ursprung des Wampum (Muschelperlenschnur)

– Seneca –

Vor vielen, vielen Monden, als unsere Alten nur ein Wispern in den Wäldern waren, und ihre Väter und Mütter das Spiel der Stöcke am See spielten, und die Fische schwammen, um den Speer zu treffen, kam ein großes Unglück über die Seneca. Ein kriegerischer Stamm, die Chippewa, kam aus dem Norden und fiel über die Dörfer her, tötete die jungen Krieger und raubte die schönsten Mädchen. Auf vielen Kriegszügen versuchten die tapferen Häuptlinge mit ihren Leuten, die Mädchen zu finden und zu retten, aber oh weh! – auch sie wurden hinweggefegt. Der oberste Häuptling, der weise Da-ga-now-e-da, rief den Rat zusammen und sprach zu den Alten und den Kriegern lange und ernst über den Ruin, den die grimmigen Chippewa über den Stamm brachten, und über die Vergeblichkeit, mit einem so starken Volk zu kämpfen. Daher empfahl er: «Sendet meinen Sohn, den beredten und tapferen Ha-o-a-tha, nach Süden zu den uns freundlich gesinnten Stämmen, er soll ihnen diese lebenswichtige Frage vortragen und sagen, daß wir durch einen Zusammenschluß die Macht dieser grimmigen Krieger des Nordens vielleicht brechen und unseren Völkern Frieden geben können.» Die Alten rauchten schweigend, bis sich ein ehrwürdiger Häuptling erhob und in einer klugen Rede den Worten seines Häuptlings zustimmte. Aus allen Ecken kam ein Gemurmel der Zustimmung, und der Rat vertagte sich. Im Morgengrauen stieg der junge Ha-o-a-tha in sein leichtes Kanu, drehte sein Gesicht in Richtung Süden und machte sich auf die Reise. Als die Mittagssonne auf ihn herabbrannte, drehte er den Bug seines Kanus an den Rand des Stromes und schritt, als sein Boot das Ufer erreicht hatte, an Land. Nach einem einfachen Mahl saß er lange und schweigend da und dachte über seine Mission nach. Da er erkannte, wie wichtig es war, den Fall in einer möglichst überzeugenden Weise darzustellen, übte er im Kopf, welche Worte und Argumente er benutzen sollte. Seine Gedanken flossen langsam, aber am Schluß war er zufrieden, stieg wieder in sein Kanu und schoß hinaus auf den Strom. Als ihn die Strömung erfaßte und ihn forttrug, versuchte er erneut, seine Ideen zu sammeln, die er doch eben vor Augen gehabt hatte. Aber oh weh, sie waren fort, und so sehr er sich auch bemühte, sie kamen nicht wieder. Wieder fuhr er ans Ufer, und als das Kanu den Kies kratzte, versenkte er sein Paddel in das sandige Ufer und legte es dann tropfend quer über das Boot. Er legte seinen Kopf in die Hände und verlor sich wieder in Meditation. Langsam kamen die Ideen, aber sie blieben nicht. Traurig drehte er den Kopf und starrte auf das Blatt des Paddels, auf dem einige kleine Muscheln im Sonnenlicht glänzten. Er nahm eine kleine weiße Muschel und drehte sie gedankenlos in seiner Hand; sein Blick fiel auf ein kleines Loch in der Mitte der Muschel, er spielte mit den Fransen seines Gürtels und zog dabei die Muschel langsam auf eine der Schnüre auf. Wie ein Blitz kam ihm da die Erleuchtung. Die kleine weiße Muschel stellte einen Gedanken dar. Neben die erste Muschel zog er eine schwarze auf und so weiter. Am Schluß hatte er die Rede im Kopf, und wenn er die Muscheln durch die Hände gleiten ließ, kamen die Gedanken gleichmäßig und geordnet. Fröhlich verließ er das Ufer, und noch vor Einbruch der Nacht war er bei den Leuten, die der Stamm seines Vaters als Bündnispartner gewinnen wollte. Der Rat traf sich, und die Häuptlinge vernahmen eine Beredsamkeit, wie sie sie noch nie gehört hatten. Mit dem Versprechen auf Unterstützung seines Stammes kehrte der junge Ha-o-a-tha nach Hause zurück. Bald kamen Boten der zukünftigen Bündnispartner und berichteten davon, wie wunderbar und beredt der junge Häuptling das Anliegen vorgetragen hatte. Er vertraute seinem Vater sein Geheimnis an, und bald wurde die Vermittlung von Botschaften und Gedanken mit Hilfe von durchlöcherten Muscheln oder Wampums allgemein üblich.

Jack Red Cloud, Sohn von Makhpia-sha oder «Rote Wolke», ein bedeutender Häuptling der Oglala-Lakota in South Dakota. Er trägt einen schönen Kopfschmuck aus Adlerfedern und ein perlenbesetztes Hemd. In der Hand hält er eine typische Sioux-Pfeife, deren langer Stiel mit Stachelschweinborsten verziert ist. Der Pfeifenkopf ist aus Catlinit, einem roten Stein, der nach der Mythologie der Sioux ein Geschenk des Großen Geistes ist. Jack Red Cloud trägt die Ulysses-S.-Grant-Friedensmedaille (1871).

Eine Gruppe von Irokesen-Häuptlingen erklärt die Funktion der Wampum-Gürtel (Muschelperlengürtel). Das Photo wurde um 1871 in ihrem Reservat in der Nähe von Brantford in Kanada aufgenommen. Es zeigt Häuptlinge der Onondaga, Mohawk und Seneca. Ganz rechts sitzt Seneca Johnson oder Kanonkeredawih, ein Seneca-Häuptling. Bemerkenswert ist sein turbanähnlicher Kopfschmuck, vermutlich eine handgewebte Schärpe, die er sich um den Kopf geschlungen hat. Wampumgürtel wurden zur Erinnerung an besondere Ereignisse hergestellt und dienten daneben auch als Gedächtnisstütze, wobei dem Besitzer die Verantwortung übertragen wurde, sich bestimmte Teile einer Geschichte zu merken.

Eine Irokesen-Schärpe, Zeichen von Status und Rang. Die Schärpe stammt vermutlich aus der Mitte des 19. Jahrhunderts. Schwarzer Samt, auf den die Perlenmotive gearbeitet sind, ersetzte schon früh das traditionelle schwarze Wildleder. Rote Seide und weiße kleine Perlen umsäumen das Band und die dekorativen dreieckigen Laschen am Ende der Schärpe.

Ein besonders schöner Glengarry-Hut der Irokesen von etwa 1870. Diese Hüte waren direkte Kopien des schottischen Highlander-Hutes, wenn auch die Perlenmotive typisch für die Irokesen in dieser Periode sind. Zwei Schattierungen derselben Farbe fallen im Muster besonders auf – ein Charakteristikum des Stils der irokesischen Perlenstickerei. Der Hut ist mit einer großen Schwanzfeder des Goldadlers geschmückt.

Drittes Kapitel

Himmelsmächte

Der Glauben der nordamerikanischen Indianer hat ausgeprägt animistische Züge. Vielen Dingen werden übernatürliche Kräfte zugeschrieben: Gebirge, Flüsse, Steine, Klippen und ähnliches bergen Geister – sei es in personifizierter Form oder als Sitz großer Mächte. Aus diesem Chaos der übernatürlichen Kräfte treten die Himmelsmächte besonders hervor. Auf dem gesamten Kontinent handeln viele Mythen von Kräften, die ihren Ursprung in den Sternen (S. 87), der Sonne und dem Mond (S. 81) haben. So ist die Geschichte der Pleiaden (S. 85 und S. 90) weit verbreitet. Allerdings überrascht es nicht, daß Erzählungen zu solchen Phänomenen wie das Nordlicht (S. 83) und der Himmlische (Große) Bär (S. 78) vor allem für die arktischen und subarktischen Regionen kennzeichnend sind.

Die Huronen und die Irokesen der nördlichen Waldgebiete bezeichneten den Polarstern als den «Stern, der immer still steht», meist ignorierten sie die Sterne zugunsten von Sonne und Mond, die in ihren Gebräuchen und ihrer Mythologie eine viel wichtigere Rolle spielten. So trugen zum Beispiel die Wampum-Medaillons, die bei diplomatischen Verhandlungen als Zeichen der Ehrlichkeit und Offenheit überreicht wurden, das kreisrunde Abbild der Sonne, umgeben von einem Strahlenkranz.

Das geistige Universum der Huronen beherrschte eine übernatürliche Kraft, die sie *Oki* nannten. *Oki* war der mächtigste Himmelsgeist, er bestimmte das Wetter und verlieh den Winden und Wellen ihre Kraft. Es gab kaum einen Vertragsabschluß, kaum eine Zeremonie, bei der die Huronen oder andere Stämme der irokesischen Sprachfamilie nicht die Macht des *Oki* angerufen hätten. Sie zu mißachten hätte bedeutet, das Schicksal herauszufordern und Krankheit, Hunger und Tod zu gewärtigen, wie beispielsweise jene, die in dem Salish-Mythos die Himmelsmächte herauszufordern wagten (S. 88).

Die auffälligste Rolle in den Legenden der Algonkin, seien es die Chippewa der nördlichen Waldgebiete, die subarktischen Cree oder die Cheyenne und Blackfoot der Plains, spielen zweifellos die beiden Sternbilder der Pleiaden und des Großen Bären. Zwei solcher Mythen über die Pleiaden (S. 85 und S. 90) und einer über den Großen Bären (S. 78) werden hier wiedergegeben. Terri Hardin (S. 37) weist darauf hin, wie beeindruckt schon die frühen Missionare davon waren, daß die Algonkin den Großen Bären kannten, ebenso die Sintflut, einen Zug durch sich teilendes Wasser, einen wundersam geborenen Helden und verschiedene Arten der Taufe, der Beichte und der Kommunion, schließlich sogar den Gebrauch des Kreuzes als heiliges Symbol. Und so meinten sie, diese Parallelen zur Mythologie der Alten Welt deuteten darauf hin, daß irgendwann ein Apostel den amerikanischen Kontinent besucht haben müsse (siehe auch Einführung zum 1. Kapitel).

Doch auch wenn sich die gleiche Geschichte in verschiedenen Kulturkreisen wiederfindet, so betonten die einzelnen Versionen sie völlig unterschiedlich. Selbstverständlich war der Ort der Handlung ein anderer, aber darüber hinaus wurden auch die wesentlichen Elemente der Erzählung von den verschiedenen Stämmen so ausgearbeitet, daß sie eine lokale Färbung annahmen, die sich nur unter Berücksichtigung der gesamten Kultur verstehen ließen. Häufig dienten solche Geschichten dazu, die Rituale und Zeremonien zu erklären. So taucht der Mythos des Sternen-Ehemanns in den Plains, im Nordosten und in British Columbia auf. Die Stämme der Plains erzählen von zwei Mädchen, die hinausgehen, um Wurzeln auszugraben und im Freien zu übernachten; sie sehen zwei Sterne und wollen mit ihnen verheiratet sein. Am nächsten Morgen befinden sie sich im Himmel und sind mit den Sternen vermählt, doch nun ist es ihnen untersagt, große Wurzeln auszugraben. Sie beachten dieses Verbot aber nicht, graben eine Wurzel aus dem Himmel und klettern durch das Loch hinunter zur Erde. Von den anschließenden Ereignissen gibt es verschiedene Varianten: Eine Version erzählt vor allem von den Abenteuern der Frauen nach ihrer Rückkehr, eine andere von den Heldentaten des Kindes, dem die eine das Leben schenkt. Das führt zu mehreren Mythen, die sich etwa bei den Blackfoot auf den Sonnentanz und ihren kulturellen Helden *Scar Face* (Narbengesicht) beziehen. Ganz und gar anders stellen sich die zentralen Ereignisse in der Geschichte dar, die die Stämme in British Columbia erzählen. Hier bauen die Mädchen eines Dorfes ein Haus, in dem sie spielen. Eines Tages reden sie über die Sterne und wie glücklich diese sein müssen, weil sie die ganze Welt überblicken können. Als sie am nächsten Morgen aufwachen, sind sie im Himmel, vor dem wunderschön geschnitzten und bemalten Haus eines großen Häuptlings; nun erscheinen mehrere Männer, die vorgeben, ihnen freundschaftlich gesinnt zu sein, die meisten der Mädchen aber umbringen, indem sie ihnen das Gehirn aussaugen. Nur die beiden Töchter des Häuptlings überleben. Die ältere heiratet bald darauf den Häuptling der Sterne. Schließlich wird sie zur Erde zurückgeschickt, beladen mit Geschenken und Zeremoniengegenständen, die dann in den Besitz der Familie der Frau übergehen – ein in dieser Region immer wiederkehrendes Thema, das auf die Herkunft der Rituale von den Himmelsmächten verweist.

Sternenmotive sind in der Kunst der Plains-Stämme allgemein verbreitet. Zu den in ihrer Mythologie am häufigsten erwähnten Sternen zählt die Venus, der «Morgenstern». Die zum Stammesverband der Pawnee zählende Gruppe der Skidi benutzte das Symbol des Morgensterns als Schmuckelement auf ihren Kinderwiegen. Der Mythos «Wie die Tochter des Abendsterns besiegt wurde» liefert die entsprechende Erklärung: Die Götter bauten eine Erdhütte, und der Abendstern schickte seine Tochter, um dieser Hütte vorzustehen. Abendstern war die Gemahlin von Morgenstern und wünschte, daß Frauen wichtiger seien als Männer.[4] In einem Dorf im Osten wurde ein armer Junge von einem merkwürdig gekleideten Mann damit beauftragt, das Mädchen zu heiraten; er sollte einen Mokassin mit dem Symbol des Morgensterns tragen, der ihm als Helfer dienen sollte. Als er dann auf die Reise ging, stellten sich dem Jungen viele Hindernisse in den Weg.

Glücklicherweise wurde jedes dieser Hindernisse überwunden, sobald er seinen Mokassin danach warf. Dann stellte das Mädchen selbst dem Jungen ein Hindernis in den Weg: er müsse mit einer Wiege zu ihr kommen. In

Zu Seite 74: Ahtena-Kinder und (vermutlich) ihre Großmutter. Das Photo entstand um 1903. Bemerkenswert ist der dekorative Gebrauch von Knöpfen aus Knochen, der zu dieser Zeit sehr beliebt war. Die Umwelt der Ahtena war aufgrund der Gletscherbewegungen sehr zerklüftet. Das Klima wies starke Schwankungen auf, die von minus 35 Grad Celsius im Winter bis zu weit über 30 Grad im Sommer reichten.

diesem Augenblick tauchte Morgenstern auf, der Junge bekam die Wiege. Nachdem das Mädchen nun die Wiege erhalten hatte, erhob es weitere Forderungen, damit der Junge nicht mit ihr schlief, aber Morgenstern löste auch dieses Mal das Problem. Ein letztes Hindernis offenbarte sich schließlich selbst. Die Vagina des Mädchens war mit Zähnen der Klapperschlange gefüllt. Morgenstern erklärte dem Jungen, daß er die Zähne mit einem Stein zerschmettern müsse, bevor er sich mit dem Mädchen niederlege. Dies tat der Junge, und daraufhin wurde das Mädchen zu einem menschlichen Wesen. Als Belohnung für seine Hilfe verlangte Morgenstern ein Menschenopfer. Die Pawnee sollten jedes Jahr ein junges Mädchen aus einem gegnerischen Lager entführen und Morgenstern opfern.[5] Eine weitere Forderung Morgensterns lautete, daß sein Symbol außer an vielen anderen Stellen auch oben an jeder Wiege befestigt werden sollte (Dorsey).

Das Motiv des Morgensterns auf einer Kopfbedeckung der Crow um 1880. Sternmotive oder die Form des Malteserkreuzes waren bei den Crow, den Cheyenne und den Arapaho besonders beliebt. Man betrachtete sie als ein Symbol beschützender Kraft.

Der himmlische Bär

– ALGONKIN –

Micmac-Indianer in traditioneller Tracht, photographiert um 1865. Es handelt sich vermutlich um Christian Morris und ihren Adoptivsohn Joe. Mrs. Morris war wegen ihrer hervorragenden Handwerkskünste bekannt. Der Spitzhut gehört zur Tracht, ebenso die mit Perlen und Bändern besetzten Mäntel. Die Micmac waren ein bedeutender Stamm der Algonkin, die in Nova Scotia, Cape Breton und auf den Prince-Edward-Inseln sowie im nördlichen Teil von New Brunswick lebten.

Spät im Frühling erwacht der Bär aus seinem Winterschlaf, verläßt seinen felsigen Hügel und steigt hinunter, um Nahrung zu suchen. Sofort bemerkt ihn die scharfäugige Kohlmeise, und da sie zu klein ist, um die Verfolgung allein aufzunehmen, ruft sie andere Jäger zu Hilfe. Zu siebt verfolgen sie den Bären. Zwei der größeren Vögel nehmen die Meise mit ihrem Kochtopf in ihre Mitte, damit sie nicht vom Wege abirrt. Nach den knappen Rationen des Winters haben alle Jäger großen Hunger auf Fleisch, und so strengen sie sich sehr an; aber den ganzen Sommer über flieht der Bär quer über den nördlichen Horizont, und die Jagd hört nicht auf. Im Herbst fallen die Jäger zurück und verlieren einer nach dem anderen den Anschluß. Zuerst geben die beiden Eulen, die schwerer und unbeholfener sind als andere Vögel, die Jagd auf. Aber du darfst nicht lachen, wenn du hörst, wie Kōpkéch, die kleinere Eule, ihren Anteil am Bärenfleisch verspielte, und auch ihren krächzenden Schrei darfst du nicht nachäffen. Denn wenn du auch nur eine dieser Warnungen nicht beherzigst, kannst du sicher sein, daß sie mit einer Fackel aus Birkenrinde vom Himmel kommt und dir, sobald du schläfst, die Kleidung in Brand steckt, wo immer du auch bist. Als nächste verlieren der Eichelhäher und die Taube die Spur und geben die Jagd auf. So bleiben nur noch das Rotkehlchen, die Kohlmeise und der Elchvogel übrig. Die aber setzen die Verfolgung fort; und im Mittherbst holen sie schließlich ihr Opfer ein.

Der gestellte Bär richtet sich auf seinen Hinterbeinen auf, um sich zu verteidigen, aber das Rotkehlchen durchbohrt ihn mit einem Pfeil, und er fällt auf den Rücken. Das Rotkehlchen ist in dieser Saison sehr dünn und lechzt danach, so schnell wie möglich etwas von dem Bärenfett zu fressen. In seiner Hast springt es auf sein Opfer und wird dabei mit Blut vollgespritzt. Es fliegt auf einen Ahornbaum im nahegelegenen Land des Himmels und versucht, das Blut abzuschütteln. Es gelingt ihm, alles loszuwerden, bis auf einen Fleck auf der Brust. «Diesen Fleck», so sagt die geschwätzige Meise, «wirst du tragen, solange du Rotkehlchen heißt.»

Das Blut aber, das das Rotkehlchen abschüttelt, verteilt sich weit und breit über den Wald und unten auf die Erde. Und deshalb sehen wir jeden Herbst die blutrote Farbe auf den Blättern; beim Ahorn ist sie am rötesten, denn die Bäume auf der Erde übernehmen das Aussehen der Bäume im Himmel, und der Himmelsahorn hat am meisten Blut abbekommen. Der Himmel ist genau dasselbe wie die Erde, nur eben oben und älter.

Einige Zeit nach dem Rotkehlchen erreichte die Kohlmeise den Ort des Geschehens. Die beiden Vögel zerschnitten den Bären, machten ein Feuer und nahmen ein paar Stücke Fleisch, um es zu kochen. Gerade als sie anfangen wollten zu essen, erschien der Elchvogel.

Er hatte die Spur fast verloren, aber als er sie wiederfand, hetzte er nicht, denn er wußte, daß seine Gefährten einige Zeit brauchen würden, um das Fleisch zu kochen, nachdem der Bär erschlagen war. Und diesen Teil der Geschichte zu versäumen, machte ihm wenig aus, solange er nur rechtzeitig ankam, um seinen Anteil am Essen zu bekommen. Die Vorteile dieser Strategie beeindruckten ihn derart, daß er seit dieser Zeit aufgehört hat, selbst zu jagen, und es vorzieht, anderen Jägern nur zu folgen und an ihrer Beute teilzuhaben. Und so kommt es, daß er immer, wenn in den Wäldern von Megumaage (dem Micmac-Land) ein Bär, ein Elch oder sonst ein Tier getötet wird, auftaucht und seinen Anteil verlangt. Deshalb nennen ihn die anderen Vögel *Mikchagogwech* (Der-der-im-letzten-Moment-kommt), und die Micmac sagen, daß es auch manche Menschen gibt, die man so nennen sollte.

Wie auch immer, das Rotkehlchen und die Kohlmeise teilten großzügig ihr Essen mit dem Elchvogel. Vor dem Essen tanzten das Rotkehlchen und der Elchvogel um das Feuer, während die Meise in dem Topf rührte. So war es Sitte in den guten alten Zeiten, als die Micmac alle Brüder waren und es als Pflicht ansahen, ihr Essen zu teilen und einander und dem Universalen Geist für ihr Glück zu danken.

Aber hier hört die Geschichte vom Bären noch nicht auf, auch wenn man das vielleicht annimmt. Den ganzen Winter über liegt sein Skelett im Himmel auf dem Rücken. Sein Lebensgeist aber ist in einen anderen Bären gefahren, und auch der liegt in seiner Höhle auf dem Rücken – unsichtbar und im Winterschlaf. Wenn der Frühling kommt, wird auch dieser Bär wieder seine Höhle verlassen, und wieder wird er von den Jägern verfolgt werden, und wieder wird er erschlagen. Aber wieder wird er seinen Lebensgeist in die Höhle schicken, um wiederum aus ihr hervorzukommen, wenn die Sonne erneut die schlafende Erde weckt.

Zwei hübsche Ahtena-Mädchen, die in der Region des Copper-River-Tals lebten. Das Photo wurde um 1903 aufgenommen. Frühe Reisende beschrieben die Ahtena als große, gutaussehende Menschen mit sorgfältigen Frisuren und glattem olivfarbenem Teint. Sie trugen häufig Nasen- und Ohrschmuck aus Muscheln oder Metall. Auch Halsketten aus Muscheln oder Zähnen mit einer Seeohrenscheibe (Abalonen), wie sie von dem Mädchen rechts getragen wird, waren sehr populär.

Häuptling Stickwan, photographiert von den Brüdern Miles um 1902. Stickwan war ein Führer der Klutina-Copper-Gruppe der Athapaskan sprechenden Lower Ahtena im Copper-River-Tal Süd-Alaskas. Der Häuptling trägt eine Halskette aus Muscheln und Perlen, wie sie in seinem Stamm besonders beliebt war. Er war vermutlich auch ein Schamane und gehörte damit zu jenen Personen, die ein überdurchschnittliches Wissen über die spirituellen Kräfte und das mythologische Erbe ihres Stammes besaßen.

Die Sonne und der Mond

– ATHAPASKEN –

Es war einmal ein großes Dorf, in dem eine Familie mit vier Jungen und deren jüngerer Schwester, also mit fünf Kindern, lebte. Als das Mädchen groß wurde, so wird erzählt, weigerte es sich zu heiraten, obwohl es viele Bewerber gab – von außerhalb, aber auch aus ihrem eigenen Dorf.

Und als sie sich nun immerfort weigerte, wurden die Männer und Frauen ihres Alters nach und nach weggeheiratet. Zu dieser Zeit gab es keine Sonne und keinen Mond, und die Erde war in eine Art Zwielicht getaucht.

Das Leben der Frau ging weiter, auch als keine Fremden mehr kamen, und ihre eigenen Freunde und Bekannten, die selbst schon verheiratet waren, beachteten sie nicht mehr.

Schließlich kam eines Nachts einer und kratzte ihr den Kopf, während sie schlief. «Es gibt keine Fremden im Dorf», dachte sie. «Wer kann das sein?» Dennoch sprach sie mit dem Besucher. Der Mann, der mit ihr sprach, tat jeden Abend dasselbe, bis er ihr schließlich beiwohnte. «Aber wer kann es sein?» dachte sie. «Jeder im Dorf ist verheiratet, außer mein älterer Bruder. Und es gibt keinen Fremden. Ich werde eine Feder in sein Haar binden, und wenn sie die *Kashime* verlassen, werde ich nachsehen, wer die Feder im Haar hat.» «Komm», sagte sie, «verlaß mich und geh zur

Kashime. Komm! Du mußt etwas schlafen, und ich bin auch müde.» So sprach sie, nachdem sie ihm eine Feder ins Haar gebunden hatte, und er verließ sie und ging zur *Kashime,* während sie wachlag und nachdachte.

Als es langsam hell wurde, ging sie hinaus, stellte sich an die Tür ihres Hauses und sah die Männer wie üblich aus dem Haus kommen. Aber niemand hatte eine Feder im Haar. Plötzlich eilte ihr älterer Bruder heraus. Sie schaute hin, und da war die Feder. Das Blut stieg ihr ins Gesicht, und alles wurde dunkel. Dann überkam sie der Zorn. Bei Tageslicht holte sie ihren besten Parka, der sehr schön war und den sie noch nie getragen hatte, aus ihrem Lager. Ohne ein Wort zu sagen, holte sie auch Beeren und Elchfett, und selbst als ihre Mutter mit ihr reden wollte, antwortete sie nicht.

Als sie Feuer gemacht hatte, badete sie und zog sich den schönen Parka und ihre Mokassins an (so als ginge sie auf Reisen). Dann nahm sie das gefrorene Essen (das sie zubereitet hatte) und legte es in die Schüssel ihres Bruders. Sie nahm ihr Küchenmesser, faßte in ihren Parka, schnitt sich ihre Brüste ab und legte sie auf das gefrorene Essen. Dann steckte sie in jede Brust eine Ahle und ging damit in ihre *Kashime.*

Drinnen richtete sie sich auf. Drüben auf der anderen Seite des Raumes saß ihr Bruder. Sie stellte den Teller zu ihm hinunter. «Es gibt keinen Zweifel, daß du es warst», sagte sie. «Ich war ganz sicher, daß es jemand anderer war. Eine Pest wird über die ganze Menschheit kommen, weil du das getan hast.»

Sie verließ die *Kashime* und stieg drüben im Osten als Sonne in den Himmel. Daraufhin zog ihr Bruder ebenfalls seinen Parka und die Mokassins an, vergaß aber in seiner Eile einen. «Meine Schwester ist mir entkommen», dachte er; und er folgte ihr und wurde der Mond.

Wir aber schauen nicht in die Sonne, weil wir Mitleid mit ihrer Scham haben.

Passamaquoddy-Indianer und Pater Vermilljou. Das Photo wurde wahrscheinlich zwischen 1860 und 1875 aufgenommen. Die beiden Männer und der Junge tragen traditionellen Kopfschmuck, die Männer haben außerdem noch Taschen mit breiten verzierten Bändern über der Schulter. Die Passamaquoddy gehörten zur Sprachfamilie der Algonkin und bewohnten früher den größten Teil des heutigen Bundesstaates Maine.

Die Geschichte des Nordlichts

– Abenaki –

Der alte Häuptling M'Sartto (Morgenstern) hatte einen einzigen Sohn, der sich so sehr von den anderen Jungen unterschied, daß es dem alten Häuptling Sorgen machte. So wollte sein Sohn nie mit den anderen spielen, sondern nahm Pfeil und Bogen, verließ das Haus, manchmal tagelang, und ging immer nach Norden. Wenn er nach Hause kam, fragten sie ihn: «Wo warst du? – Was hast du gesehen?» Aber er sagte nichts. Schließlich sagte der alte Häuptling zu seiner Frau: «Der Junge muß beobachtet werden. Ich werde ihm folgen.» So blieb also M'Sartto beim nächsten Mal auf seiner Fährte und zog lange hinter ihm her. Plötzlich schlossen sich seine Augen, und er konnte nichts mehr hören. Er hatte ein merkwürdiges Gefühl, und dann wußte er nichts mehr. Schließlich öffneten sich seine Augen wieder, und er sah ein seltsames helles Land ohne Sonne, ohne Mond, ohne Sterne, aber alles erleuchtet durch ein eigentümliches Licht. Er sah viele Wesen, aber sie waren alle ganz anders als die Menschen, die er kannte. Sie versammelten sich um ihn und versuchten, mit ihm zu reden, aber er verstand sie nicht. M'Sartto wußte nicht, wo er hingehen und was er machen sollte. Er wurde von diesem merkwürdigen Stamm gut behandelt. Er schaute ihren Spielen zu, und ein wunderbares Ballspiel, das er noch nie gesehen hatte, erregte seine Aufmerksamkeit; es schien das Licht in viele Farben zu verwandeln. Die Spieler trugen alle Lichter auf ihrem Kopf, und alle hatten merkwürdige Gürtel, die sie *Menquan* oder Regenbogengürtel nannten. Nach ein paar Tagen kam ein alter Mann und sprach mit M'Sartto in dessen eigener Sprache. Er fragte ihn, ob er wisse, wo er sei. Der alte Häuptling sagte: «Nein.» Da sagte der alte Mann: «Du bist im Land des *Wa-ba-ban* (des Nordlichts). Ich kam vor vielen Jahren hierher. Ich war der einzige aus dem ‹unteren Land›, wie wir es nennen; aber jetzt gibt es einen Jungen, der uns alle paar Tage besuchen kommt.» Dann fragte M'Sartto, wie denn der alte Mann dorthin gekommen war und welchen Weg er gegangen sei. «Ich bin einem Pfad gefolgt, der Geisterpfad genannt wird, *Ket-à-gus-wowt* (Milchstraße).» «Das muß derselbe Pfad sein, auf dem ich gekommen bin», sagte der alte Häuptling. «Hattest du auch ein merkwürdiges Gefühl, so als hättest du alles vergessen, als du hierher kamst?» «Ja», sagte der alte Mann. «Ich konnte weder

Drei namenlose Hopfenpflücker aus dem Stamm der Ahtena, 1906 von Darius King bei Snokuahine, Washington, aufgenommen.

Mrs. Wallace Lewey und ihre Enkelin vom Stamm der Passamaquoddy, photographiert um 1932 in Princeton, Maine. Die Passamaquoddy sprachen einen Dialekt, der dem des Nachbarstammes der Malecite ähnelte. 1726 wurde die Mitgliederzahl dieses kleinen Stammes auf etwa 150 Personen geschätzt. Zur Zeit dieser Aufnahme waren die Passamaquoddy bis auf ganz wenige vernichtet.

sehen noch hören.» Da sagte M'Sartto: «Wir sind denselben Weg gekommen. Kannst du mir sagen, wie ich wieder nach Hause komme?» «Ja, der Häuptling von *Wa-ba-ban* wird dich sicher nach Hause bringen.» «Gut, kannst du mir sagen, wo ich meinen Sohn finden kann? – Der Junge, der hier immer zu Besuch kommt, ist mein Sohn.» Da sagte der alte Mann zu M'Sartto: «Du wirst ihn beim Ballspiel sehen, wenn du zuschaust.» Häuptling M'Sartto war sehr froh, das zu hören. Und als der Mann zwischen den Wigwams herumging, um allen zu sagen, sie sollten zum Ballspiel kommen, ging auch M'Sartto hin. Als das Spiel begann, sah er viele schöne Farben auf dem Spielfeld. Der alte Mann fragte ihn: «Siehst du deinen Jungen?» Der Häuptling nickte. «Der mit dem hellsten Licht auf dem Kopf ist mein Sohn.» Dann gingen sie zum Häuptling des Nordlichts, und der alte Mann sagte: «Der Häuptling des unteren Landes möchte nach Hause gehen, und er möchte auch seinen Jungen.» Also rief der Häuptling des Nordlichts seine Leute zusammen, um M'Sartto und seinen Sohn zu verabschieden. Dann beauftragte er zwei *K'che Sipps* (große Vögel), die beiden nach Hause zu bringen. Als sie die Milchstraße entlangflogen, fühlte sich M'Sartto genauso seltsam, wie er es beim Hinweg getan hatte, und als er wieder zu Sinnen kam, war er fast zu Hause. Seine Frau war sehr froh, als er zurückkehrte, und als der Junge ihr erzählt hatte, daß sein Vater in Sicherheit war, hatte sie zuerst gar nicht zugehört, so groß war ihre Angst gewesen, daß M'Sartto verschwunden war.

Die Pleiaden
– Cheyenne –

Ein Häuptling hatte eine gutaussehende Tochter, um die sehr viele Bewunderer warben. Eines Nachts wurde sie von einem jungen Mann besucht, aber sie wußte nicht, wer es war. Das machte ihr Sorgen, und sie beschloß, es herauszufinden. Sie stellte einen Topf roter Farbe unter ihr Bett. Nachts kroch der Besucher in einem weißen Gewand in ihr Bett. Sie tauchte ihre Hand in die Farbe und legte sie dann auf seinen Rücken. Am nächsten Tag bat sie ihren Vater, alle jungen Männer zu rufen und vor seinem Zelt tanzen zu lassen. Alle kamen, und das ganze Dorf lief zusammen, um sie zu sehen. Sie betrachtete alle, die kamen, und schaute nach dem Zeichen, das sie gemacht hatte. Als sie sich umdrehte, sah sie einen der Hunde ihres Vaters mit der Markierung auf dem Rücken. Das entmutigte sie, so daß sie geradewegs in ihr Zelt ging. Damit war der Tanz beendet. Am nächsten Tag nahm sie den Hund an die Leine, ging mit ihm in den nahegelegenen Wald und schlug ihn. Er riß sich schließlich los. Sie war sehr unglücklich. Einige Monate später gebar sie sieben kleine Hunde. Sie bat ihre Mutter, sie umzubringen, aber die Mutter pflegte sie und baute ihnen eine kleine Hütte. Sie wuchsen heran, und manchmal kam der alte Hund nachts

Gruppe der Süd-Cheyenne – Oivit, Amitsehei und Nakai. Photo von D. L. Gill um 1908. Amitsehei trägt ein besonders schönes Kleid, das mit Elchzähnen oder Kaurimuscheln verziert ist. Der Fort-Laramie-Vertrag von 1851 teilte die Cheyenne offiziell in zwei getrennte Gruppen, die Nord- und die Süd-Cheyenne, was letztlich zur Zerstörung ihrer kompakten Organisationsstruktur führte.

zu ihnen. Nach einer Weile zeigte auch die Frau Interesse für sie und spielte mit ihnen. Als sie groß genug waren, um zu laufen, kam der alte Hund und nahm sie mit sich. Als die Frau am Morgen nach ihnen schaute, waren sie fort. Sie sah die großen Fußspuren des alten Hundes und mehrere kleine, und sie folgte ihnen ein Stück. Sie war traurig und weinte. Sie kam zurück zu ihrer Mutter und sagte: «Mutter, mach mir sieben Mokassins. Ich werde den Kleinen folgen und sie suchen.» Ihre Mutter machte die sieben Mokassins, und sie ging los und folgte der Spur. Schließlich sah sie in einiger Entfernung ein Zelt. Der jüngste Hund kam heraus zu ihr und sagte: «Mutter, Vater möchte, daß du zurückgehst. Wir gehen nach Hause, du kannst nicht mitkommen.» Sie sagte: «Nein. Wo ihr hingeht, da gehe auch ich hin.» Sie nahm den Kleinen und trug ihn zum Zelt. Sie trat ein und sah einen jungen Mann, der jedoch keine Notiz von ihr nahm. Er gab ihr etwas Fleisch und zu trinken, und es wurde nicht weniger, soviel sie auch aß. Sie band das kleine Hündchen mit einer Leine an ihren Gürtel. Am nächsten Morgen war sie allein, und das Zelt war fort. Sie folgte wieder der Spur und holte sie wieder ein. Viermal wiederholte sich das auf dieselbe Weise; aber beim vierten Male hörten die Spuren plötzlich auf. Sie blickte nach oben, und dort sah sie sieben kleine Hunde *(Manootóxticoo);* es waren Sterne: die Pleiaden.

Das Sternmädchen

– CHIPPEWA –

Als Algon, ein Jäger, einmal über die Prärie ging, entdeckte er einen kreisförmigen Pfad, der ausgetreten war, so als seien viele Füße auf ihm gegangen; und doch waren keine Fußspuren zu sehen, die zu ihm hinführten. Den jungen Jäger, der noch nie zuvor auf einen dieser «Feenringe» gestoßen war, erfüllte diese Entdeckung mit Erstaunen, und er versteckte sich im hohen Gras, um zu sehen, ob nicht vielleicht eine Erklärung auftauchen würde. Er mußte nicht lange warten. Nach einer kleinen Weile hörte er den Klang von Musik, so zart und süß, daß sie alles übertraf, was er je geträumt hatte. Die Klänge wurden voller und kräftiger, und da sie von oben zu kommen schienen, drehte er den Kopf zum Himmel. Weit oben im Blau konnte er einen kleinen weißen Fleck sehen, wie eine dahinziehende Wolke. Er kam näher und näher, und da sah der erstaunte Jäger, daß es keine Wolke war, sondern ein zierliches Weidenkorbwägelchen, in dem zwölf schöne Mädchen saßen. Die Musik, die er gehört hatte, war der Klang ihrer Stimmen, mit denen sie seltsame und magische Lieder sangen. Nachdem sie in ihren verzauberten Ring herabgeschwebt waren, tanzten sie dort mit solch köstlicher Anmut und Hingabe, daß es ein schieres Vergnügen war, ihnen zuzusehen. Aber nach den ersten Augenblicken der Verblüffung und Überraschung hatte Algon nur noch Augen für die Jüngste der Gruppe, ein schmächtiges, lebhaftes Geschöpf, so zerbrechlich und zart, daß es dem robusten Jäger schien, als könne ein Atemzug sie wegwehen.

Er war von solcher Leidenschaft für die zierliche Fee entbrannt, daß er sich ganz schnell dazu entschloß, aus dem Gras zu springen und sie wegzutragen. Aber die schönen Geschöpfe waren zu schnell für ihn. Die Fee, die er erwählt hatte, wich seinem Griff geschickt aus und eilte zum Wagen. Die anderen folgten ihr, und im Nu hatten sie sich in die Luft erhoben, wobei sie ein süßes, überirdisches Lied sangen. Der untröstliche Jäger kehrte in seine Hütte zurück, aber so sehr er es auch versuchte, er konnte den Gedanken an das Sternmädchen nicht aus seinem Kopf verbannen. Am nächsten Tag lag er schon lange vor der Ankunft der Feen im Gras und wartete auf die süßen Klänge, die ihr Nahen ankündigen würden. Schließlich erschien der Wagen. Die zwölf ätherischen Wesen tanzten wie beim letzten Mal. Wieder machte Algon einen verzweifelten Versuch, die Jüngste zu erhaschen, und wieder gelang es ihm nicht.

«Laßt uns bleiben», sagte eines der Sternmädchen. «Vielleicht möchte uns der Sterbliche einen seiner irdischen Tänze beibringen.» Aber die jüngste Schwester wollte davon nichts hören, und schon stiegen sie in ihrem Weidenkorb wieder auf und davon.

Der arme Algon kehrte unglücklicher als je zuvor nach Hause zurück. Er lag die ganze Nacht wach und träumte von dem hübschen, so schwer faßbaren Geschöpf, das einen Kranz von zartester Gaze um sein Herz und Denken gewunden hatte. Und früh am Morgen schon kehrte er zu dem verzauberten Ort zurück. Bei der Suche nach einem Mittel, um zu seinem Ziel zu kommen, stieß er auf einen hohlen Baumstumpf, in dem eine Anzahl von Mäusen herumtollte. Mit Hilfe der Amulette in seinem «Medizin»-beutel verwandelte er sich in eines dieser Tierchen, weil er glaubte, die schönen Schwestern würden diese Verkleidung nie durchschauen.

Als das Weidenkorbwägelchen an diesem Tag herabschwebte, stiegen seine Fahrgäste aus und tanzten so fröhlich wie gewohnt, bis die Jüngste den hohlen Baumstumpf sah (der dort am vorangegangenen Tag nicht gewesen war) und sich zur Flucht wandte. Ihre Schwestern lachten

Ein Indianer der Süd-Cheyenne namens Waun, vermutlich von C. M. Bell um 1880 photographiert. Der Name Cheyenne leitet sich wahrscheinlich ab von dem Wort Shai-la, *«Menschen mit fremder Sprache», mit dem die Lakota die Cheyenne bezeichneten. Sie selbst nannten sich* Dzitsiistas, *«unsere Leute», vielleicht auch «große Leute». In der Tat gehörten sie zu den größten Menschen der Plains-Stämme.*

über ihre Angst und versuchten, sie zu beruhigen, indem sie den Baumstumpf umstießen. Die Mäuse schossen in alle Richtungen davon, aber die Sternmädchen verfolgten sie und töteten alle bis auf Algon. Der nämlich verwandelte sich gerade noch in seine eigene Gestalt, als die jüngste Fee schon die Hand hob, um ihn zu erschlagen. Er umklammerte sie mit seinen Armen und trug sie in sein Dorf, während ihre erschrockenen Schwestern wieder zu ihrem Sternenland aufstiegen.

Zu Hause angekommen, heiratete Algon das Mädchen und gewann mit seiner Freundlichkeit und Zartheit bald ihre Zuneigung. Dennoch weilten ihre Gedanken immer noch bei ihrem eigenen Volk, und obwohl sie sich ihren Kummer nur im Geheimen erlaubte, damit er ihren Mann nicht beunruhige, so hörte sie doch nie auf, den Verlust ihrer Heimat zu beklagen.

Eines Tages, als sie mit ihrem kleinen Sohn draußen war, flocht sie einen Weidenkorb, genauso wie jenen, mit dem sie das erste Mal auf die Erde gekommen war. Sie sammelte ein paar Blumen und Geschenke für die Sternmenschen, setzte sich mit dem Kind in den Korb, sang das magische Lied, an das sie sich immer noch erinnerte, und bald schwebte sie nach oben in ihr eigenes Land, wo sie von dem König, ihrem Vater, begrüßt wurde.

Wie bitter war es für Algon, als er erkannte, daß seine Frau und sein Kind ihn verlassen hatten. Aber er hatte keine Möglichkeit, ihnen zu folgen. Jeden Tag ging er zu dem magischen Kreis in der Prärie, um seinem Kummer freien Lauf zu lassen, aber die Jahre gingen vorbei, und es gab kein Zeichen, daß seine Lieben je wieder zurückkehren würden.

Seine Frau und ihr Sohn hatten Algon und das Erdenland unterdessen fast vergessen. Als der Junge jedoch alt genug war, um seine wahre Geschichte zu hören, wollte er losziehen, um seinen Vater zu sehen. Seine Mutter stimmte zu und war bereit, mit ihm zu gehen. Während sie sich auf die Reise nach unten vorbereiteten, sagten die Sternmenschen: «Bring Algon mit, wenn du zurückkommst, und bitte ihn, von jedem Tier und jedem Vogel, die er auf der Jagd getötet hat, etwas mitzubringen.»

Algon, der zuletzt fast seine gesamte Zeit bei dem verzauberten Kreis verbracht hatte, war überglücklich, daß seine Frau und sein Sohn zu ihm zurückkamen, und willigte ein, mit ihnen in das Sternenland zu gehen. Er arbeitete hart, um von allen Arten, auch den seltensten und merkwürdigsten Vögeln und Tieren seines Landes, ein Exemplar zu bekommen, und als er am Ende alle Andenken gesammelt hatte – von einem Tier die Kralle, von einem anderen eine Feder und so weiter –, stapelte er sie in den Weidenkorbwagen, kletterte mit seiner Frau und seinem Jungen auch hinein und fuhr los ins Sternenland.

Die Menschen dort waren entzückt über die seltsamen Geschenke, die Algon ihnen brachte. Ihr König erlaubte, daß jeder sich ein Stück nehmen durfte, und so geschah es. Diejenigen, die den Schwanz oder die Kralle eines Tieres nahmen, wurden zu dem Vierfüßler, von dem das Stück stammte, und diejenigen, die einen Flügel nahmen, wurde zu den entsprechenden Vögeln. Algon, seine Frau und sein Sohn nahmen die Federn eines weißen Falken und flogen hinunter auf die Prärie, wo ihre Abkömmlinge noch heute zu sehen sind.

Qui-wi-zhen-shish oder «Böser Junge», ein Chippewa-Krieger der Red-Lake-Gruppe in Minnesota, photographiert vor 1872. Qui-wi-zhen-shish zeichnete sich im Kampf der Chippewa gegen die Sioux als einer der Tapfersten aus und erbeutete viele Skalps. Er war ein gewandter Redner und ein Mann mit großem Einfluß, in späteren Jahren dann ein erfolgreicher Farmer. Qui-wi-zhen-shish hatte zwei Frauen und starb 1872.

Der Krieg mit den Himmelsmenschen

– Salish –

Vor langer Zeit wollten die Menschen einmal gegen die Himmelsmenschen Krieg führen. Der Grizzlybär, der ihr Häuptling war, rief alle Menschen zusammen, um Pfeile in den Himmel zu schießen. Jedes Tier und jeder Vogel schoß, aber kein Pfeil kam ans Ziel. Auch die Fische, Schlangen und Kröten versuchten es. Zum Schluß blieb nur die Kohlmeise (oder Zaunkönig?) übrig, und niemand erwartete, daß sie den Himmel treffen könne. Der Kojote sagte ihr, sie brauche es gar nicht zu versuchen, denn er selbst habe es auch nicht geschafft. Doch der Pfeil der Kohlmeise traf den Himmel. Die anderen schossen alle noch einmal, und die Meise schoß einen Pfeil ab, der in die Kerbe ihres ersten Pfeiles drang. Sie schossen weiter, und so entstand eine Kette von Pfeilen, die bis zum Boden reichte. An der kletterten sie hoch bis zum Himmel. Nur der Grizzlybär und der Schwarzbär blieben unten. Sie stritten, wer als nächster hinaufklettern sollte. Der Schwarzbär sagte, der Grizzly sei zu schwer und würde die Leiter zerbrechen. Sie jagten einander um die Leiter herum und warfen sie am Ende um. Inzwischen hatten die Menschen, die den Himmel erreicht hatten, die Himmelsmenschen angegriffen, aber sie waren besiegt worden. Sie flohen, und als der erste das Loch im Himmel erreicht hatte, kletterten sie einer nach dem anderen wieder herunter. Auf halbem Weg nach unten bemerkten sie, daß der untere Teil der Leiter fort war, und sie zögerten, sich von so weit oben fallen zu lassen. Unterdessen drängten sich oben auf der Leiter die Menschen derart, daß sie unter ihrem Gewicht zusammenbrach, und fast alle fielen hinunter. Die wenigen, die oben zurückblieben, stürzten sich hinab und starben oder verletzten sich. Die übrigen wurden von den Himmelsmenschen getötet. Dem Fisch, der keine Flügel hatte, erging es am schlechtesten. Und das Ferkel brach sich alle Knochen.

Ein Medizinmann und Zeremonie-Teilnehmer des Midewiwin *oder* Grand Medicine Lodge *der Chippewa. Das Photo wurde 1899 von A. E. Jenkins in Lac Courte im Oreille-Reservat, Wisconsin, aufgenommen. Das* Midewiwin *stand im Mittelpunkt des spirituellen Lebens der Chippewa, deren Mitglieder durch Initiation acht Stufen durchliefen. Die verschiedenen Geister der Chippewa-Mythologie wurden in den* Midewiwin*-Zeremonien häufig als untergeordnete Wesen dargestellt.*

Die Geschichte der Pleiaden

– Onondaga –

Vor langer Zeit streifte eine Gruppe von Indianern durch den Wald, auf dem Weg zu guten Jagdgründen, die sie schon lange kannten. Mehrere Tage zogen sie gemächlich durch ein wildes Gebiet und schlugen da und dort ihr Lager auf. Schließlich erreichten sie *Kan-ya-ti-yo,* den «schönen See», wo große Bäume auf grauen Felsen thronten. Das Wasser war voller Fischschwärme, und an jedem Vorsprung sah man Wild, das von den umliegenden Hügeln heruntergekommen war, um zu baden oder zu trinken. Auf den Hügeln und in den Tälern gab es riesige Buchen und Kastanien, Eichhörnchen schwatzten, und Bären kamen, um ihr Frühstück und ihr Abendessen einzunehmen.

Der Häuptling der Gruppe war Hah-yah-no (Spuren-im-Wasser). Er ließ seine Gruppe am See halten, um dem Großen Geist dafür zu danken, daß sie sicher bei den guten Jagdgründen angekommen waren. «Hier werden wir unsere Hütten für den Winter bauen. Möge uns der Große Geist, der uns auf unserem Weg beschützt hat, viel Wild, Gesundheit und Frieden schicken.» Der Indianer ist immer dankbar.

Tanzgruppe der Salish-Indianer um 1910. Das Photo wurde vermutlich in der Nähe des Flathead Lake im westlichen Montana aufgenommen. Ein bekannterer Name für diesen Salish sprechenden Stamm ist «Flathead» – nicht weil sie ihre Schädel künstlich verformten, sondern weil sie ihn im Gegensatz zu einigen weiter westlich lebenden Stämmen in seinem natürlichen Zustand, das heißt oben flach, beließen. Im Zentrum ihrer Mythologie standen die Kräfte der Tiere und die Himmelsmächte.

Die angenehmen Herbsttage vergingen. Die Hütten waren gebaut, und die Jagd war erfolgreich. Die Kinder kamen auf die Idee zu tanzen. Da sie wenig zu tun hatten, war es ihnen langweilig geworden. So trafen sie sich täglich an einem ruhigen Ort am See zu ihrem «vergnügten Tanz», wie sie ihn nannten. Sie hatten ihn schon oft getanzt, als eines Tages ein alter Mann zu ihnen kam. Noch nie hatten sie jemanden wie ihn gesehen. Er war mit weißen Federn bekleidet, und sein weißes Haar glänzte wie Silber. Aber nicht nur seine Erscheinung war merkwürdig, auch seine Worte waren unerfreulich. Er sagte ihnen, sie müßten mit ihrem Tanz aufhören, oder es würde ihnen etwas Schlimmes zustoßen. Doch die Kinder schenkten ihm wenig Beachtung, so sehr waren sie mit ihrem Tanz beschäftigt. Aber immer und immer wieder erschien der alte Mann und wiederholte seine Warnung.

Der bloße Tanz stillte nicht die Vergnügungslust der Kinder, und so schlug ein kleiner Junge, der gerne aß, vor, beim nächsten Mal ein Fest zu veranstalten. Daher baten alle Kinder, als sie heimkamen, ihre Eltern um Essen. «Ihr werdet die guten Lebensmittel nur verschwenden, so daß sie verderben», sagten die einen. «Ihr könnt zu Hause essen, wie es sich gehört», sagten die anderen, und so bekamen die Kinder überhaupt nichts. Ganz traurig trafen sie sich wieder und tanzten, so wie sie es immer gemacht hatten. Dabei hätte sie ein wenig Essen nach jedem Tanz so glücklich gemacht. Denn ein leerer Bauch macht nicht froh.

Eines Tages, als sie so tanzten, merkten sie, wie sie plötzlich nach und nach in die Luft schwebten, denn ihre Köpfe waren aufgrund des Hungers ganz leicht geworden. Wie das geschah, wußten sie nicht, aber einer sagte: «Schaut nicht zurück, denn hier geschieht etwas Merkwürdiges.» Auch eine Frau sah sie aufsteigen und rief sie zurück, aber es nützte nichts, sie schwebten langsam immer höher hinauf. Die Frau rannte ins Lager, und alle liefen mit Lebensmitteln aller Art herbei. Doch die Kinder kamen nicht zurück, obwohl ihre Eltern herzzerreißend nach ihnen riefen. Nur eines drehte sich nach ihnen um und wurde zu einer Sternschnuppe. Die anderen erreichten den Himmel und sind nun das Gestirn, das wir die Pleiaden und die Onondaga *Oot-kwa-tah* nennen. Jede Sternschnuppe erinnert uns an diese Geschichte, aber das Siebengestirn strahlt für immer – eine hübsche Gruppe tanzender Kinder.

William Henry Fishcarrier, ein reinblütiger Cayuga-(Irokesen)-Oberhäuptling. Sein Cayuga-Name war Ho-jah-ge-teh, «Fischträger». Auffallend ist sein blumengeschmücktes Schulterband. Dieser Stil, wie auch das hochgekämmte Haar, war typisch für die Zeit Mitte bis Ende des 19. Jahrhunderts. Die Cayuga hatten bei den Fünf Nationen der Irokesen zehn Delegierte. Einst bewohnten sie die Ufer des Cayuga-Sees im heutigen Bundesstaat New York.

Mohawk-Junge in traditioneller Tracht. Photographiert im Caughnawaga-Reservat in Quebec, Kanada, vor 1914. In diesem Reservat lebten sowohl Abkömmlinge der Oneida wie auch der Mohawk. Aus rein praktischen Gründen wird es heute jedoch als Mohawk-Gebiet angesehen. Bemerkenswert ist die traditionelle Aufnahmeschärpe um die Taille des Jungen. Die Art und Weise ihrer Verzierung gab Auskunft über den Rang ihres Trägers.

Viertes Kapitel

Götter und Göttinnen

In den meisten Kulturen glaubt man an ein höheres Wesen, das schon immer da war und die ersten Lebewesen erschaffen oder diese Aufgabe an weniger hohe Gottheiten weitergegeben hat. Diese mächtigen Wesen nannte man Manitu (Algonkin), Wakanda (Sioux), Orenda (Irokesen) und Sulia (Salish). Sie alle verfügten über geheimnisvolle Kräfte, welche die natürlichen Fähigkeiten des erdverhafteten Menschen weit überstiegen. Innerhalb der Kulturen gab es bestimmte sprachliche Varianten: so handelt es sich im Mythos von Menabozho (S. 98) der Chippewa eindeutig um den Manitu, der in anderen Mythen der Algonkin als ein großer Hase mit dem Namen Michabo erscheint und den man als Weltenschöpfer und Herrscher der Winde ansah. Er führte außerdem die Bilderschrift ein und erfand das Fischernetz.[6]

Für die Pawnee war es Tirawahat, *(Ti-ra'-wa,* siehe S. 158, 166), der allen Dingen innewohnte. Der große blaue Himmelsdom war mit dieser geheimnisvollen Macht eng verbunden. Den ersten Donner des Frühlings betrachtete man als Tirawahats Kommunikation durch seinen Boten, die weniger hochstehende Gottheit Paruksti, dessen Sprache der Donner war. Er initiierte damit die komplizierten Pawnee-Zeremonien der Erneuerung und des Wachstums. Götter, die mit dem Donner in Verbindung gebracht wurden, waren in Nordamerika weit verbreitet: so der Donnergott der Cherokee, Asgaya Gigei, der rot war und von dem gesagt wurde, er verkörpere den Blitz. Man betrachtete ihn als den Hüter allen Wildes im Territorium der Cherokee, und ihn galt es vor und nach der Jagd günstig durch kultische Handlungen zu stimmen.

Die furchterregende Macht des Donnervogels spielt in den Stammesmythologien der Nordwestküste eine bedeutende Rolle. Beim Küstenstamm der Tsimshian hieß er Hagwelawremrhskyoek oder «Seemonster-Adler». Man glaubte, daß dieser riesige Vogel vom Himmel herabstürze und Wale verschlinge. Das Blinzeln seiner Augen ließ einen Blitz zucken, und der Flügelschlag seiner großen Schwingen erzeugte den Donner. Im Donnervogel-Tanz des Küstenstammes der Salish, der den besonderen Eigenschaften dieses Vogels nachspürte, «wurde ein wenig Schießpulver nahe am Eingang zum Zeremonienhaus entzündet, um so den Blitz seiner Augen darzustellen» (Barnett, S. 296, auch Sheehan, S. 87).

Von der Stimme des Donnergottes Wakinyan hieß es, sie halle in den Hügeln und im Ödland des Lakota-Territoriums der Plains wider. Manchmal übertrug man ein Symbol für die schreckliche Kraft des Blitzes, die dem Aufleuchten seiner Augen entsprechen sollte, in Form einer Zickzacklinie auf die Kleidung oder auf die Kriegsbemalung als Zeichen der direkten Kommunikation mit dieser Gottheit. In der Mythologie der Lakota war Wakinyan dem Streitroß zugeordnet, zweifellos aus dem Wunsch oder mit der Bitte, das Tier möge die todbringenden Eigenschaften des Blitzes auf seinen Besitzer übertragen[7] (Wissler, S. 46). Aus der Geschichte des Himmelsgottes (S. 117) wird die Beziehung der Hopi-Stämme zu den großen Naturgewalten wie dem Sturm, dem Donner, dem Blitz und dem Regen deutlich, von denen viele als *Kachinas* verkörpert wurden, die mit magischen Kräften ausgestattet waren.

Awonawilona, der «Schöpfer» der Zuni, hat man als eines der besten Beispiele für die Konstruktivität einer Gottheit in den Mythologien Amerikas bezeichnet (Spence, 1916, S. 121). Auch wenn er offenbar nur in geringem Kontakt zu den Menschen stand, sprach man von ihm als dem Architekten des Universums und identifizierte ihn mit der Sonne. Weniger hochstehende Gottheiten wie etwa die Salzgöttin der Zuni (S. 101) waren stärker mit den Menschen verbunden. Da man ihr nachsagte, sie habe das Salz geschaffen, das an den Seeufern im Zuni-Gebiet gefunden wurde, war sie auch verantwortlich für den Wohlstand des Stammes, der diese Ware an entfernter lebende Stämme verkaufte. Die Salzgöttin besaß auch menschliche Eigenschaften: Sie verliebte sich in den Gott der Türkise und heiratete ihn. Der Türkis, ein Halbedelstein, wurde von den Indianern des Südwestens häufig zu dekorativen Zwecken verwendet.

Eine Erörterung über die Existenz Gottes ist unter anderem Gegenstand eines Mythos der Huronen, der von dem Zauberer Tijaiha erzählt (S. 103). Dieser schloß mit einer Unterwasserschlange einen Vertrag, daß er seine Schwiegermutter opfern würde, um die Kraft zu erlangen, seine Feinde zu besiegen. Nun wissen wir, daß die Missionare bei ihrem Versuch, die Huronen zum Christentum zu bekehren, insbesondere darauf hinwiesen, daß es nur einen Gott gebe, aber die Indianer weigerten sich, diese Botschaft zu glauben. Schließlich akzeptierten die Priester die Vorstellung der Huronen, daß es zwei Götter gebe – den Heiligen Geist und Jesus –, und räumten ein, daß einer der beiden der Gott der Indianer sein könne. Auf diese Art und Weise waren sie erfolgreicher als ein gewisser Pater Rogel, der 1570 den Stämmen in der Nähe des Savannah-Flusses erzählt hatte, die Gottheit, an die sie glaubten, sei ein Dämon, der alles Böse liebe und den sie daher hassen müßten. Aus verläßlicher Quelle wissen wir, daß die Indianer daraufhin den «Priester beleidigt stehen ließen, damit er zu den Winden predige» (Spence, 1916, S. 105).

Die Suche der Cheyenne (Plains) nach einem neuen Heiland ist das Thema der Geschichte «Über den Messias» (S. 106). Sie nimmt Bezug auf den Kult des Geistertanzes, der unter den Paiute von Walker Lake in Utah entstanden war und der sich um 1890 über die Plains ausbreitete. Darin wurden alte mythologische Vorstellungen und christliche Glaubensinhalte miteinander verflochten, so wenn die Anführer behaupteten, daß ein Gott der Indianer die weißen Eindringlinge aus ihren Heimatländern vertreiben würde. In der Mythologie des Geistertanzes sollte der Messias kommen, um die Erde und ihre glückliche Vergangenheit für seine roten Kinder wiederherzustellen. Er würde ihre Hauptprobleme überwinden: Krankheiten, Dezimierung, den Verlust der alten Lebensweisen und den weißen Mann. Das Symbol des Messias war der Morgenstern, und wie das nachstehende Lied zeigt, kommt dieses Symbol in der Kleidung für den Geistertanz sehr häufig vor (Eppridge, S. 44).

Zu Seite 94: Geschnitzte Holzbilder des Älteren Kriegsgottes aus dem Schrein der Twin Mountains in der Nähe des Zuni-Pueblo, New Mexico. Photo von Stevenson vor 1893 (erstmalig veröffentlicht im 23. Jahresbericht des Bureau of American Ethnology, 1893). Im heiligen Tafelland der Zuni, Taaiyalone *genannt, gab es zahlreiche Schreine, der Schrein der Zwillings-Kriegsgötter der Zuni gehörte sicher zu den bedeutendsten.*

Vater Morgenstern!
Vater Morgenstern!
Schau uns an, wir haben bis zum Morgengrauen getanzt,
Schau uns an, wir haben bis zum Morgengrauen getanzt.
Hab Mitleid mit uns ... Hi'i'i!
Hab Mitleid mit uns ... Hi'i'i!

(Mooney 1896, S. 1011)

Die Kriegsgottheiten der Navaho, Nayénĕzgani und To'badzĭstsini, sind die Hauptpersonen des Mythos vom Schwarzen Gott (S. 110). In dieser Geschichte wird Hastsézĭni, der Schwarze Gott, nach vielem Hin und Her von einem Boten der Navaho überredet, die Kriegsgötter von ihren Krankheiten zu befreien, die ihre verschiedenen Körperteile befallen und ihre Kampfkraft gelähmt hatten. Der Mythos beschreibt die Herstellung einer Medizin aus verschiedenen Zutaten und den Gebrauch von Federn, Holzkohle, Armbändern aus Yuccablättern und heiligen Schnüren, die alle dazu dienen, die Kriegsgötter von ihren Leiden zu befreien. Auf diese Weise gibt uns der Mythos Einblick in die Vorstellungen vom Ursprung der Medizin als dem Geschenk der höheren Mächte und zeigt auf, wieviele Bestandteile in den Zeremonien und Ritualen der Navaho eingesetzt wurden, um Hilfe herbeizubeschwören.

Menabozho

– Chippewa –

Der große Manitu des Landes, Menabozho, mochte weder die Manitus der Wasser noch die Wasser-Geister. Eines Tages sah er den Häuptling der Wasser-Manitus schlafend auf einem Felsen liegen. Er schoß mit einem Zauberpfeil auf ihn und tötete ihn. Daraufhin riefen die Manitus der kleinen Wasser die großen Flüsse zu Hilfe. Diese trieben Menabozho einen hohen Berg hinauf.

Als das Wasser bis auf die halbe Höhe des Berges gestiegen war, riefen die Wasser-Manitus alle kleinen Flüsse zu Hilfe. Das Wasser verfolgte Menabozho bis zum Gipfel des hohen Berges. Er kletterte auf die Spitze einer Kiefer, und das Wasser stieg weiter bis zu seinem Kinn. Über seinen Kopf konnte es nicht steigen, denn es gibt in der ganzen Welt nicht genug Wasser, um den großen Menabozho zu ertränken.

Lange stand er auf der Spitze der Kiefer und wartete. Die Flüsse wichen nicht zurück, und er konnte kein Land sehen.

Ein Seetaucher flog über seinem Kopf dahin und tauchte dann in das große Wasser. Menabozho sagte: «Bruder Seetaucher, komm her. Ich muß Land für uns machen, damit wir darauf stehen können. Kannst du hinuntertauchen und mir etwas Sand bringen?»

Der Seetaucher senkte den Kopf und tauchte durch das tiefe Wasser, aber sogar für den großen Seetaucher-Vogel war das Wasser zu tief. Er kam wieder an die Oberfläche, hatte aber seinen Atem in der Tiefe zurückgelassen. Als der tote Vogel an der Kiefer vorbeitrieb, fischte ihn Menabozho heraus, aber er fand keinen Sand in seinem Schnabel und auch keinen an seinen Füßen.

Ein Fischotter streckte in der Nähe von Menabozho seinen Kopf aus dem Wasser.

«Bruder Otter, tauche hinunter und bring mir ein paar Sandkörner. Wir brauchen Land, um unsere Füße draufzustellen.»

Der Otter wußte, daß er Menabozho gehorchen mußte, also senkte er seinen Kopf in das tiefe Wasser. Er kam wieder hoch, aber es war kein Leben mehr in ihm. Und Menabozho fand auch in seinen Pfoten keinen Sand.

May-zhuc-ke-gwon-abe, bei den Weißen als James Bassett bekannt, 1911 photographiert von Gill. Er war ein Chippewa aus dem White-Earth-Reservat in Minnesota. Ein Großteil seiner Kleidung entspricht der traditionellen Chippewa-Tracht des späten 19. Jahrhunderts, wie etwa die weich besohlten Mokassins mit einem dekorativen farbigen Futter aus Stoff, die mit einem Blumenmuster perlenbestickte Hose und der Mantel, der vermutlich aus schwarzem Samt gearbeitet ist. Außerdem trägt er einen Horn-Kopfschmuck, einen Speer mit Stahlspitze und einen Pfeifentomahawk.

Kindermokassins der Chippewa um 1890. Die Mokassins sind aus weißem Wildleder gefertigt und haben weiche Sohlen. Als Schmuckelemente dienen Perlenstickereien auf einem schwarzen Stoffuntergrund sowie Ränder und Schnürsenkel aus roten Borten. Sehnen fanden bei der Herstellung der Mokassins ebenso Verwendung wie im Tausch erstandener Faden.

Das Gerüst der Medizinhütte zur Geisterbeschwörung beim Tanz der Grand Medicine Society *in Lac Courte im Oreille-Reservat in Wisconsin, 1899. Das Photo stammt von A. E. Jenks, der berichtet, dieses Gerüst sei während des Tanzes für einen Kandidaten errichtet worden, der krank war. Man bedeckte das Gerüst mit Häuten oder Leinwand, und der Medizinmann im Inneren brachte das Zelt mittels verborgen angebrachter Schnüre dazu, hin- und herzuschwanken. Dadurch verstärkte er die Dramatik des Geschehens und seiner Kommunikation mit den höheren Mächten.*

Die linke Hälfte einer Panorama-Ansicht des Vulkankraters 60 Meilen südlich des Zuni-Pueblo in New Mexico, photographiert von Mindeleff vor 1896. Es handelt sich um einen See, aus dem die Zuni und andere Stämme Salz gewannen, das als Qualitätsware galt und ein wertvolles Tauschobjekt war. Man glaubte, daß die Zuni-Göttin Mawe oder «Mutter des Salzes» dem Stamm das Salz gebracht habe. Solche Quellen werden als heilig betrachtet und sind heute nur einem privilegierten Personenkreis zugänglich.

In diesem Augenblick schwamm eine Bisamratte vorbei. «Bruder Bisamratte, du bist sehr tapfer. Kannst du zu dem Sand unter all dem tiefen Wasser hinuntertauchen und mir ein paar Sandkörner bringen? Ich muß Land machen für meine Brüder», sagte Menabozho.

Die Bisamratte war tapfer, denn sie tauchte hinab, aber sie kam genauso leblos wieder hoch wie der Fischotter. Sie lebte zwar nicht mehr, aber in ihrer Vorderpfote hatte sie ein paar Sandkörner.

Menabozho legte den Sand in seine Hand und trocknete ihn in der Sonne. Mit seinem Atem blies er ihn weit auf das Wasser hinaus, und aus dem Sand wurde eine kleine Insel. Menabozho rief den Sand zurück zu sich. Wieder trocknete er ihn in seiner Hand, und dann blies er ihn wieder zurück an die Stelle auf dem tiefen Wasser. Zwei Tage lang tat er dies, und jedesmal, wenn er den Sand hinblies, wurde die Insel größer. Menabozho verließ den Baum und ging auf das Land.

Er rief seine Brüder, die Bäume und die Tiere und alles, was auf dem Land lebt, daß sie kommen und auf diesem Land leben sollten. Und das Wasser mußte wieder dorthin, wo es hingehörte.

Die Göttin des Salzes

– Zuni –

Zwischen dem Land der Zuni und dem Ort Pescado liegt ein steiles Tafelland mit phantastischen Felsen, die an den Flanken zu turm- und dachartigen Vorsprüngen verwittert sind. Aus der Nähe betrachtet, ist es ein hohes, natürliches Monument aus Stein. Bei den Zuni gibt es dazu folgende Sage: Die Göttin des Salzes fühlte sich von den Menschen, die in der Nähe ihres Reiches an der Küste lebten, sehr gestört. Die Menschen trugen die schneeweißen Schätze der Göttin davon, ohne zum Dank dafür irgendein Opfer anzubieten. Daher verließ die Göttin das Meer und ging weit fort ins Gebirge, um dort zu leben. Immer wenn sie an einem See anhielt, um sich auszuruhen, machte sie das Wasser salzig. Sie wanderte so lange an den großen Seen des Westens umher, daß das meiste Wasser dort bitter wurde. Der Verkauf des Salzertrags aus dem großen See der Zuni an die anderen Stämme bringt den Zuni eine Menge Einnahmen.

Hier traf die Salzgöttin den Gott der Türkise, der sich bei ihrem Anblick sofort in sie verliebte. Er warb so herzlich um sie, daß sie seinen Antrag annahm und ihn heiratete. Eine Zeitlang lebten sie glücklich und in Frieden. Aber als die Menschen erfuhren, daß sich die Göttin in den Bergen von New Mexico versteckt hatte, folgten sie ihr in dieses Land und störten sie wieder. Schließlich erklärte die Göttin des Salzes, daß sie für immer aus dem Gesichtskreis der Menschen verschwinden würde. Sie kam in dieses Tafelland. Bei ihrem Eintritt durchbrach sie eine hohe Wand aus Sandstein. So entstand eine gewölbte Pforte, die heute noch deutlich zu erkennen ist. Als sie die Wand durchstieß, brach eine ihrer Federn ab und flog ins Tal. Die Feder landete mit ihrem Kiel nach unten und wurde zu dem Monument, das man hier sieht. Der Gott der Türkise folgte seiner Frau. Seine Fußstapfen erkennt man noch heute an den hellblauen Steinen.

Wewa, ein männlicher Transvestit der Zuni beim Spinnen von Wolle. Das Photo wurde vermutlich um 1885 von John Hillers aufgenommen. Er trägt einen Frauenhaarschnitt und ein typisch weibliches Gewand: wollene Schärpe mit Gürtel und Baumwollbluse. Transvestiten zeichneten sich oft in einem Handwerk aus und wurden im allgemeinen sozial akzeptiert – selbst bei Stämmen wie den kriegerischen Plains-Indianern.

Muster aus Elchhaarstickereien auf einer Schachtel aus Birkenrinde, vermutlich von den Lorette-Huronen um 1860. Die menschliche Figur zeigt sich in traditioneller Tracht – einem Hemd mit Schärpe und roten Hosen mit Kniestrumpfband. Ermutigt durch die Missionare produzierten die Huronen derlei Gegenstände, um ihr Einkommen aufzubessern. Die Fertigung von Stickereien aus Elchhaar war in der Kulturregion des Nordostens eine alte handwerkliche Tradition.

Die Geschichte von Tijaiha, dem Zauberer

– Huronen –

Als die Franzosen kamen, versuchten die Missionare, die Indianer zu veranlassen, ihre Religion anzunehmen. Sie fragten die Indianer, ob sie irgend etwas von Gott wüßten. Die Indianer bejahten die Frage und erzählten, daß sie dreimal oder viermal im Jahr Treffen abhielten, bei denen auch die Frauen und die Kinder anwesend seien. Bei diesen Treffen sagten ihnen die Häuptlinge, was sie tun sollten und warnten sie vor gefährlichen Praktiken. Die Missionare sagten, das sei gut, aber es gäbe eine bessere Methode, die sie kennenlernen müßten. Sie sollten Christen werden. Aber die Indianer sagten: «Wir haben viele Freunde unter den Tieren. Einige von uns haben Schlangen zu Freunden, einige Adler, andere wieder sind Freunde der Bären und so weiter. Wir können doch nicht unsere Freunde verlassen!» Die Priester antworteten: «Es gibt nur einen Gott.» «Nein», sagten die Indianer, «es gibt zwei Götter: einen für die Indianer und einen für die Weißen.» Die Diskussion dauerte drei Tage. Schließlich sagten die Priester, es sei wahr, es gebe zwei Götter: Jesus und den Heiligen Geist. Einer von diesen könnte derselbe sein wie der Gott der Indianer. Die Indianer könnten allen seinen Anordnungen folgen, denn diese seien gut. Und auch den Anweisungen von Jesus könnten sie gehorchen. Aber ihre Verbündeten im Tierreich müßten sie aufgeben.

Einige Huronen wurden Christen, andere aber weigerten sich, die neue Religion anzunehmen. Einer von den Gegnern der neuen Religion war ein bekannter Krieger, ein junger Mann mit dem Namen Tijaiha. Einmal verließ Tijaiha mit seiner Familie die Stadt, um beim Huron-Fluß jagen zu gehen. Als er an einen tiefen See in der Nähe des Flusses kam, sah er im Wasser eine gewaltige Bewegung, die offensichtlich von einem Lebewesen herrührte. Was für ein Tier es war, wußte er nicht. Er vermutete jedoch, daß es sich um eine große Schlange handele, die wie viele wilde Tiere übernatürliche Kräfte besaß. Daraufhin fastete er zehn Tage lang, wie es bei den Indianern Brauch war, und aß nur gelegentlich einen kleinen Happen, um nicht zu verhungern. Und er betete zu dem Wesen, daß es ihm ein wenig von seiner Kraft schenken möge. Nach Ablauf des zehnten Tages fragte eine Stimme aus dem aufgewühlten See, was er wolle. Er antwortete, daß er sich die Kraft wünsche, alle seine Feinde besiegen und zerstören zu können. Das Tier erwiderte, daß ihm diese Kraft zuteil werden würde, wenn er ihm, dem Tier, geben würde, was es verlange. Tijaiha fragte, was das sei, und das Tier verlangte eines seiner Kinder. Wenn er dem Tier diesen Wunsch erfüllen würde, dürfe er am Abend wiederkommen und würde das Geheimnis erfahren, wodurch er die gewünschte Fähigkeit erlange. Er lehnte dieses Opfer ab und schlug vor, statt dessen eine alte Frau herzugeben, seine Schwiegermutter. Das Tier war mit dem Ersatz einverstanden, und der Handel wurde beschlossen.

In dieser Nacht kehrte Tijaiha zu dem See zurück und erfuhr, was er zu tun hatte. Er sollte einen Zedernpfeil vorbereiten, dann das Tier rufen und, sobald es aus dem Wasser auftauchte, mit dem Pfeil erschießen. Aus der Wunde sollte er dann etwas Blut entnehmen. Der Besitz dieses Blutes würde ihn unbesiegbar machen und ihn befähigen, seine Feinde zu zerstören. Da das Blut jedoch ein tödliches Gift sei und sogar sein Geruch tödlich sein konnte, solle er ein Gegengift aus dem Saft einer Pflanze, die das Tier ihm nannte, herstellen. Am nächsten Tag beschaffte er sich die Pflanze. Seine Frau, die nichts von dem tödlichen Preis wußte, den er bezahlen sollte, half ihm bei der Zubereitung des Trankes. Er schnitzte auch den Zedernpfeil und begab sich mit dem Bogen in der Hand zum See.

Auf seinen Ruf hin begann das Wasser zu steigen und furchterregend zu brodeln. Als es stieg, tauchte ein Tier auf. Es entpuppte sich als ein großer Vogel, ein «Taucher». Der Krieger sagte: «Das ist es nicht», und ließ den Vogel fortfliegen. Das Wasser kochte, die Wellen schlugen höher, und ein Stachelschwein kam zum Vorschein. «Das ist es auch nicht», sagte der Krieger und ließ Pfeil und Bogen sinken. Dann erhob sich das Wasser wütend bis auf die Höhe des Ufers, und der Kopf einer riesigen gehörnten Schlange mit geblähten Backen und feurigen Augen tauchte hervor und starrte Tijaiha an. «Das ist es», sagte er und schoß das Tier in den Hals. Das Blut spritzte heraus, und Tijaiha fing in einem Gefäß, das er bereitgehalten hatte, etwa einen Viertelliter davon auf. Dann rannte er zu seiner Hütte, aber noch bevor er sie erreichte, war er bereits fast blind geworden und ganz hilflos. Seine Frau hielt ihm den Becher mit dem Gegengift an die Lippen. Er trank, erbrach daraufhin sofort das schwarze Gift und erlangte seine Kraft wieder. Am nächsten Morgen rief er seine Schwiegermutter, aber sie war tot. Sie war gestorben, ohne von einer menschlichen Hand berührt worden zu sein. So gelangte Tijaiha in den Besitz eines Talismans, der ihm, wie er glaubte, ein schönes Leben bringen und ihm den Sieg über seine Feinde sichern würde.

Aber irgendwie wurde bekannt, daß er am Tod seiner Schwiegermutter schuld war. Dieses Verbrechen empörte seinen Stamm, und er traute sich nicht wieder zu ihm zurück. Er suchte Zuflucht bei den Irokesen und wurde bei ihnen ein angesehener Kriegshäuptling. Nach einiger

Zeit entschloß er sich in einer bösen Stunde, sein eigenes Volk anzugreifen. An der Spitze einer großen Gruppe von Kriegern brach er auf und erreichte die Siedlung Wyandot in der Nähe der heutigen Stadt Sandwich. Es war die Zeit des Maispflanzens, und genau an diesem Tag waren zwei Tanten von Tijaiha herausgekommen, um ihre Felder zu bepflanzen. Es waren hochangesehene Frauen des Stammes, und Tijaiha wußte, daß ihr Tod den ganzen Stamm in Aufruhr versetzen würde. Er befahl seinen Gefolgsleuten, die beiden zu töten. Das taten sie und zogen sich dann in den Wald auf der Nordseite zurück, wobei sie sorgfältig ihre Spuren verwischten, um der Verfolgung zu entgehen. Ihr Anführer erwartete, daß die Krieger der Huronen ihre Feinde in einer anderen Richtung suchen würden und ihm damit ihre Stadt schutzlos überließen.

Als die Huronen die Leichen fanden, waren sie sehr aufgebracht. Zehn Tage lang suchten sie, ohne eine Spur von den Mördern zu finden. Dann suchte ihr Häuptling Rat bei einem berühmten Wahrsager. Dieser versprach, ihm am nächsten Tag umfassend Auskunft zu geben. Während der Nacht sprach der Wahrsager seine Zauberformeln, und am Morgen teilte er dem Häuptling mit, daß die Tat von einer Gruppe Irokesen begangen worden war, deren Anführer Tijaiha gewesen

Drei Generationen der Familie François von den Huronen, photographiert um 1900 von Notmann. Die Huronen waren eine Konföderation von vier gut organisierten Stämmen der irokesischen Sprachfamilie. Als man 1615 zum ersten Mal von ihnen hörte, bewohnten sie ein Gebiet in der Nähe der Georgian Bay in Ontario, das manchmal als Huronia bezeichnet wird. Sie befanden sich fast ununterbrochen mit den Irokesen im Krieg.

Matthew Mudeater, ein Häuptling der Huronen. Er war 1875 Delegationsmitglied in Washington, D.C. Zu dieser Zeit waren alle Spuren der traditionellen Kleidung verschwunden, aber in die Gesichtszüge dieses Häuptlings ist der Geist eines stolzen Volkes geschrieben. Viele Huronen wurden nach ihren wiederholten Niederlagen gegen die Irokesen im 17. und 18. Jahrhundert von diesen aufgenommen.

sei. Der Feind, sagte er, verstecke sich in den Wäldern, und er könne sie zu dem Ort führen, sie müßten aber noch zehn Tage warten, bevor sie aufbrechen dürften. Ungeduldig warteten die Huronen, bis die zehn Tage vergangen waren. Dann setzten sie den alten Wahrsager auf ein Pferd und folgten ihm. Er führte sie durch den Wald direkt zu dem Lager ihrer Feinde. Als sie diese erblickten, warteten sie bis zum Abend und dann die Nacht hindurch bis zum Morgengrauen. Dann weckten sie, wie es Brauch war, ihre schlafenden Feinde durch lautes Geschrei und überwältigten sie. Sie töteten jeden Mann im Lager, aber als sie die Leichen genau ansahen, mußten sie voller Ärger feststellen, daß Tijaiha nicht dabei war.

Da sie hungrig waren, setzten sie sich hin, um zu essen. Der Häuptling war durstig und sagte seinem Sohn, er solle seinen Becher nehmen und ihm etwas Wasser bringen. «Wo ist denn hier Wasser?», fragte der Junge. «Diese Männer müssen Wasser gehabt haben», antwortete sein Vater. «Such den Pfad, den sie zum Wasser geschlagen haben müssen.» Der Junge suchte und fand den Pfad, folgte ihm und gelangte zu einer tiefen Quelle, einer Art Wasserloch unter einem Baum. Als er sich darüber beugte, tauchte plötzlich ein Mann aus dem Loch auf und bat den Jungen, ihn gefangenzunehmen. Der erschreckte Knabe rannte ins Lager und erzählte, was er gesehen hatte. Alle schrien «Tijaiha» und stürzten zum Wasserloch und zogen ihn an den Haaren heraus. Er stand trotzig und höhnisch da, als sie versuchten, ihn zu töten. Ihre Schläge schienen nicht die Kraft zu haben, ihn zu verletzen. Er fing die Tomahawks auf, die auf ihn geworfen wurden, und schleuderte sie wieder zurück. Schließlich rief ein Krieger: «Ich werde ihn erledigen!», bohrte ein Messer in seine Brust und riß sein Herz heraus. Als er es auf den Boden warf, sprang es, als sei es lebendig, bis es der Krieger mit seinem Messer auseinanderschnitt. So endete Tijaihas böse Laufbahn. Sein Vertrag mit der Schlange hatte ihn nur zu Verbrechen und Tod geführt.

Über den Messias

– Cheyenne –

Liebe Freunde! Drängt diesen Brief euch und anderen nicht auf, sondern widersteht ihm und laßt euch nicht von ihm beeinflussen. Ich will euch einfach nur erzählen, was ich von Mr. Porcupine, von Big Beaver und leider auch von meinem Cousin Ridge Walker, dem Sohn von Beaver Claws, gehört habe. Ich nehme an, daß das viele von euch interessiert. Einige von euch haben wahrscheinlich auch schon davon gehört. Ich habe die drei persönlich gesprochen und, als ich sie traf, selbst ausgefragt. Auf diese Weise habe ich etwas von den Ideen des Messias kennengelernt. Ich versuche, nur das wiederzugeben, was ich von diesen drei Personen erfahren habe.

Sie berichteten, daß sie das erste Mal im Herbst des Jahres 1890 von diesem neuen Christus bei den Indianerbüros der Reservate der Arapaho und der Shoshonen im Wyoming Territory gehört hatten. Als sie im Herbst 1890 zusammen mit anderen Cheyenne vom Tongue River die besagten Stämme besuchten, erzählte ihnen ein Arapaho-Indianer namens Sage, der 1888 im Südwesten gewesen war, daß ein neuer Christus für die Indianer auferstanden sei. Er sagte, wo man ihn finden könne, und erläuterte ihnen seine Lehre. Daraufhin, so Porcupine, hätten er und die anderen Cheyenne großes Interesse gezeigt und seien entschlossen gewesen, den Messias zu sehen. Da aber nicht alle so weit reisen konnten, wurden neun von den Cheyenne zurück zur

Hapei, eine Süd-Cheyenne und Frau von Charles Murphy. Das Photo von D. L. Gill entstand 1908 in Cantonment im westlichen Oklahoma, als sie 33 Jahre alt war. Hapei trägt schwere Perlenketten um den Hals und eine Decke um die Schultern, die sie vermutlich von den Stämmen des Südwestens erworben hat.

Shki-hi-una oder «Little Hand», ein Süd-Cheyenne im Alter von 59 Jahren, photographiert 1909 von D. L. Gill. Shki-hi-una lebte in Cantonment, Oklahoma, wo den Süd-Cheyenne 1867 ein Reservat zugeteilt worden war. Der Stamm weigerte sich allerdings, sich dort anzusiedeln, bis er 1875 offiziell kapitulierte. 1904 lebten noch knapp 2000 Süd-Cheyenne.

Ridge Walker, ein Scout der Nord-Cheyenne. Das Photo entstand zwischen 1888 und 1897 in Fort Keogh und stammt vermutlich von Christian Barthelmess. Als die Geistertanzbewegung 1890 die Plains überrollte (siehe Mythos «Über den Messias», S. 106), besuchte Ridge Walker den Begründer des Geistertanzes, Wovoka, um die wahre Lehre der neuen Religion festzustellen.

Tongue-River-Agentur geschickt, um den Leuten zu erzählen, was sie gehört hatten. Porcupine und mehrere andere Cheyenne gingen weiter. Als sie in Utah eintrafen, schlossen sich viele Menschen ihrer Karawane an. An verschiedenen Stellen des Weges stießen Indianer zu ihnen und gingen mit, bis sie schließlich nach Walker Lake kamen, wo sich alle versammelten, um den neuen Christus sprechen zu hören. Es waren sehr viele Menschen da, auch Frauen und Kinder.

Dann sagte Mr. Porcupine zu dem Messias: «Mein Volk und ich haben in Unwissenheit gelebt, bis ich losging und die Wahrheit gefunden habe.» Der Messias saß die ganze Zeit über mit gesenktem Kopf da. Nach einer Weile erhob er sich und sagte, er sei sehr froh, seine Kinder zu sehen. «Ich habe nach euch geschickt, und ich bin froh, daß ihr gekommen seid, und später werde ich zu euch über unsere Ahnen sprechen, die tot sind. Meine Kinder, ich will, daß ihr alles hört, was ich zu sagen habe. Ich werde euch lehren, einen Tanz zu tanzen, und ich will, daß ihr ihn tanzt. Macht euch bereit zum Tanz, und wenn der Tanz vorbei ist, werde ich zu euch sprechen.»

Er trug einen weißen Mantel mit Streifen. Sein restliches Gewand entsprach dem eines weißen Mannes, außer daß er Mokassins anhatte. Und dann fingen wir an zu tanzen, alle folgten dem Christus und sangen, während wir tanzten. Wir tanzten bis spät in die Nacht, bis er sagte, daß wir nun genug getanzt hätten. Und am nächsten Morgen nach dem Frühstück traten wir in den Kreis und streuten Gras über den Boden. Der Christus stand in unserer Mitte und sagte uns, daß er an diesem Tag fortginge, aber am nächsten Morgen zurück sei und zu uns sprechen würde.

In der Nacht, als ich ihn das erste Mal sah, hielt ich ihn für einen Indianer, aber am nächsten Tag, als ich ihn besser sehen konnte, sah er anders aus; er war nicht so dunkel wie ein Indianer, aber auch nicht so hell wie ein Weißer. Er hatte keinen Vollbart und keinen Backenbart, aber sehr dichte Augenbrauen, er war ein gutaussehender Mann. Wir standen alle sehr dicht bei ihm.

Uns war gesagt worden, daß niemand sprechen dürfe und daß der Christus jedes Flüstern bemerken würde. Ich hatte gehört, daß Christus gekreuzigt worden war, und schaute ihn daraufhin an. Ich sah eine Narbe an seinem Handgelenk und eine im Gesicht. Er schien der Mann zu sein. Seine Füße konnte ich nicht sehen.

Er sprach den ganzen Tag zu uns. Am Abend versammelten wir uns alle, um uns von ihm zu verabschieden. Als wir uns versammelten, fing er an zu singen und begann, am ganzen Körper heftig zu zittern, eine ganze Weile lang. Und dann setzte er sich. Wir tanzten alle in dieser Nacht, und der Christus lag dabei, scheinbar tot. Als wir am nächsten Tag frühstückten, war der Christus wieder bei uns. Nach dem Frühstück gingen vier Boten herum und riefen, daß der Christus wieder bei uns sei und mit uns sprechen wolle. Es wurde also wieder ein Kreis gemacht, man versammelte sich, und Christus kam dazu und setzte sich. Er sagte, man solle ihm zuhören, während er zu uns sprach. «Ich bin der Mann, der alles geschaffen hat, was ihr um euch herum seht. Ich lüge meine Kinder nicht an. Ich habe diese Erde geschaffen und alles, was darauf ist. Ich war im Himmel und habe eure toten Freunde gesehen, und ich habe meinen Vater und meine Mutter gesehen. Am Anfang, nachdem Gott die Erde erschaffen hatte, schickten sie mich wieder zurück, um die Menschen zu lehren. Und als ich zurück zur Erde kam, hatten die Leute Angst vor mir und behandelten mich schlecht. Das haben sie mit mir gemacht (er zeigte seine Narben). Ich habe nicht versucht, mich zu verteidigen, und sah, daß meine Kinder böse waren, also ging ich zurück in den Himmel und verließ sie. Und viele Jahre kehrte ich immer wieder zurück und sorgte für meine Kinder. Und am Ende dieser Zeit kam ich, um sie zu unterweisen. Mein Vater sagte mir, daß die Erde alt wird und ausgelaugt, daß die Menschen schlecht werden und daß ich alles so wieder herrichten sollte, wie es früher war, und es verbessern sollte. Und er sagte, daß all unsere Toten auferstehen und zurück auf die Erde kommen würden und daß die Erde zu klein für sie und uns wäre; darum würde er den Himmel wegschieben und die Erde so groß machen, daß alle von uns Platz haben; und daß wir allen Leuten, die wir treffen, von diesen Dingen erzählen müßten.»

Er sprach zu uns über das Kämpfen und sagte, es sei schlecht und daß wir es nicht tun sollten, daß die Erde in Zukunft ganz gut sein solle und daß wir alle untereinander Freunde sein sollten. Er sagte, daß im Herbst des Jahres alle guten Menschen verjüngt werden würden, so daß niemand älter als vierzig Jahre alt sei. Die Jugend eines jeden würde im Frühling erneuert werden. Er sagte, wenn wir alle gut seien, würde er uns Menschen schicken, die all unsere Wunden und Krankheiten durch bloße Berührung heilen könnten, und daß wir ewig leben könnten.

Das ist es, was ich miterlebt habe, und viele andere wundervolle Dinge, die ich nicht beschreiben kann. Bitte folgt den Ideen dieses Mannes nicht. Er ist nicht der Christus. Niemand auf der Welt kann Gott jederzeit sehen. Nicht einmal Gottes Engel können es.

Der Schwarze Gott

– Navaho –

Es ist lange her, daß die Navaho auf dem Kriegspfad waren. Aber in den Tagen, als sie noch ihre Feinde bekämpften, litten sie oft an Kriegskrankheiten. Die jungen Navaho wissen das alles nicht. Wer einen Feind mit einem Hieb in die Brust tötete, bekam dort eine Krankheit. Wer seinen Feind mit einem Schlag auf den Kopf tötete, bekam Kopfschmerzen, und wer jemanden tötete, indem er dessen Unterleib verletzte, bekam eine Krankheit in diesem Körperteil.

So hatten in den alten Zeiten die Kriegsgötter Nayénĕzgani und To'badzĭstsini, die viele von den Fremden-Göttern getötet hatten, in vielen Körperteilen Kriegskrankheiten. Sie litten sehr darunter und wurden so schwach, daß sie nicht mehr laufen konnten. Ihre Freunde probierten alle Arzneien aus, die ihnen einfielen, aber lange Zeit fand man kein Heilmittel dagegen.

Schließlich sagte jemand: «Es gibt jemanden in Tse'zĭndiai (Schwarzer Stehender Fels) mit dem Namen Dóntso (ein Insekt), der weiß von einem, der die Kriegskrankheit heilen kann.» Also lauerten die Leute Dóntso auf und fingen ihn. «Wer ist das, der die Kriegskrankheit heilen kann?», fragten sie ihn. «Ich traue mich nicht, das zu sagen», sagte Dóntso, «es ist einer, vor dem ich Angst habe. Er will nicht, daß man von seiner Kraft weiß.» Aber die Leute ließen nicht locker, überredeten ihn und drohten ihm, bis Dóntso schließlich sagte: «Es ist Hastsézĭni (Schwarzer Gott), der Besitzer allen Feuers. Aber sagt ihm auf keinen Fall, daß ich es war, der das Geheimnis gelüftet hat, denn ich fürchte seine Rache.»

Als die Leute das hörten, nahmen sie ein heiliges Wildleder, füllten es mit juwelenbesetzten Körben, wertvollen Steinen, Muscheln, Federn und allen Schätzen, die die Götter am liebsten

Navaho-Frau mit Kind. Das Wort «Na'-va-ho» entstammt der Tewa-Sprache und bedeutet «großes Anbaugebiet». Der Stamm spricht Athapaskan und wurde von den Spaniern als «Apaches de Navajo» bezeichnet. Die Frau trägt Silber und Türkise, eine für den Stamm seit dem späten 19. Jahrhundert typische Schmuck-Kombination.

Szene in einem Navaho-Lager mit einer für diesen Stamm typischen Behausung, die man bei den Weißen Hogan *nannte. Links sieht man Pesh-lakai-ilhni, einen geschickten Silberschmied, der das Silber auf einem Metallamboß bearbeitet. Rechts bohrt ein Mann mit einem Drehbohrer Türkise. Der Sohn von Pesh-lakai-ilhni hält einen Blasebalg, der zum Schmelzen des Silbers verwendet wurde.*

Eine feine Halskette der Navaho aus Silber und Türkisen, um 1910. Es handelt sich um eine typische «Kürbisblüten»-Halskette dieser Periode. Die Technik des Silberschmiedens lernten die Navaho von den Spaniern. Das durch Tauschhandel erworbene Silber kombinierten sie mit dem Halbedelstein Türkis, der in ihren traditionellen Territorien Arizona und New Mexico häufig vorkam.

haben, und schickten einen Boten mit dem Bündel zu Hastsézĭni. Als der Bote das Haus des Feuergottes betrat, fand er denselben mit dem Rücken zum Feuer auf dem Boden liegend – eine seiner bevorzugten Haltungen. Der Bote zeigte sein Bündel und überbrachte die Botschaft, aber der Feuergott sagte nur: «Fort mit dir! Geh nach Hause und nimm dein Bündel wieder mit.»

Der Bote kehrte zu seinem Volk zurück und erzählte von dem Ergebnis seiner Bemühungen. Die Leute füllten noch ein heiliges Leder mit wertvollen Dingen und schickten den Boten mit zwei Bündeln als Geschenk zu dem Schwarzen Gott zurück. Aber der Schwarze Gott stand weder vom Boden auf, noch wandte er seinen Rücken vom Feuer ab. Wieder entließ er den Boten mit ärgerlichen Worten. Der Bote wurde mit drei Bündeln und dann mit vier Bündeln voller Schätze in heiligem Leder hingeschickt, aber der Gott befahl ihm jedesmal zu verschwinden. Als der Bote zu seinen Leuten zurückkam, sangen diese.

Nun erschien Dóntso vor ihnen und fragte sie, was sie dem Feuergott angeboten hatten. Sie sagten es ihm und fügten hinzu: «Wir haben ihm eine stattliche Bezahlung für seine Medizin angeboten, aber er weigert sich, uns zu helfen, und schickt unseren Boten mit ärgerlichen Worten fort.» «Er ist nicht wie die anderen Götter», sagte Dóntso, «er ist mürrisch und sonderbar. Nur wenige Heilige besuchen ihn, und er besucht auch kaum jemanden. Euer heiliges Leder interessiert ihn nicht, ebensowenig eure Körbe mit Türkisen und weißen Muscheln, eure Abalone und Bergkristalle. Er will nur rauchen, aber seine Zigarette muß auf eine ganz besondere Art hergestellt werden.» Und dann sagte er ihnen, wie man eine Zigarette für Hastsézĭni heilig macht. Aber er verlangte von allen, daß sie sich zur Geheimhaltung verpflichteten. Er lebte bei dem Feuergott, und daher wußte er, wie die Zigarette hergestellt wurde und wie sie dem Gott übergeben werden sollte.

Nun gingen drei Boten zu Hastsézĭni. Zwei blieben draußen, und einer ging hinein, um die Zigarette zu überbringen. Das geschah auf folgende Art: Der Bote führte sie vom rechten Fuß des Gottes an seinem Körper entlang aufwärts, über seine Stirn, seine linke Seite hinunter und legte sie auf den Spann seines linken Fußes. Der Feuergott legte seine Handkante an die Stirn, um seine Augen zu beschatten, und starrte auf die Zigarette auf seinem Fußspann. Er hob sie auf, untersuchte sie sorgfältig und sagte ärgerlich: «Wer hat dich gelehrt, wie man diese Zigarette macht? Niemand weiß, wie das geht, außer Hastíniazi (Little Old Man) und Dóntso. Einer von diesen

«Emerging-from-the-Sweat», Navaho-Indianer, photographiert 1905 von E. S. Curtis. Hier sieht man einen Teil der Yeibichai- *oder Nachtgesangs-Zeremonie, die von zwei maskierten Männern mit bemalten Körpern und im Kostüm des Haashcheettii oder «*Talking God*» (Sprechender Gott) geleitet wurde. In unmittelbarer Nähe befindet sich die weibliche Gottheit* Haashcheeh Ba'aad. *Dies ist eine der vielen Navaho-Zeremonien zur Heilung von Krankheiten. Den Patienten umgibt hier ein Kreis aus Gebetsstäben.*

Zu Seite 114/115: Powamu *der Hopi. Diese komplizierte Zeremonie beginnt im Januar oder Februar. Hier sieht man die maskierten Tänzer oder* Kachinas *auf dem Hauptplatz im Walpi-Pueblo, Arizona. Die* Kachinas *sind hier als Ungeheuer verkleidet, die während der Zeremonie von Haus zu Haus gehen, um die Kinder einzuschüchtern und sie auf diese Weise zum Gehorsam gegenüber ihren Eltern zu bringen. Die Frau links, die die Prozession anführt, ist Hahaiwuhti, eine mythische Mutter der* Kachinas.

beiden muß es dir gezeigt haben.» Der Bote sagte: «Ich habe sie selbst gemacht, so wie ich es mir ausgedacht habe. Es hat mir niemand gezeigt. Dóntso wohnt über dir und beobachtet dich Tag und Nacht, er verläßt dich niemals.» Hastsézĭni untersuchte die Zigarette ein zweites Mal, atmete viermal ihren Duft ein und sagte: «*Láa!* Sie ist gut! Das ist meine Zigarette. Du bleibst hier und zeigst mir den Weg. Laß die anderen Boten vorausgehen. Ich werde in drei Tagen am Morgen hinkommen.» Aber sie baten ihn, noch am selben Abend aufzubrechen. Er befahl den Boten, die vorausgingen, einen Hirschen zu töten, der zwei Enden an jedem Horn trage, und ihn für ein Festmahl zu kochen. Als die Boten nach Hause kamen, erzählten sie, was ihnen Hastsézĭni gesagt hatte, und die Leute machten alles nach seinen Anweisungen bereit.

Am nächsten Morgen verließ der Schwarze Gott sein Haus, ging etwa den halben Weg zum Haus von Nayénĕzgani und schlug dann sein Lager für die Nacht auf. Viele Leute kamen zu seinem Lager und tanzten dort. Es waren auch Vögel darunter, denn damals waren Vögel Menschen. Und deshalb ist es auch jetzt und heute noch so, daß die Leute, wenn Hastsézĭni nachts auf seinem Weg zur Krankenhütte sein Lager aufschlägt, zu seinem Lager gehen und dort tanzen.

Am Morgen nach dem Tanz brachen alle zum Haus der Krankheit auf und kamen bei Sonnenuntergang dort an. Bevor sie es erreichten, fingen sie an zu rufen und zu schreien. In jenen Tagen riefen und schrien die Navaho, und das nannten sie *altsĭ̆tse.* Als die Leute im Haus von Nayénĕzgani das Rufen hörten, kamen sie heraus, um die Rückkehrer zu begrüßen. Und dann gab es ein Scheingefecht, bei dem die Mannschaft von Hastsézĭni Sieger zu sein schien. Solche Scheingefechte werden auch heute noch in den Riten abgehalten.

Als Hastsézĭni und sein Gefolge bei der Hütte eintraf, fand das Wildbretfestmahl statt. Dann sagten die kranken Götter, daß sie das Haus verlassen wollten. In den vorangegangenen Tagen hatte man sie immer hinaustragen müssen, aber nun half man ihnen nur beim Aufstehen und dann gingen sie ohne Hilfe hinaus. Nun liefen die Leute, die mit Hastsézĭni gekommen waren, nach draußen und fingen an zu singen. Der Schwarze Gott war dort, er hatte die Hütte noch nicht betreten. Aber als die Leute herauskamen, schloß er sich ihnen an, und als sie wieder ins Haus hineingingen, trat er mit ihnen ein.

Als erstes verbrannten sie Stoffe und stellten zwei Arten von gemischter Holzkohle her. Die erste wurde aus Kiefernrinde und Weide gemacht. Die zweite bestand aus fünf Zutaten mit den Namen: *tsĭldĭlgĭsi* (eine Korbblütler-Pflanze, *Guitierrezia euthamiae*), *tlo'nastázi* (ein Kichererbsen-Gras, *Bouteloua hirsuta*), *tsé'aze* oder Steinmedizin (unbestimmt), eine Feder, die von einer lebenden Krähe fallengelassen wurde, und eine Feder von einem lebenden Bussard. Sie stellten vier Armbänder für die Patienten her, jedes aus drei kleinen zusammengeflochtenen Yucca-Blättern. Dann bereiteten sie für jeden sieben heilige Bänder, die man *wolthád* nennt, wie sie heute noch von den Schamanen benutzt werden. Sie sind so ineinander geflochten, daß sie sich wieder auflösen, wenn man einmal daran zieht. Sie zerstampften Zedernblätter und eine Pflanze mit dem Namen *thágiitsin* und machten daraus einen kalten Trunk. Alle Anwesenden tranken dieses Gebräu, und die Patienten wuschen mit einem Teil davon ihren Körper. Die *wolthâds* wurden auf verschiedene Stellen der Körper der Patienten gelegt, und zwar von unten nach oben: Füße, Knie, Hände und Kopf. Während das geschah, trat der Schwarze Gott ein, und ein Lied wurde angestimmt. Mitten im Lied tranken die Patienten und alle Anwesenden noch einmal den kalten Trunk, und die Patienten wuschen ihre Körper mit dem, was übrigblieb. Als nächstes berührten die Helfer jeden der kranken Götter mit schwarzer Farbe, die aus der zweiten Holzkohle gemacht war, und zwar an den Fußsohlen, den Handinnenflächen, auf jeder Seite der Brust, auf jeder Seite des Rückens, über den Schulterblättern, und sie malten den Hals an. Sie schmierten die Körper der Götter mit einem großen Klumpen heiligem Fett ein, und in diese Fettschicht rieben sie die erste Holzkohle, bis die Körper genauso schwarz aussahen wie Hastsézĭni selbst. Aber die Gesichter bemalten sie mit Fett und rotem Ocker, und jede Backe wurde an drei Stellen mit Eisenglanz befleckt. Jeder Patient bekam ein Gewand mit dem Namen *kátaha hástsé* angezogen (das man diagonal wie eine Schärpe trägt). Die Helfer banden ihnen die Yucca-Armbänder um und steckten eine flaumige Adlerfeder, die einem lebenden Adler ausgerupft worden war, an jeden Kopf. Die beiden Helfer, die die Patienten bemalt hatten, bekamen zum Lohn jeder vier Leder. Sie taten Rattendung in die Mokassins der leidenden Götter und zogen sie ihnen an. Sie legten ihnen Perlenbänder um den Hals. Jeder Patient erhielt einen Beutel mit Medizin, aus dessen Öffnung der Schnabel einer Krähe schaute. Dann fingen sie an zu singen und schickten die *tantési* (die Patienten) von der Hütte fort.

Die Patienten gingen zu einem Ort, wo der Skalp eines Feindes lag, auf den Asche gestreut worden war. Jeder hob den Skalp viermal mit dem Krähenschnabel seines Medizinbeutels hoch. Dann entfernten sie sich etwas weiter von der Hütte und «inhalierten die Sonne». Sie kehrten nicht in die Krankenhütte zurück, sondern ein jeder ging – so war er instruiert worden – zu sich nach Hause, wo bereits eine Mischung von *gles* (weiße Erde) und Wasser für ihn vorbereitet war. Dorthinein tauchte jeder seine Hand und markierte mit dem Abdruck seiner geöffneten weißen Hand sein Schienbein, seine Schenkel und andere Körperteile. Sie aßen Maispollen, die erste

Mahlzeit, die sie an diesem Tag zu sich nahmen, und dann standen sie auf und gingen umher und waren glücklich wieder gesund. Es war schön über ihnen, es war schön unter ihnen. Es war schön hinter ihnen. Es war schön rund um sie herum.

Bei Sonnenuntergang brach Hastséz̄ini zu sich nach Hause auf, und die Kriegsgötter gingen zurück in die Krankenhütte. Die Leute sangen die ganze Nacht und schlugen die Korbtrommel. So wie man es damals mit den Göttern tat, so würden sie es auch heute tun, wenn einer von ihnen die Kriegskrankheit hätte.

Die Darstellung des Himmelsgottes, der den Blitz beherrscht
– Hopi –

Es gibt einen aufschlußreichen Akt in dem großen Mysterienspiel *Palülükoñti* der Hopi. Durch ihn erfährt man von einer anderen Art von Symbolismus bei der Verkörperung sowohl des Sonnengottes wie auch des Blitzes. In diesem Akt steht ein maskierter Mann, der Shalako darstellt, in der Mitte des *Kiva* vor den Zuschauern und hält eine Puppe der Gefiederten Schlange. Er läßt sie sich um Körper und Kopf winden und ab und zu in die Luft schnellen. Wie die Bewegungen hervorgerufen werden, ist zunächst nicht erkennbar, wenn man aber genauer hinsieht, bemerkt man, daß dem Schauspieler an einer Seite ein falscher Arm anstelle des echten herunterhängt. Der echte wiederum steckt im Körper der Puppe und kann auf diese Weise die Schlange bewegen.

Diese Darstellung repräsentiert den Himmelsgott, der den Blitz beherrscht; der Himmelsgott wird durch Shalako, der Blitz durch die Gefiederte Schlange verkörpert.

In einer anderen Episode dieses beeindruckenden Mysterienspieles werden Puppen der Großen Schlange durch Öffnungen gedrückt, die durch Scheiben mit Sonnensymbolen verschlossen sind. Diese Puppen zerstören dann ein symbolisches Maisfeld. Die Bedeutung dieses Dramas ist offensichtlich: Die Schlangen repräsentieren den Blitz sowie den Regen und den Wind, die ihn begleiten. Sie steigen aus den Sonnensymbolen auf, die den Himmelsgott verkörpern, dessen Diener sie sind und von dem sie ihre Macht beziehen. Sie stoßen den Mais auf den Hügeln um, womit dargestellt wird, wie Hochwasser und Winde die Arbeit der Farmer zerstören. Auch der Schluß dieser Episode ist dramatisch und symbolisch: Ein Mann, der die Erdgottheit Hahaiwüqti, die Frau des Himmelsgottes, darstellt, betet symbolisch zu den wütenden Schlangen, den Symbolen seiner Macht – mit anderen Worten: er betet zu Gott, daß er aufhören möge, die Menschen heimzusuchen und die Felder der Farmer durch seinen Diener, den Blitz, zu zerstören. In beiden Akten wird die Verkörperung des Blitzes durch die Sonne oder den Himmelsgott kontrolliert. Der Blitz, der einst nur ein Attribut war, hat eine eigene Verkörperung erfahren, die vom Himmelsgott kontrolliert wird.

Dieses Konzept der Großen Schlange oder die Personifizierung des Blitzes bezieht sich auf Kräfte, die natürlich aus der Beobachtung stammen. Blitze werden meistens von Regenfällen begleitet; daraus schließt der einfache Mensch, daß eins das andere verursacht; oder anders gesagt, daß die Große Schlange den Regen bringt. Deshalb ist der Himmelsgott durch seinen Diener auch ein mächtiger Regengott, und deshalb trifft man auf Hopi-Altären regelmäßig auf die Symbole des Blitzes in Form einer Zickzacklinie.

Hopi Kachina-*Darsteller, photographiert 1893. Mit dem Begriff* «Kachina» *bezeichneten die Hopi übernatürliche Wesen, die von maskierten Menschen oder auch von Statuen verkörpert wurden. Die hier gezeigten Darsteller gehören zur Neujahrszeremonie des* Powamu, *bei der die Kinder in die verschiedenen Gesellschaften eingeführt werden. Links befindet sich Hahaiwuhti, die Mutter aller* Kachinas, *und ein schwarzer* Natashka *mit einer dramatischen Maske, die ein Emblem aus Truthahnschwanzfedern bekrönt.*

Mahlzeit, die sie an diesem Tag zu sich nahmen, und dann standen sie auf und gingen umher und waren glücklich wieder gesund. Es war schön über ihnen, es war schön unter ihnen. Es war schön hinter ihnen. Es war schön rund um sie herum.

Bei Sonnenuntergang brach Hastsézĭni zu sich nach Hause auf, und die Kriegsgötter gingen zurück in die Krankenhütte. Die Leute sangen die ganze Nacht und schlugen die Korbtrommel. So wie man es damals mit den Göttern tat, so würden sie es auch heute tun, wenn einer von ihnen die Kriegskrankheit hätte.

Die Darstellung des Himmelsgottes, der den Blitz beherrscht

– Hopi –

Es gibt einen aufschlußreichen Akt in dem großen Mysterienspiel *Palülükoñti* der Hopi. Durch ihn erfährt man von einer anderen Art von Symbolismus bei der Verkörperung sowohl des Sonnengottes wie auch des Blitzes. In diesem Akt steht ein maskierter Mann, der Shalako darstellt, in der Mitte des *Kiva* vor den Zuschauern und hält eine Puppe der Gefiederten Schlange. Er läßt sie sich um Körper und Kopf winden und ab und zu in die Luft schnellen. Wie die Bewegungen hervorgerufen werden, ist zunächst nicht erkennbar, wenn man aber genauer hinsieht, bemerkt man, daß dem Schauspieler an einer Seite ein falscher Arm anstelle des echten herunterhängt. Der echte wiederum steckt im Körper der Puppe und kann auf diese Weise die Schlange bewegen.

Diese Darstellung repräsentiert den Himmelsgott, der den Blitz beherrscht; der Himmelsgott wird durch Shalako, der Blitz durch die Gefiederte Schlange verkörpert.

In einer anderen Episode dieses beeindruckenden Mysterienspieles werden Puppen der Großen Schlange durch Öffnungen gedrückt, die durch Scheiben mit Sonnensymbolen verschlossen sind. Diese Puppen zerstören dann ein symbolisches Maisfeld. Die Bedeutung dieses Dramas ist offensichtlich: Die Schlangen repräsentieren den Blitz sowie den Regen und den Wind, die ihn begleiten. Sie steigen aus den Sonnensymbolen auf, die den Himmelsgott verkörpern, dessen Diener sie sind und von dem sie ihre Macht beziehen. Sie stoßen den Mais auf den Hügeln um, womit dargestellt wird, wie Hochwasser und Winde die Arbeit der Farmer zerstören. Auch der Schluß dieser Episode ist dramatisch und symbolisch: Ein Mann, der die Erdgottheit Hahaiwüqti, die Frau des Himmelsgottes, darstellt, betet symbolisch zu den wütenden Schlangen, den Symbolen seiner Macht – mit anderen Worten: er betet zu Gott, daß er aufhören möge, die Menschen heimzusuchen und die Felder der Farmer durch seinen Diener, den Blitz, zu zerstören. In beiden Akten wird die Verkörperung des Blitzes durch die Sonne oder den Himmelsgott kontrolliert. Der Blitz, der einst nur ein Attribut war, hat eine eigene Verkörperung erfahren, die vom Himmelsgott kontrolliert wird.

Dieses Konzept der Großen Schlange oder die Personifizierung des Blitzes bezieht sich auf Kräfte, die natürlich aus der Beobachtung stammen. Blitze werden meistens von Regenfällen begleitet; daraus schließt der einfache Mensch, daß eins das andere verursacht; oder anders gesagt, daß die Große Schlange den Regen bringt. Deshalb ist der Himmelsgott durch seinen Diener auch ein mächtiger Regengott, und deshalb trifft man auf Hopi-Altären regelmäßig auf die Symbole des Blitzes in Form einer Zickzacklinie.

Hopi Kachina-*Darsteller, photographiert 1893. Mit dem Begriff* «Kachina» *bezeichneten die Hopi übernatürliche Wesen, die von maskierten Menschen oder auch von Statuen verkörpert wurden. Die hier gezeigten Darsteller gehören zur Neujahrszeremonie des* Powamu, *bei der die Kinder in die verschiedenen Gesellschaften eingeführt werden. Links befindet sich Hahaiwuhti, die Mutter aller* Kachinas, *und ein schwarzer* Natashka *mit einer dramatischen Maske, die ein Emblem aus Truthahnschwanzfedern bekrönt.*

Fünftes Kapitel

Stammeslegenden

Viele Mythen und Legenden der nordamerikanischen Indianer beziehen sich auf Tiere und Schauplätze, die in bestimmten Gebieten vorherrschten oder für diese charakteristisch waren. Im allgemeinen schildern die mündlichen Überlieferungen in allen Einzelheiten die übernatürlichen Kräfte und die Gesinnung solcher Tiere, die als besonders klug galten und deren Eigenschaften bewundert wurden und besonders begehrt waren. Oder die Geschichten handeln vom Wohnsitz dieser Kräfte an Orten, die man als heilig ansah und als Pilgerstätten und Inspirationsquellen aufsuchte. Ein Mythos der Chippewa (S. 112), der eine Welt in ständigem Dunkel, ohne Licht und Wasser beschreibt, erzählt von der durch die Tiere, speziell die Bisamratte geleisteten Hilfe, die in einem unbeobachteten Moment ein glühendes Stück Kohle fallen ließ und auf diese Weise Feuer und Licht in die Welt brachte, woraufhin das Eis schmolz und Wasser entstand. Die eigentümliche Zeichnung der Bisamratte soll jene Stellen markieren, an denen sie sich verbrannte, als sie die Kohle herbeitrug.

Unter den Tieren nahmen vor allem der Kojote und der Rabe eine dominierende Stellung ein, aber auch andere Tiere wie Biber, Fuchs, Eichelhäher und sogar die Spinne spielen in vielen mythologischen Erzählungen eine Rolle. In der Geschichte der Flathead (Plateau) «Wie der Kojote den Riesen tötet» (S. 124) finden sich Hinweise auf mehrere typische Eigenschaften, die oft mit diesem Tier verbunden werden: seine Abenteuerlust, Klugheit und Kraft sowie seine Tollkühnheit und seine Neigung, das Unmögliche zu wagen. Bei den Nez Perce, einem anderen Plateau-Stamm, glaubte man sogar, der Kojote sei der Schöpfer des eigenen Stammes. In einer Version dieser Legende tötet ein Monster alle Tiere außer dem Kojoten. Dieser ist rasend über den Verlust all seiner Freunde und erklimmt einen hohen Berg, fesselt sich selbst an der höchsten Spitze und fordert das Monster auf, ihn zu fressen. Der Kojote erweist sich jedoch als zu klug für das Monster, und sie schließen Freundschaft. Später jedoch verlangt der Kojote noch einmal, von dem Monster verschlungen zu werden, damit er seine Freunde wiedersehen kann. Kaum im Bauch des Monsters angekommen, sticht er diesem ins Herz und befreit die dort gefangenen Tiere. Danach schneidet er das Monster in Stücke, wirft die Teile in alle Winde und erschafft damit die verschiedenen Plateau-Stämme. Ein bestimmter Stamm jedoch, die Nez Perce, wurde aus dem Blut an seinen Händen erschaffen, das er abschüttelte und über ein Gebiet spritzte, das seither das traditionelle Land der Nez Perce ist.

Die Rolle des Eichelhähers *(blue jay)* in der Religion und den Zeremonien der Nordwestküsten-Stämme wird in dem Mythos der Chinook (S. 141) angesprochen. Blue Jay hatte aber auch bei mehreren Plateau-Stämmen wie den Kalispel, den Spokan, den Coeur d'Alene und den Flathead Bedeutung, vor allem als herausragende Figur im Geistertanz des Winters. Ein Teil des Tanzes war ein Initiationsritus, bei dem die jungen Männer in Kontakt mit den höheren Mächten kommen und so einen Schutzgeist finden konnten.

Die wichtigste Rolle spielte in mehreren Kulturregionen aber vermutlich der Rabe. In der Mythologie, die beispielsweise hinter dem Biberbündel der Blackfoot (Plains) steht, gilt der Rabe als der weiseste aller Vögel. Seine überlegenen Fähigkeiten zeigten sich in einer Geschichte über einen Wettkampf zwischen Rabe und Donnervogel: Der Rabe ließ es so kalt werden, daß sich der Donnervogel nur durch unaufhörliches Abschießen seiner Blitze vor dem Erfrieren retten konnte und schließlich seine Niederlage eingestehen mußte.

Bei den Stämmen an der Nordwestküste wurde der Rabe allgemein als Werkzeug des Schöpfers angesehen. Am Anfang aller Zeiten reiste er um die Welt, vollendete die Aufgabe der Schöpfung und wurde der Wohltäter vieler Stämme, denen er sowohl Nahrung brachte als auch Geschenke wie die Sonne, den Mond und die Sterne. In dem Mythos von Kodiak Island (Arktis) (S. 129) ist davon die Rede, wie der Rabe dem Stamm das Licht brachte. Dieses Thema taucht in mehreren Versionen des Mythos auf, die bekannteste erzählt davon, wie der Rabe die Sonne stiehlt und in einer Kiste versteckt. Danach reist er um die Welt und öffnet die Kiste – die Kiste des Tageslichts – und gibt so den verschiedenen Weltgeistern und ihren physischen Formen Licht. In einigen Versionen dieses berühmten Mythos wird auch berichtet, daß die Federn des Raben vor der Befreiung des Lichts weiß waren. Erst die stufenweise Freisetzung des Lichts gab seinem Federkleid die rußschwarze Farbe.

Die Zuni-Legende (Südwesten) vom Spinnenturm (S. 132) ist ein gutes Beispiel dafür, wie sehr hier ebenso wie in anderen Regionen die Landschaftsformen – Berge, Hügel, Pfade und Seen – die Bildung von Mythen beeinflußten. Die Erzählungen erklären entweder die Entstehung ihrer geologischen Formationen oder beschreiben sie als Sitz übernatürlicher Kräfte. Der Spinnenturm zum Beispiel ist eine bekannte Stätte im Canyon de Chelly und spielt auch in der Mythologie der Navaho eine Rolle. Er ist der Wohnsitz der Spinnenfrau, die, angeregt durch ihr Spinnennetz, den Navaho das Weben beigebracht haben soll (siehe auch die Einleitung zum 2. Kapitel). Die Mythen der Navaho bieten ebenfalls Erklärungen für die bizarren Besonderheiten der zerklüfteten Landschaft des Südwestens, wie etwa den Schwarzen Felsen oder Cabezon Mountain. Dieses seltsame geologische Gebilde, vermutlich der verwitterte Kern eines erloschenen Vulkans, deutet die Mythologie der Navaho als Kopf eines riesigen Monsters, das von den Kriegsgöttern getötet wurde (siehe 4. Kapitel). Sie schlugen dem Monster den Kopf ab, der dann den Berg hinunterrollte, wo er bis zum heutigen Tag liegenblieb. Die Lavaströme des erloschenen Vulkans gelten als sein geronnenes Blut.

Zwei Monster, ein männliches und ein weibliches, die Jäger und Kinder töten, sind die Hauptfiguren des Mythos der Cherokee (S. 141). Diese Monster trugen steinerne Kleider und hatten scharf zugeschliffene Hände, mit denen sie die Gehirne der von dem weiblichen Monster gefangenen Kinder durchbohrten. Solche Geschichten, in denen Tiere in Steinkleidern vorkommen, spielen eine herausragende Rolle in der Mythologie der Cherokee. Eine Version erzählt von einem Steinmann, der einen riesigen Mantel

Zu Seite 118: Cherokee-Frauen beim Töpfern im Qualla-Reservat, North Carolina. Photo vermutlich von James Mooney, um 1900. Die Indianer des Südostens stellten ausgezeichnete Keramik her – Tassen, Töpfe und Krüge. Je nach Gebrauch hatten die Gefäße entweder einen flachen oder einen runden Boden. Man bediente sich der Drehtechnik und glättete, wie man hier sieht, die Oberfläche mit einem feuchten Leder oder Tuch.

aus Feuersteinsplittern trägt. Diesen Mantel hatte er sich gemacht, nachdem er einen Jäger beobachtet hatte, der das Wild mit einem Pfeil erlegte, der eine Spitze aus Feuerstein trug. Dieser Steinmann richtete große Verwüstung bei den Cherokee an, da menschliche Leber seine Lieblingsspeise war. Schließlich fing man ihn, und bevor er starb, lenkte er ein und lehrte die Cherokee Rituale, Lieder und Zeremonien, die ihre Bitten um Nahrung und Hilfe auf dem Kriegspfad unterstützen würden.

Die von den Cheyenne (Plains) überlieferte Geschichte des bösen Medizinmanns (S. 135) lenkt die Aufmerksamkeit auf eine wichtige Figur, die in den meisten Kulturkreisen eine Rolle spielt. Ob als Medizinmann, als Priester oder Schamane, in jedem Fall hatte sie die Aufgabe, die Harmonie zwischen dem Stamm und der Welt der Geister herzustellen und so den Jagderfolg, den Ernteertrag und die Abwendung von Krankheit und Leid zu gewährleisten. In der Cheyenne-Geschichte mißbraucht nun der Medizinmann diese Macht und wird von einem mystischen Büffelbullen bestraft.

Diese lange Geschichte spricht außerdem die Macht des Büffels sowie die Bedeutung des Adlers für die Indianer der Plains an. In den Gesellschaften der Plains verehrte man beide Tiere. Der Büffel sorgte für Nahrung, Kleidung und Unterkunft und erfüllte damit tatsächlich fast alle lebenswichtigen Bedürfnisse der Plains-Indianer. Er galt deshalb als direktes Geschenk von Wakan-Tanka.[8] Die allgemein bewunderten Eigenschaften des Adlers – seine Stärke, sein Mut und seine Schönheit, in Verbindung mit seiner Fähigkeit, sich über die Wolken und in das Reich des Großen Geistes zu erheben (der sich im Blau des Himmels manifestierte) – verliehen ihm mystische Qualitäten. Im rituellen Gebrauch seiner Federn als Krönungsinsignien und im Verlauf von Zeremonien glaubte man, den Geist des Adlers als Boten zwischen dem erdverhafteten Menschen und den Himmelsmächten einsetzen zu können.

Die Elster hingegen genoß (bei den Sioux) weit weniger Ansehen. So befiehlt der Nordwind – in der Legende, warum der Nordwind sein Geburtsrecht verlor (S. 142, zitiert nach Walker, S. 171–172) – der Elster, die Zeltstange eines mächtigen Zauberers zu beschmutzen. Dieser gerät darüber sehr in Zorn und veranlaßt, daß die Elster für immer ihr Nest beschmutzen und der Nordwind nach ihm benannt werden muß, nämlich: Waziyata.

Wie Licht, Feuer und Wasser entstanden

– Chippewa –

Vor langer Zeit gab es nur einen einzigen Ort, in dem man Licht sah, und das war das Tipi eines alten Häuptlings.

Dieser Häuptling hatte Licht, Feuer und Wasser. Alle anderen Indianer auf der ganzen Welt litten unter der Kälte und der Dunkelheit, und sie hatten kein Wasser.

Alle Indianer kamen nun zum Tipi des alten Häuptlings und baten um ein wenig Licht. Aber er gab ihnen keines. Da gingen die Indianer fort und erzählten es den wilden Tieren und baten sie um Hilfe.

Die Tiere und die Indianer vollführten einen großen Tanz um das Tipi des alten Häuptlings. Sie sangen Lieder, und alle baten um Licht. Jeder sang sein eigenes Lied.

Ein junger Fuchs sang immerzu: *«Khaih! Khaih!»*, das bedeutet «Licht». Er glaubte, daß sein Lied Licht bringen und damit den Menschen und den Tieren geholfen werde, denn er war so stark. Alle ihre Stimmen zusammen machten einen großen Lärm.

Schließlich konnte man einen blassen Schimmer im Osten sehen. Der alte Häuptling kam heraus und vertrieb das kleine Licht.

Dann rief der Fuchs *«Khaih! Khaih!»* noch lauter als zuvor. Die Menschen und die Tiere begannen von neuem. Sie riefen und riefen, daß das Licht kommen sollte.

Schließlich war wieder ein klein wenig Licht im Osten zu sehen. Der alte Häuptling hatte nicht geschlafen. Er war müde und sagte: «Ihr könnt so viel Licht haben, wie ihr wollt.»

Jetzt kommt das Licht jeden Morgen. Manche Tiere rufen immer noch nach Licht, bevor der Tag anbricht.

Ein junges Karibu sagte, daß es das Feuer vom Tipi des alten Häuptlings holen wollte. Die Indianer banden einen großen trockenen Ast an sein mächtiges Geweih. Das junge Karibu steckte seinen Kopf in das Zelt mit dem Feuer und versuchte, mit dem Ast die Kohlen zu erreichen, aber es gelang ihm nicht. Der weise Häuptling jagte das Tier davon.

Gah-gos-sha-de-bay, ein Chippewa der Mille-Lac-Gruppe und Enkel von Mesig-un, einem früheren Häuptling. Die Weißen nannten ihn Joe Broad. Photo von D. L. Gill, 1908. Der Mann trägt ein Hutband mit den Federn eines jungen Goldadlers (weiß mit braunen oder schwarzen Spitzen), was dem typischen Stil der frühen Kopfbedeckungen der Woodlands entsprach. Über der linken Schulter hat er eine prachtvolle Patronengurttasche mit Perlenstickereien im Blumenmuster.

Leben in einem Chippewa-Lager, photographiert vor 1929. Eine Frau trocknet Fisch auf einem Gestell über dem Feuer. Fisch gehörte zur Hauptnahrung der Chippewa. Die großen Fische wurden in Streifen geschnitten und getrocknet, bis sie hart waren. Dann wurden sie ohne Salz aufgeschichtet. Zum Essen wurden sie gekocht.

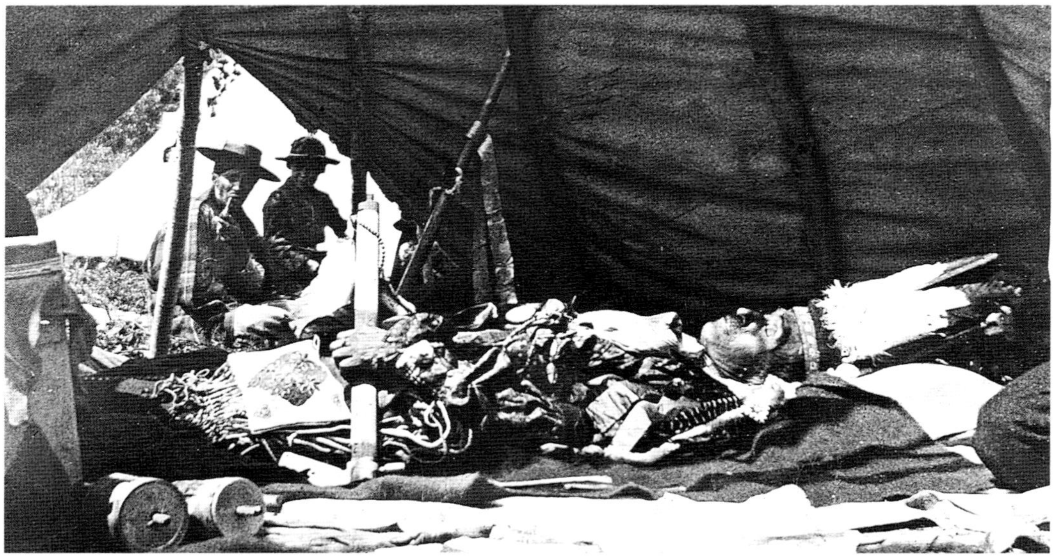

Der Chippewa-Häuptling Ne-gon-e-bin-ais oder «Flat Mouth» auf dem Totenbett. Photo von Frances Densmore, aufgenommen am 24. Juli 1907 in Leech Lake, Minnesota. Hier werden Teile der Zeremonie der Midewiwin-Gesellschaft durchgeführt. Die Mitglieder der Gesellschaft setzten sich einer nach dem anderen neben den toten Häuptling und rieten ihm, auf seiner Reise ins Land der Geister vorsichtig zu sein.

Doch während der alte Häuptling das junge Karibu zurücktrieb, kroch eine Bisamratte in das Tipi. Sie erreichte die wertvollen Feuerkohlen und steckte sich eine in ihren Mund. Sie rannte damit in den Wald zurück. Aber noch bevor sie ihren eigenen Bau erreichte, mußte sie die brennende Kohle fallenlassen. Sie fiel auf trockene Blätter und setzte den Wald in Brand. Man kann heute noch sehen, wo sich die Bisamratte verbrannt hat.

Nun hatte die ganze Welt Feuer, und seit die Bisamratte die erste Kohle fallengelassen hat, gab es stets genug davon.

Das Feuer ließ das Eis in den Flüssen und Seen schmelzen. Und das Licht zeigte jedem, wo man Wasser finden kann.

Der alte Häuptling wurde seit dieser Zeit nie mehr gesehen.

Wie der Kojote den Riesen tötet

– Flathead –

Der Kojote kam nach Ravalli. Dort traf er eine alte Frau, die ihr Lager in der Nähe des Ortes aufgeschlagen hatte, wo heute der Bahnhof von Ravalli ist. Die alte Frau sagte zum Kojoten: «Wohin gehst du?»

«Oh», sagte der Kojote. «Ich reise durch die ganze Welt.»

«Gut», sagte die alte Frau, «aber hier solltest du lieber wieder umkehren.»

«Warum soll ich hier umkehren?» fragte der Kojote.

«Weil in diesem Tal ein Riese wohnt, der jeden tötet, der hier durchgeht», erwiderte die alte Frau.

«Gut», sagte der Kojote, «dann werde ich mit ihm kämpfen und ihn töten.»

Damit begab er sich wieder auf den Weg. Er sah eine große Lärche, die am Hang wuchs, zog sie heraus, warf sie sich über die Schulter und ging weiter. «Mit diesem Baum werde ich den Riesen würgen. Das werde ich tun.»

Bald darauf sah er eine Frau, die im Sterben lag. «Was ist mit dir?» fragte der Kojote. «Bist du krank?»

Die Frau sagte: «Nein, ich bin nicht krank.»

Der Kojote sagte: «Ich werde den Riesen mit diesem großen Lärchenbaum würgen.»

Die Frau sagte: «Diesen Knüppel kannst du ebensogut wegwerfen. Weißt du nicht, daß du schon im Bauch des Riesen bist?»

Daraufhin warf der Kojote den Lärchenbaum auf den Abhang, wo er in der Nähe von Arlee, einem kleinen Bahnhof der Northern Pacific Railroad, heute noch zu sehen ist. Er blieb in dem Abhang stecken und wuchs. Das ganze Gebiet, das heute Jacko Valley heißt, war der Bauch des Riesen.

Der Kojote ging von dort aus weiter und sah eine Menge Leute herumliegen. Einige waren tot, und andere waren so gut wie tot. «Was ist los mit euch Leuten?» fragte er.

Angelic LaMoose, die Tochter von Joseph LaMoose, einem Indianer-Scout des Flathead-Reservats. Photo von H. T. Cory, September 1913. Das schöne, stark gefranste Kleid, das dieses zarte kleine Mädchen – die Enkelin eines Häuptlings – trägt, wurde von ihrer Mutter und ihr selbst geschneidert. Es zeigt den typischen Plateau-Stil mit einem schweren Cape und einem mit Perlen und Fransen besetzten Rock.

Flathead-Indianer vor einem Leinwand-Tipi nahe Jocko in West-Montana. Das Photo wird Major Moorhouse zugeschrieben und entstand vermutlich um 1900. Obwohl die Flathead ein Plateau-Stamm waren, wurden sie stark von den Plains-Indianern im Osten beeinflußt. Von ihnen übernahmen sie die Tipis – ihre traditionellen Behausungen waren zwar ebenfalls konisch, ließen sich aber nicht tragen. Das Tipi verwendeten sie auf ihren Jagdausflügen.

Tah-hetchet oder «Hand Shot Off», bei den Weißen als John Hill bekannt. Photographiert im Januar 1884 von J. K. Hillers. Tah-hetchet war 37 Jahre alt, als diese Aufnahme entstand. Man beachte das mit Perlen und Hermelinlederfransen besetzte Hemd, das stilistische Merkmale der Crow trägt.

Und alle sagten: «Wir verhungern.»

Der Kojote sagte: «Warum verhungert ihr? Hier gibt es doch viel zu essen, jede Menge Fleisch und Fett!»

Er schnitt aus den Seiten des Riesen Fettklumpen heraus und fütterte die Menschen damit, denen es daraufhin besser ging. Und dann sagte er: «So, ihr alle, macht euch bereit, um hinauszurennen. Ich werde dem Riesen ins Herz schneiden. Wenn ich anfange zu schneiden, müßt ihr alle hinaus in den O'Keef's Canyon oder rüber nach Ravalli laufen.»

Das Herz des Riesen war die runde Bergkette nördlich des Indianerbüros des Flathead-Reservats, und auf der Seite sieht man Zeichen, die auf den Ort hinweisen, an dem der Kojote mit seinem Steinmesser geschnitten hat.

Der Kojote fing an, dem Riesen mit seinem Steinmesser ins Herz zu schneiden. Kurz darauf sagte der Riese: «Bitte, Kojote, laß mich in Ruhe. Geh raus. Ich will nicht, daß du hier drin bleibst. Du kannst rausgehen.»

Aber der Kojote sagte: «Nein, ich will nicht rausgehen. Ich werde hierbleiben. Ich werde dich töten.»

Dann zerschnitt er das Herz des Riesen. Er schnitt es heraus, und dann rannte er hinaus. Der Riese starb, und seine Kieferladen schlossen sich langsam. Die Zecke war die letzte, die herauskam. Der Kiefer des Riesen schloß sich gerade über ihr, als der Kojote sie packte und herauszog.

«Tja», sagte der Kojote, «du wirst immer platt bleiben. Dagegen kann ich jetzt nichts machen. Du mußt platt bleiben.» Das ist der Grund, warum die Zecke so platt ist.

Flathead-Familie. Die Flathead wurden manchmal als «Binnen-Salish» bezeichnet, um sie von den Salish-Stämmen an der Nordwestküste zu unterscheiden. Photo von James P. Christie, Montana, zwischen 1890 und 1900. Das Mädchen trägt einen fein gearbeiteten, schweren Ledergürtel, der offenbar mit Perlen und Messingbeschlägen verziert ist. Die Decke, die der Mann am Körper hat, ist ein Tauschobjekt und stammt vermutlich von den Pendelton Mills weiter nördlich.

Eine Gruppe Eskimo-Kinder von der Insel St. Lawrence, photographiert 1888. Diese Insel ist Teil des Staates Alaska. Die Eskimos, die dort lebten, rechnete man zu den Asiaten, da ihre Kultur jener an der nahen sibirischen Küste entsprach. Die Kinder tragen die traditionelle Haartracht: Das Mädchen links hat das Haar lang, während die Köpfe der Jungen oben kahl rasiert sind. Ihre Kleidung besteht aus weich gegerbter Rentierhaut, deren wärmende Fellseite nach innen getragen wird.

Der Rabe

– Kodiak Island –

Früher gab es nicht überall Licht, so wie heute. Die segensreichen Einflüsse des Lichts wurden damals nur einem Dorf zuteil. Und auch dort hing es von der Laune des Häuptlings ab, der es eifersüchtig regelte und bewachte. Alle anderen Dörfer lebten in Dunkelheit, obwohl ihnen bewußt war, daß es in jenem einen Dorf Licht gab. Sie machten viele Versuche, in den Besitz des Lichts zu gelangen: Einige gaben nach einiger Anstrengung verzweifelt auf, andere waren weniger schnell entmutigt und hielten länger durch, erreichten aber auch nichts. Und es gab ein Dorf, daß sich dank des ausdauernden Charakters seines Häuptlings nie geschlagen gab und trotz der vergangenen Mißerfolge mit seinem Kampf fortfuhr.

Täglich versammelten sich dort die Leute im Dorfsaal, um die äußerst wichtige Frage des Lichts zu diskutieren. Es wurde beschlossen, daß sich Freiwillige melden sollten, die sich auf die Suche nach dem Licht machen wollten. Es wurde eine Belohnung ausgesetzt – ewiger Ruhm sowie die Hand der schönen Lieblingstochter des Häuptlings. Angesichts dieser Anreize mangelte es zunächst nicht an Freiwilligen, nachdem aber keiner von ihnen zurückkehrte, nicht einmal, um von seinem Mißerfolg zu erzählen, wurde die Liste immer kürzer. Und nach einiger Zeit vergingen Wochen, in denen sich kein einziger meldete. Was aus den eifrigen Suchern nach Licht geworden war, blieb ein Geheimnis. Man nahm allgemein an, daß einige vom Wege abgekommen waren und daß die anderen, nachdem sie das Land des Lichts erreicht hatten, die Aufgabe zu mühsam fanden und beschlossen, lieber für immer dort zu bleiben als ohne Licht wieder zurückzukehren.

Der Häuptling ließ sich davon jedoch nicht abschrecken und berief weiterhin Versammlungen ein und suchte regelmäßig nach Freiwilligen. Bei einem dieser Treffen war der Rabe anwesend. Er hörte allen Reden aufmerksam zu und hörte auch den Ruf des Häuptlings nach Freiwilligen. Als

Siedlung der Eskimos am Pazifik, vermutlich auf Kodiak Island. Das Photo entstand um 1900. Wie man hier sieht, lagen die Winterdörfer der Eskimos am Pazifik im allgemeinen hinter einer Landzunge oder einer geschützten Bucht. Man wohnte in halbunterirdischen Behausungen, die mit Stroh und Torf bedeckt waren (rechts) und mehreren Familien Platz boten. Die Konstruktion links wurde als Lager verwendet – man baute sie auf Pfählen, um die Lagerbestände vor den Tieren zu schützen.

eine längere Zeit vergangen war, ohne daß sich jemand gemeldet hatte, erhob er sich und sprach zu der Versammlung. Traurigerweise ging seine Rede in den Zeiten der Dunkelheit verloren, abgesehen von seinen letzten und denkwürdigen Worten: «Ich werde euch Licht bringen.» Daraufhin brach ein so schallendes Gelächter und höhnisches Gejohle aus, daß das Gebäude erzitterte. Der Häuptling, der während der Ansprache des Raben tief in Gedanken versunken war, wurde durch das einsetzende Gelächter aus seinen Träumen gerissen und fragte, was los sei. Spöttisch erzählte man ihm von der Rede und der Prahlerei des Raben. Obwohl er vielleicht ebensowenig an die Worte des Raben glauben mochte wie die anderen, war er doch ein zu weiser Mann, um eine Möglichkeit, Licht zu bekommen – das große Ziel seines Lebens – außer acht zu lassen, egal wie gering sie war. Statt in das Gelächter einzufallen, tadelte er seine Anhänger sanft und wandte sich dann selbst an den Raben. Er gratulierte ihm zu seinem edlen Entschluß, ermutigte ihn durchzuhalten und erinnerte ihn zum Schluß an den Preis, der ihn erwartete, wenn seine Bemühungen von Erfolg gekrönt sein sollten.

Damit endete die Versammlung. Der Rabe war zufrieden mit der Gegenwart und freute sich auf die Zukunft. Er flog nach Hause und machte sich für seine Expedition fertig. Fröhlich berichtete er seiner Großmutter, einer Frau, von den Ereignissen des Tages. «*Caw! Caw! Caw!* Großmutter, morgen breche ich auf und suche das Licht! Und wenn ich mit dem Licht wiederkehre, werde ich die schöne Tochter des Häuptlings heiraten und berühmt werden! Mach alles bereit, denn ich breche ganz früh am Morgen auf. *Caw! Caw! Caw!*»

«*Ai-Ai-Yah!*», rief die Großmutter. «Bessere als du haben das schon versucht und sind gescheitert. Wie willst du, ein Rabe, das Licht bekommen? Warum willst du heiraten? Wer wird jemanden wie dich heiraten? Du riechst zu streng!»

Das war zuviel für ihn. «Du alte Hexe!», schrie er wütend. «Wer hat dich nach deiner Meinung oder um Rat gefragt? Was geht dich mein Geruch an? Du wirst nicht mit mir schlafen. Ich werde dir eins auswischen und heiraten und obendrein die Tochter des Häuptlings! Auch wenn ich ein Rabe bin, werde ich tun, was ich verspreche, und du tust, was ich dir sage, oder es wird dir leid tun!»

Es tat ihr noch auf der Stelle leid, denn er stürzte sich mit seinen Krallen und seinem Schnabel auf sie, bis sie um Gnade bettelte und versprach, in Zukunft rücksichtsvoller zu sein.

Früh am nächsten Morgen verließ er das Dorf. Als er mehrere Tage im Dunkeln geflogen war, wurde es ein wenig heller. Je weiter er flog, desto heller wurde es; und als er das bewußte Dorf erreichte, war das Licht so stark, daß es ihn fast blendete. Es war ein helles und heiteres Dorf. Im Zentrum des Dorfes stand die große *Barrabara* des Häuptlings, wo das Licht verwahrt wurde. In der Nähe war eine Wasserquelle, und dort ließ sich der Rabe nieder und beobachtete die Frauen, wie sie kamen, um Wasser zu holen. Da er die Tochter des Häuptlings nicht sah, begann er sich zu wünschen, daß sie erscheinen solle. Einen Augenblick später sah er sie auf sich zukommen. Und als sie ein wenig Wasser schöpfte, murmelte er: «Ich wünschte, sie würde etwas davon trinken.» Die Worte waren kaum ausgesprochen, als sich die Häuptlingstochter hinabbeugte, um zu trinken. Augenblicklich verwandelte sich der Rabe in ein winziges Härchen. Und ohne daß es die Häuptlingstochter bemerkte, schluckte sie das Härchen mit dem Wasser hinunter.

Sie wurde schwanger und gebar nach der entsprechenden Zeit einen Sohn, einen Raben. Da er das erste Kind eines Einzelkindes war, wurde er verwöhnt und liebevoll umsorgt. Der Häuptling war ihm besonders zugetan und liebte ihn sogar mehr als seine Tochter. Allen seinen Wünschen wurde nachgegeben und entsprochen. Was immer er sah, danach verlangte er, und was immer er verlangte, mußte ihm gegeben werden. Wenn es ihm nicht sofort gegeben wurde, krähte er, weinte, wurde lästig, hackte und pickte, bis er es bekam. Auf diese Art kam er mit allem am Ort in Berührung, was möglicherweise das Licht enthalten könnte, außer mit drei kleinen Kästchen, die auf einem entfernten Regal standen. Eines Tages bemerkte er diese Kästchen und verlangte danach. Der Häuptling schlief, und da es niemand wagte, die Kästchen zu berühren, wurde sein Verlangen abgewiesen. Aber er mußte sie haben und begann ein solches Gekreische, Gekratze und Gehacke, daß der Häuptling erwachte. Dieser wartete nicht, um den Grund für die Störung zu erfahren, und rief ärgerlich: «Ach, gebt ihm alles, was er will, damit er still ist!» und legte sich wieder schlafen.

Man gab ihm die Kästchen, und er öffnete eines nach dem anderen. Im ersten war die Nacht; das zweite enthielt den Mond und die Sterne; und im dritten schien die Sonne. Er betrachtete die Kästchen eine Weile lang und stieß sie dann beiseite, als seien sie wertlos. Aber ein paar Tage später, als niemand da war, flog er auf das Regal, ergriff die beiden Kästchen, die das wertvolle Licht enthielten, und flog mit ihnen davon. Einige Leute draußen bemerkten ihn und erhoben ein Geschrei: «Ein Rabe ist aus der *Barrabara* geflogen mit zwei Schachteln im Mund!» Als der Häuptling seinen Verlust bemerkte, war der Rabe schon Meilen entfernt.

Er flog viele Tage lang, und jeden Tag wurde es dunkler und dunkler, bis er in völliger Dunkelheit war. Nach einigen Mühen kam er im Dorf an, ging zum Häuptling und verlangte, daß alle Bewohner zusammengerufen wurden. Als alle versammelt waren, sprach er sie an, gratulierte ihnen, erinnerte sie an das letzte Treffen und an die Versprechen, die gemacht worden waren, und schloß mit den Worten: «Ich habe euch Licht gebracht.» Im Beisein aller öffnete er ein Kästchen, und schon konnte man den Mond und die Sterne am Himmel sehen. Die Leute und der Häuptling wurden fast wild vor Freude; der Häuptling hielt sein Versprechen und schenkte ihm seine Lieblingstochter.

Am nächsten Tag rief der Rabe seinen Schwiegervater und fragte, was er ihm für ein noch besseres Licht als Mond und Sterne bieten würde. «Meine andere Tochter», antwortete der Häuptling. «Ruf die Leute zusammen, und du wirst es bekommen», sagte der Rabe. Wenn die Leute schon beim Anblick von Mond und Sternen wild vor Freude waren, kann man sich ihre Gefühle vorstellen, als sie zum ersten Mal die Sonne erblickten. Seit diesem denkwürdigen Tag erleuchten Sonne, Mond und Sterne die ganze Welt. Der Rabe heiratete die beiden Töchter des Häuptlings, mit denen er bis zum heutigen Tage glücklich ist.

Die Legende vom Spinnenturm

– Zuni –

Im Canyon des Toten Mannes – einer tiefen Schlucht neben dem einst bevölkerten Tal des Rio de Chelly in Arizona – steht eine kahle Bergspitze aus verwittertem Sandstein. Dieser Fels ragt steil 250 Meter in die Höhe. Vor Jahrhunderten wurde einmal ein Bewohner eines Höhlendorfes von Feinden überrascht, als er in dieser Gegend jagte, und wurde von ihnen in den Canyon getrieben. Während er davonrannte, schaute er vergeblich nach links und rechts, in der Hoffnung ein

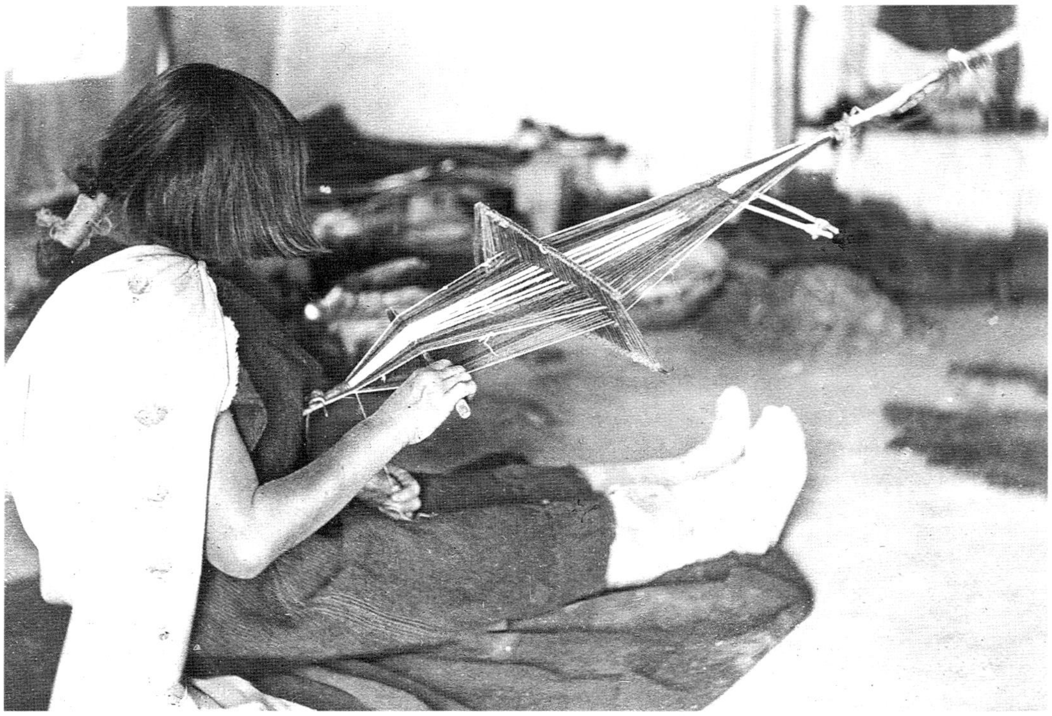

Zuni-Frau beim Weben eines Gürtels. Das Photo stammt von Christian Barthelmess, der 1882 bis 1887 in Fort Wingate und Fort Bayard in New Mexico stationiert war. Die Frauen saßen im allgemeinen bei ihrer Arbeit auf dem Boden und benutzten kleine Garnbällchen, die auf ein Stück Holz gebunden waren, oder einfache Spulen als Weberschiffchen. Den Gebrauch von Handwebstühlen lernten sie vermutlich von den Spaniern. Die Zuni übernahmen sogar die westeuropäische Handlitze.

Südseite des Zuni-Pueblo in New Mexico, 1879 photographiert von Hillers. Die Pueblos bestanden aus großen, oft massiven Bauten, manchmal aus Stein, meistens aber aus Adobe – großen luftgetrockneten Ziegeln aus Lehm und Stroh – wie man sie hier sieht. Über Leitern ließen sich die verschiedenen Ebenen leicht erreichen. Links sind Öfen in Bienenstockform zu sehen.

sicheres Versteck zu finden. Hilfe kam schließlich von unerwarteter Seite. Denn als er sich diesem riesigen Obelisken näherte und seine Kräfte nahezu erschöpft waren, sah er eine seidene Schnur, die von der Spitze herabhing. Hastig knotete er sich das Ende der Schnur um die Hüfte, damit es nicht in die Reichweite seiner Verfolger geriet, und kletterte hinauf, indem er seine Füße auf die Unebenheiten des Felsens setzte. Schritt für Schritt kam er vorwärts, bis er den Gipfel erreichte. Er blieb dort, trank den Tau und ernährte sich von Adlereiern, bis seine Feinde fortgingen. Denn sie konnten ihn mit ihren Pfeilen nicht erreichen, da er von den Felsspitzen gedeckt wurde. Nachdem seine Widersacher fort waren, kletterte er an der Schnur wieder hinunter, ging nach Hause und war in Sicherheit. Die Hilfe war von einer freundlichen Spinne gekommen, die von ihrem Sitz auf der Felsspitze aus die Notlage des Höhlenbewohners erkannt und einen extra dicken Faden gesponnen hatte. Das eine Ende befestigte sie an einer Felskerbe, das andere Ende fiel ihm vor die Hände. Denn wie alle anderen vom Stamm der Tiere mochte die Spinne die sanften Höhlenbewohner lieber als die unbarmherzigen Jäger. Daher stammt der Name Spinnenturm.

Ein Parfleche-*Beutel der Cheyenne mit einem Muster, das spätestens aus der ersten Hälfte des 19. Jahrhunderts stammt. Diese Taschen wurden aus Rohleder hergestellt. Man schnitt sie zu wie einen riesigen Umschlag, faltete sie dann und bemalte sie. Benutzt wurden sie zur Aufbewahrung von Nahrungsmitteln oder Kleidung.*

Gruppe von Süd-Cheyenne, aufgenommen von D. L. Gill beim Besuch einer Indianer-Delegation in Washington 1909. Hinten stehend von links nach rechts: Harvey Whiteshield, Joe Hamilton und Robert H. Burns. Sitzend von links nach rechts: Wolf Robe, Little Hand, Yellow Bear, White Eagle und Mower. Der Stamm der Cheyenne galt als stolz und tapfer, Eigenschaften, die in der kühnen Haltung der hier gezeigten Männer zum Ausdruck kommen.

Der böse Medizinmann

– Cheyenne –

Es war einmal ein großer, mächtiger Medizinmann, der Unrecht tat. Aber er hatte eine gute Tochter. Er lebte in einer Lehmhütte in der Nähe eines Geysirs. Mehrere junge Männer lebten mit ihm und gingen für ihn auf die Jagd. Überall in seiner Hütte hing getrocknetes Büffelfleisch. Als in einem nahen Dorf das Fleisch knapp war, schickte er seine jungen Männer aus, um die Dorfbewohner zu sich einzuladen. Dann veranstaltete er für alle ein Festessen. Danach befahl der große Mann den Leuten, sich zu verkleiden und vor ihm zu tanzen. Als der Tanz fast vorbei war, verkündete er, daß er sich nun einen jungen Mann zum Schwiegersohn aussuchen würde. Er wählte also einen aus, aber nach der Hochzeit schickte er die Dorfbewohner wieder fort. Er war böse und behandelte seinen Schwiegersohn schlecht. Jede Nacht machte er ein Feuer und schlief ganz nah bei Schwiegersohn und Tochter. Wenn sie sich bewegten, hob er seinen Kopf und sagte: «Bewegt euch nicht! Schlaft!» Wenn sie redeten oder auch nur flüsterten, brachte er sie zum Schweigen und befahl ihnen zu schlafen. Selbst wenn sie draußen waren und schlecht von ihm sprachen, wußte er davon, soviel Macht besaß er. Am ersten Morgen schickte er seinen Schwiegersohn hinaus, um Zweige für Pfeile abzuschneiden. Er sagte ihm, er solle glatte, gerade Stöcke mitbringen, andernfalls bräuchte er gar nicht wiederzukommen. Der junge Mann wanderte durch den Wald, fand aber nur rauhe Stöcke. Er war entmutigt und müde und weinte. Da rief ihn jemand und fragte, warum er weine. Der junge Mann berichtete von seiner Not. Daraufhin sagte ihm die Person, daß er Binsen in der richtigen Länge abschneiden solle. Also schnitt er so viele Binsen, wie er tragen konnte, und sie verwandelten sich in glatte Stöcke. Dann ging er weiter auf einen Berg und weinte wieder. Die Vögel hörten ihn und fragten, warum er weine. Er sagte, er könne keine Adlerfedern finden, die sein Schwiegervater für die Pfeile haben wollte. Daraufhin schüttelte sich der Adler, so daß so viele Federn herabfielen, wie er brauchte. Sein Schwiegervater hatte vier Männer, die Pfeile und Bogen schnitzen konnten, und diese begannen nun, die Pfeile für ihn zu machen. Dann gab er seinem Schwiegersohn den Auftrag, für die Pfeilhersteller Pflaumen zu holen. Es war schon fast Winter, darum gab es keine Früchte mehr, aber er befahl ihm, frische Pflaumen zu besorgen und keine verfaulten oder getrockneten anzubringen. Er wußte, daß das unmöglich war. Der junge Mann nahm einen Beutel, ging hinaus und weinte. Wieder fragte ihn jemand, warum er weine. Der junge Mann sagte, er weine, weil er für die Pfeilschnitzer seines Schwiegervaters Pflaumen besorgen müsse. Die Person sagte ihm, er solle zu einem Pflaumenbaum gehen, und dieser Baum würde sich schütteln, und es würden nur frische Pflaumen herabfallen. So geschah es auch. Als der Medizinmann sah, daß sein Schwiegersohn vollbeladen zurückkehrte, freute er sich und ging ihm entgegen. Sie schnitzten also die Pfeile und aßen Pflaumen. Am nächsten Morgen wollte der große Mann mit seinem Schwiegersohn Pfeilwerfen spielen. Sie spielten in der Nähe des Geysirs. Und dann schubste der Medizinmann seinen Schwiegersohn in den Geysir. Nur dessen Knochen tauchten wieder auf.

Dreimal hatte der große Mann einen Schwiegersohn ausgewählt, und dreimal hatte sich all dies ereignet. Seiner Tochter gefielen seine Taten nicht, aber auch wenn sie weit fortging, um dort ihren Mann vor der Gefahr zu warnen, konnte der große Mann durch den Wind oder die Erde hören, was sie sagte. Das vierte Mal erwählte er einen sehr tapferen jungen Mann zum Schwiegersohn. Er schickte ihn hinaus, einen ausgewachsenen Büffel vor sein Haus zu treiben, damit er ihn mit seinen neuen Pfeilen erschießen könne. Der Schwiegersohn ging weit fort und weinte. Sieben Büffel kamen, und einer fragte ihn, was er wolle. Der junge Mann erzählte es, aber die Büffel sagten, daß sie gegen den großen Mann nichts unternehmen könnten und schickten ihn in den Süden. Er ging weiter und traf vier Büffel, die ihn nach seinem Ansinnen fragten. Aber auch sie konnten nichts ausrichten und schickten ihn noch weiter in den Süden. Er ging weiter und traf auf zwei Büffel. Mit ihnen erging es ihm ebenso. Als er noch weiter nach Süden ging, wurde er so mutlos, daß er den Kopf sinken ließ. Und als er dann einen einzelnen Büffel traf, hielt er nicht einmal an, selbst als dieser ihn nach seinem Wunsch fragte. Schließlich drehte er sich doch um und erzählte seine Geschichte. Er hatte keine Hoffnung, denn den großen Mann konnte man nicht schneiden oder verbrennen oder überhaupt verwunden. «Er ist wie dieser Stein», sagte er und zeigte auf einen großen schwarzen Stein. Daraufhin sagte der Büffel: «Ich werde an diesem Stein ausprobieren, ob ich ihm nicht irgend etwas antun kann.»

Er wandte sich nach Osten und griff den Stein an, aber verletzte ihn nicht. Er griff von Süden an, von Westen und von Norden – alles vergebens. Das fünfte Mal ging er in den Nordosten, und diesmal brach ein Stück aus dem Stein heraus. Daraufhin sagte er dem jungen Mann, er solle ihn zum Haus seines Schwiegervaters treiben. Sie kamen dort an und sahen beide erschöpft aus. Der Büffel tat so, als versuche er auszureißen, und der junge Mann schien das verhindern zu wollen. Nach einer langen Jagd trieb er ihn schließlich vor die Tür seines Schwiegervaters. Der Medizinmann kam mit seinen neuen Pfeilen heraus und schoß auf den Büffel. Als die Pfeile auf den Büffel

Miovasu, eine Süd-Cheyenne-Frau und Tochter von Cross Feathers, photographiert von D. L. Gill, 1908. Als die Aufnahme entstand, war das Mädchen erst 15 Jahre alt. Sie trägt ein prächtiges Kleid aus Tuch, dessen Cape mit Elchzähnen verziert ist. Traditionsgemäß stellten die Cheyenne außergewöhnlich hohe Erwartungen an die Frauen, und obwohl es Polygamie gab, verabscheuten sie Untreue.

Die Marter des Sonnentanzes. Ein Cheyenne-Krieger zieht Büffelschädel mit Riemen, die an seinem Rücken angeheftet sind. Dieses Photo entstand ein paar Meilen östlich von Eagle City auf dem nördlichen Arm des WashitaRiver. Die Sonnentanz-Zeremonie wurde von den meisten Stämmen der Plains in verschiedener Form praktiziert. Dabei wurden viele mythologische Wesen und Mächte der indianischen Kosmologie heraufbeschworen.

Zu Seite 138/139: Eine Hütte im Qualla-Reservat der Cherokee in den Swain and Jackson Counties, North Carolina. Photo von James Mooney, 1888. Die Hütte gehörte Ayyuini oder «Schwimmer», der hinter der Frau steht.

zuflogen, wurden sie wieder zu Binsen und verletzten ihn nicht. Dem Medizinmann erschien es jedoch so, als bohrten sie sich in den Bullen und verschwänden darin. Der Büffel schwankte und wirkte halbtot. Daraufhin näherte sich ihm der Medizinmann. Der Bulle torkelte immer weiter, entfernte sich immer mehr vom Haus und lockte auf diese Weise den Medizinmann hinter sich her, damit er nicht entkommen konnte. Dann drehte er sich um, griff ihn an und schleuderte ihn in die Luft. Wenn der Mann herabfiel, warf er ihn wieder hoch, so daß der Medizinmann den Boden gar nicht berührte. Er warf ihn so lange herum, bis er völlig zerschlagen war und sich nicht mehr bewegen konnte. Dann trugen sie ihn in seine Hütte, bedeckten ihn mit Zweigen und Holz und zündeten das Ganze an. Die Flammen schlugen immer höher, aber sie hörten nur, wie der Medizinmann im Feuer fluchte und ihnen mit dem Tod drohte, wenn er herauskommen würde. Plötzlich knallte und explodierte es, und Perlen, Diamanten und wertvolle Steine flogen aus dem Feuer. Sie hatten Angst, sie anzufassen, denn sie fürchteten, daß der Mann dadurch wieder lebendig werden könnte, und warfen sie ins Feuer zurück. Aber die Weißen, zu denen einige der wertvollen Steine flogen, behielten sie und wurden dadurch reicher.

Die Stein-Schilde

– CHEROKEE –

In den alten Zeiten lebten unter den Cherokee zwei seltsame Wesen – Monster in Menschengestalt, die äußerlich wie Cherokee aussahen. Diese beiden Monster, ein Mann und eine Frau, lebten in einer Höhle. Man nannte sie *Nayunu'wi* (Steinschilde oder Steinjacken) oder *Uilata* (scharf, spitz), denn sie hatten scharfe, spitz zulaufende Hände.

Diese Monster töteten Kinder und manchmal Erwachsene. Da sie sich wie Cherokee kleideten und ihre Sprache sprachen, war es schwer, sie von normalen Menschen zu unterscheiden.

Der Mann tötete im allgemeinen Jäger und andere Personen, die allein und weit von zu Hause fort waren, indem er sie überfiel. Die Frau wandte Tricks an, um ihrer Opfer habhaft zu werden. Sie kam zu den Häusern und bot freundlich irgendwelche Dienste an, zum Beispiel die Kinder zu hüten oder ähnliches.

Sobald sie ein Kind in ihren Armen hatte, rannte sie mit ihm fort, bis sie außer Hörweite war, und durchbohrte mit ihrer Hand das Gehirn des Kindes. Dann entfernte sie die Leber aus dem Körper des Kindes und verschwand. Offenbar lebten die *Nayunu'wi* von den Lebern ihrer Opfer.

Die älteren Cherokee, die die verheerenden Taten dieser Monster schon lange nicht mehr ertragen konnten, hielten einen Rat, um zu besprechen, wie man die *Uilata* am besten töten konnte. Schließlich kam man zu dem Ergebnis, sie mit Pfeilen zu töten. Man wußte aber nicht, daß die *Uilata* in Stein gekleidet waren. Sobald die Leute eine Gelegenheit sahen, die Frau anzugreifen, schossen sie mit aller Gewalt ihre Pfeile auf sie ab, und waren dann sehr erstaunt, als sie sahen, daß die Pfeile überhaupt keine Wirkung hatten.

Da sagte ein Haubenvogel, der auf dem Zweig eines Baumes in der Nähe saß, zu den Kriegern: «Ins Herz, ins Herz!»

Die Cherokee schossen ihre Pfeile an die Stelle, wo sie das Herz vermuteten, aber sie hatten damit ebensowenig Erfolg wie zuvor.

Schließlich tauchte ein Eichelhäher auf und sagte zu den Kriegern: «In die Hand, in die Hand!»

Sie schossen das Monster in die Hand, und es fiel tot um. Im selben Augenblick, in dem es zu Boden fiel, zerbrach seine steinerne Jacke in Stücke. Die Leute sammelten die Teile auf und behielten sie als heilige Amulette, als Glücksbringer im Krieg, bei der Jagd und in der Liebe.

Das männliche Monster verschwand; der Überlieferung nach ging es nach Norden.

Bei den Cherokee gibt es auch eine Legende über fliegende Monster, die die Gestalt eines Falken haben. Diese fingen und töteten vor allem Kinder. Sie wurden von einem tapferen Mann getötet, dessen kleiner einziger Sohn von ihnen gefangen worden war. Er folgte ihnen in ihre Höhle, wo sie ihr Junges hatten und tötete es. Daraufhin verschwanden die alten Falken für immer.

Blue Jay – Der blaue Eichelhäher

– CHINOOK –

Eine boshafte Gottheit der Chinook und anderer Stämme des Westens ist Blue Jay, der blaue Eichelhäher. Er ist ein unruhiger Prahlhans, Ränkeschmied und Unglücksbringer. Er ist der einzige Clown der Götter und ständig selbst in Schwierigkeiten, wenn er nicht gerade anderen welche bereitet. Er hat die Gestalt eines Eichelhähers, die ihm von den übernatürlichen Menschen gegeben wurde, weil er bei einem Wettkampf im Bogenschießen gegen sie verloren hatte. Sie belegten ihn mit dem Fluch, daß sein Gesang in Zukunft als schlechtes Omen gelten würde. Blue Jay hat einen älteren Bruder, das Rotkehlchen, der ihm ständig Vorwürfe macht wegen seines schlechten Benehmens und seiner angeberischen Ausdrucksweise. Die Geschichte der vielen Tricks und Streiche, die Blue Jay nicht nur seinen Stammesbrüdern spielte, die seit langem darunter zu leiden hatten, sondern auch den Bewohnern der übernatürlichen Welt, muß an vielen Lagerfeuern der Indianer für gute Unterhaltung gesorgt haben. Selbst der sprichwörtliche Ernst des Roten Mannes geriet angesichts der komischen Abenteuer dieses amerikanischen Eulenspiegels ins Wanken.

Ayyuini oder «Schwimmer» (auch bekannt als Ayasta oder «Räuber» und Tsitsiwa oder «Vogel»). Das Photo wurde 1885 von dem Anthropologen James Mooney im Qualla-Reservat in North Carolina aufgenommen. Ayyuini war ein berühmter und sehr angesehener Medizinmann, sehr intelligent und in den heiligen Lehren der Cherokee gut bewandert. Er war einer von Mooneys wichtigsten Informanten und überließ ihm ein Notizbuch, in dem alle heiligen Formeln für Heilmittel in der von Sikwaya (Sequoyah) 1821 erfundenen Handschrift der Cherokee aufgezeichnet waren.

Dakota-Frau vor einem Tipi beim Kochen, aufgenommen von D. F. Barry. Auf Gestellen trocknen Mais und Fleisch-Streifen. Die Tipis sind offenbar aus Zeltleinwand. Dieses Material wurde seit 1880 von der Regierung gestellt. Die Büffel waren praktisch ausgerottet. Trotzdem sind mehrere große Felle, die vermutlich von Büffeln stammen, auf der Erde ausgebreitet, was der üblichen Art des Gerbens entsprach.

Wie der Nordwind sein Geburtsrecht verlor

– Sioux –

Die Windrichtungen zogen von Ort zu Ort über die ganze Welt, daher beauftragte der Wind die Vier Winde, die Richtungen zu kennzeichnen, damit jeder von ihnen wisse, wo er hingehöre. Er sagte ihnen, daß der Nordwind als ältester Wind die erste Richtung haben müsse, die am weitesten von der Sonne entfernt zu sein habe. Er befahl ihnen, bei jeder Richtung einen großen Steinhaufen zusammenzutragen, damit die Stelle für immer gekennzeichnet sei. Als die Vier Winde sich auf den Weg zum Rand der Welt machten, um dort die Richtungen zu markieren, begegneten sie dem Zauberer Wazi. Da der Nordwind mürrisch und ein Feigling war, nahm ihm der Zauberer das Recht des Ältesten und gab es dem Westwind. Dann zauberte er Wolken, so daß man die Sonne nicht sehen konnte, und führte die Winde zum Rand der Welt. Ein kleiner Vogel sagte ihnen, daß sie dort einen Steinhaufen aufschichten sollten. Das taten sie. Als die Sonne die Welt verließ, flog sie ganz nahe an ihnen vorbei. So erkannten sie, daß dies die Richtung des Westwindes war, und daß dies immer als die erste Richtung angesehen werden würde. Dann reisten die Vier Winde zusammen zu einem Ort, wo die Sonne am weitesten von ihnen entfernt war. Dort sahen sie das Tipi des Zauberers, und er lud sie ein, einzutreten. Sie gingen alle hinein bis auf den Nordwind. Der Nordwind sagte, daß sein Tipi dort stehen sollte, wo das des Zauberers sei und daß er Angst vor ihm hätte. Dann befahl er einer Elster, sich auf die Zeltstange des Tipis zu setzen und den Zauberer zu beschmutzen, sobald er durch die Türe trat. Als die Elster dies tat, sagte der Zauberer, daß sie deswegen ihr Nest für immer beschmutzen müsse. Seit dieser Zeit also beschmutzen die Elstern ihr Nest. Dann sagte er zum Nordwind, daß dieser für immer sein Bote sein solle, weil er der Elster befohlen hatte, so etwas Ungehöriges zu tun, und daß er, der Zauberer, im Namen der Richtung des Nordwindes an erster Stelle stehen werde. Darum heißt die Richtung des Nordwindes *Waziyata*.

Nabelschnurbehälter, vermutlich von den Sioux. Nach der Geburt wurde die Nabelschnur im allgemeinen in einem solchen hübsch verzierten Behälter aufbewahrt. Er wurde zuerst an der Wiege und später am Gürtel des Kindes befestigt. Die Eidechsenform beschwört die Kraft zum Überleben, die diesen Tieren eigen ist, und wurde mehr mit männlichen Kindern in Verbindung gebracht. Bei den Mädchen verwendete man Schildkrötenformen – ein Zeichen der Fruchtbarkeit.

Ein Lakota-Krieger auf dem Pferd, Perlenstickerei-Figur auf einer Pfeifentasche. Es handelt sich um eine typische Perlenstickerei der Teton-Sioux (Lakota) aus dem letzten Viertel des 19. Jahrhunderts. Der Kopfschmuck aus Adlerfedern ist besonders fein gearbeitet. Man beachte auch den für die Schlacht zusammengebundenen Schwanz und den Skalp am Zaumzeug des Pferdes.

Sechstes Kapitel

Mythologie und Sagen der Stammesbräuche

Viele Mythen, vor allem die komplexeren, formten ein grundlegendes Verhaltensmuster, das die Mitglieder einer Stammesgemeinschaft in gewisser Weise reglementierte. Zahlreiche Bestandteile der Zeremonien und Rituale galten oft als den Menschen in alter Zeit von den Göttern gegeben. Viele Zeremonien waren eigentlich nur eine Dramatisierung der Uranfänge oder anderer geheiligter Mythen, die sich auf Ereignisse aus dem Leben der Urahnen oder der Menschheit schlechthin bezogen. Die Mythen selbst, insbesondere die Ursprungsmythen, legten die Art der Kommunikation zwischen den Menschen und den natürlichen wie übernatürlichen Welten fest. Sie dienten nicht nur als ein Medium der Unterweisung, sondern bestimmten auch den Verhaltenskodex: Wer die verschiedenen, in den Zeremonien verlangten Verpflichtungen vernachlässigte, der riskierte, die Geister zu beleidigen.

Im Mittwinterfest der Irokesen begegnet uns eine Episode, die der einflußreichen Gesellschaft des Falschen Gesichts gilt. Deren Mitglieder erlangten angeblich besondere Fähigkeiten, wenn sie sich ihre phantastisch gestalteten Masken aufsetzten. Verschiedene Mythen berichten über die Entstehung dieser Gesellschaft. Unter anderem heißt es darin, ein Riese habe sich gegen den Schöpfer aufgelehnt und es sei zu einem Wettbewerb gekommen, bei dem ein Berg bewegt werden sollte. Während der Schöpfer ihn mit bemerkenswerter Leichtigkeit um ein Stückchen versetzte, schlug der Riese in einem unbeobachteten Moment mit seiner Nase gegen den Gipfel. Die Masken, die manche Mitglieder der Gesellschaft des Falschen Gesichts tragen, spielen auf dieses mythologische Ereignis an. Die Nase wird bei diesen Masken verdreht geschnitzt, daher der Name *«Old Broken Nose»* (alte gebrochene Nase). In der Legende verspricht nun der Riese, nachdem er seine Niederlage zugegeben hat, dem Schöpfer, als Heiler zu wirken: Daraus entwickelt sich eine wichtige Aufgabe der Gesellschaft des Falschen Gesichts.

Bei den Onondaga berichtet der Mythos vom Falschen Gesicht von Ereignissen, die sich nach der Erschaffung der Welt durch den Schöpfer zutrugen (S. 148). Dabei wird eine andere Version der Episode vom bewegten Berg erzählt. Der Riese ist dieses Mal bereits von vorneherein häßlich, mit einem roten, verzerrten Gesicht und einem schief nach oben verzogenen Mund. Doch die Übereinkunft zwischen Schöpfer und Riesen, der die Menschen heilen soll, wie auch die damit verbundenen Tänze im Langhaus des Falschen Gesichts, sind auch hier entscheidende Handlungsstränge.

Die Bedeutung des Büffels für die Plains-Stämme illustrieren die Mythen der Cheyenne und der Pawnee (S. 148 und S. 154). Besonders der Pawnee-Mythos zeigt die weitverbreiteten Zeremonien, mit deren Hilfe der Büffel gerufen wurde. Diese Zeremonien finden sich sowohl in den Kulturen der Plains wie in denen des Südwestens. Daß die Büffelherden – so etwa in dem Cheyenne-Mythos – aus einem Berg hervortreten, ist auch typisch für die Mythen anderer Algonkin-Stämme der Plains wie die Arapaho, Blackfoot und Cree. So gehört es in der alten und komplizierten Biberbündel-Zeremonie der Backfoot zu den wichtigen Pflichten des Bibermannes, die Rolle des Büffelrufers zu übernehmen. Ein Teil der Zeremonie bestand aus Gesängen von vier oder sieben Personen, die – wie in folgendem Beispiel – dem Büffel der Berge gewidmet waren:

> Während des Herbstes lebt der Büffel gern in den Bergen.
> Er steigt von den Bergen hinunter in die Ebenen,
> Die Berge sind seine Arzenei.
> (‹Beaver Medicine Song› der Piegan, nach McClintock, S. 82)

Das Büffel-Rufen war auch ein wichtiges Element der komplizierten *O-kee-pa*-Zeremonie der Mandan. Was mit denjenigen geschah, die versuchten, die Zeremonien zu stören, illustrieren die Possen des mythologischen Narren – oder *O-ke-hee-de* (Böser Geist), wie er auch genannt wird (S. 152, zitiert nach Bowers, S. 365). Der Darsteller des Betrügers versucht, den Ablauf der Büffeltänze zu unterbrechen, indem er zunächst unter den Zuschauern herumspringt und sich dann den Tänzern nähert. Catlin beschreibt ihn mit einem künstlichen Penis angetan: «von riesigen Ausmaßen, der beim Rennen hin- und herschwang und bis zu seinen Knien reichte» (Catlin 1967, S. 83). Dieser richtete sich auf, wenn der Betrüger sich den Frauen und Tänzern näherte, wurde dann aber plötzlich und auf dramatische Weise durch die Medizinpfeife des Zeremonienmeisters in seine Schranken gewiesen. Nachdem seine Macht nun dahinschwand, stürzten sich die Frauen auf den Betrüger, rissen ihm seine Gewänder und Insignien vom Leib und trieben ihn hinaus in die Prärie.

Den in der Plains-Kultur so verbreiteten Medizinbündelritus erwähnt der Pawnee-Mythos vom Heiligen Bündel (S. 166). Dabei wird auch auf den mythologischen Ursprung des Medizinbündels als Geschenk der höchsten Gottheit Ti-ra'-wa (Abkürzung von Tirawahat) verwiesen. Die wichtigsten Bündel betrachteten die Pawnee im allgemeinen als Besitz des ganzen Stammes. Sie enthielten, wie bei einigen anderen Stämmen der Plains, eine Reihe von Gegenständen, deren Heiligkeit auf den ihnen von den heiligen Wesen verliehenen Kräften gründete. Große Bedeutung in der Religion der Pawnee besaßen die Himmelsmächte. So glaubten sie etwa, daß deren Sternenbündel nach den Anweisungen des Morgen- und Abendsterns und anderer himmlischer Gestalten hergestellt worden seien. Diese Bündel enthielten nicht selten Meteoritenstücke, die man als Boten der Himmelsmächte ansah; sie wurden beim ersten Frühjahrsgewitter geöffnet und in jenen Zeremonien verwendet, in denen man den höheren Mächten für den erneuerten Kreislauf des irdischen Lebens dankte.

Der Lakota (Teton Sioux)-Tanz *Wiwanyang wacipi* (wörtlich: beim Tanzen zur Sonne schauen) und seine mythologischen Ursprünge sind ebenfalls in diesem Kapitel beschrieben (S. 160, zitiert nach Walker, S. 212–215). Wie in der Mythologie vieler anderer Völker spielte auch in den Mythen der nordamerikanischen Indianer die Sonne eine wichtige Rolle. So gab es bei den

Zu Seite 144: Der Weiße-Rehdecken-Tanz der Hupa-Indianer, die im Nordwesten Kaliforniens siedelten. Photo vom A. W. Erikson, um 1890/1900. Dies ist einer der drei wichtigsten jährlichen Tänze der Hupa und diente als Zeremonie sowohl der Welterneuerung als auch der Schaustellung des Wohlstands. Die Teilnehmer hielten – wie hier zu sehen – weiße oder andere seltsam geformte Rehdecken hoch erhoben an Stangen und trugen lange Obsidian-Klingen, die sie mit einem Stück Bocksleder umwickelt hatten. Die Beschäftigung mit Reichtum und Status, wie wir sie bei dem zur Sprachfamilie der Athapaskan zählenden Stamm der Hupa finden, hat unter den Indianern Kaliforniens kaum Parallelen.

Natchez (Südosten) die Vorstellung, das Universum sei von Geistern in menschlicher Gestalt erfüllt, die jedoch unterschiedlich große Kräfte besäßen. Aber «die mächtigste Gottheit von allen [war] eine Himmelsgottheit, die in der Sonne wohnte oder mit ihr verbunden war» (Swanton 1911, S. 174). Viele andere Stämme glaubten ähnliches, wenngleich es erhebliche Interpretationsunterschiede gab. So erklärte etwa der Lakota Red Bird, sein Volk kenne «eine geheimnisvolle Macht, die größer als alle anderen ist, und sie wird durch die Natur verkörpert, eine ihrer Erscheinungsformen ist die Sonne. [Deshalb] brachten wir der Sonne Opfer, und sie erhörte unsere Bitten» (Densmore, S. 86).

In der zweiten Hälfte des 19. Jahrhunderts zelebrierten die meisten Plains-Stämme den Sonnentanz auf die eine oder andere Weise. Normalerweise fand er im Sommer statt und dauerte bis zu acht Tagen. Unabhängig von seiner Form wurde er stets als ein erschöpfendes und herausforderndes Gottesurteil für die Hauptbeteiligten angesehen. Daneben diente die komplizierte Zeremonie dazu, den zerstreuten Stamm zu sammeln und verfolgte damit offensichtlich auch einen, für kurze Zeit, einigenden Zweck. Im Lakota-Sonnentanz opferte der Büßer dem *Wakan-Tanka* (in etwa: Großer Geist) das Äußerste, was er aufgrund seines Trainings und seiner Anlagen bieten konnte: die Fähigkeit, physischen Schmerz zu erdulden. Der Tanz galt als die Einlösung eines Gelübdes, das in Zeiten großer Angst, wie etwa auf dem Kriegspfad oder während einer Krankheit, gemacht worden war. Es sollte Gesundheit und Wohlstand sichern. Ein extremer Bestandteil des Rituals, der nur von den Engagiertesten vollzogen wurde, war das Durchstechen der Brust- oder Rückenmuskeln mit Holz- oder Knochennadeln. Die Nadeln wurden mit langen Riemen an den Pfahl in der Mitte des Sonnentanzkreises gebunden, den der Büßer dann umtanzte, um sie wieder herauszuziehen.

Die Falschen Gesichter

– Onondaga –

Nachdem Rawen Niyoh die Welt und seine Menschen erschaffen hatte, verließ er sie eine Zeitlang. Als er zurückkehrte, wanderte er eines Tages über ein offenes Feld, der Sonne hinterher, betrachtete sein Werk und untersuchte den Boden, auf dem seine Menschen wohnen sollten. Plötzlich erblickte er eine seltsame, langhaarige Gestalt, die in die entgegengesetzte Richtung ging. Das Gesicht dieser Person war rot und verdreht, der Mund war an der linken Seite nach oben gezogen.

«Wo bist du hergekommen?», fragte Rawen Niyoh den Fremden, worauf das Falsche Gesicht antwortete: «Ich bin der wahre Besitzer der Welt, ich war schon vor dir hier.»

Rawen Niyoh sagte: «Ich glaube, daß *ich* der Besitzer dieser Welt bin, weil ich sie geschaffen habe.»

«Das mag vielleicht stimmen», gab das Falsche Gesicht zu, «aber ich war schon lange hier und habe ein Anrecht darauf, und außerdem bin ich stärker als du.»

«Das mußt du mir beweisen!», verlangte Rawen Niyoh.

Das Falsche Gesicht schlug vor, daß sie sich in ein Tal begeben sollten, das in der Nähe zweier hoher Berge lag. Das Falsche Gesicht befahl einem Berg, näherzukommen, und der Berg rückte nah an sie heran. Rawen Niyoh war davon sehr überrascht und befahl seinerseits dem anderen Berg heranzurücken. Der Berg gehorchte, und nun waren beide Berge so nahe beisammen, daß Rawen und das Falsche Gesicht kaum Platz hatten, wieder aus dem Tal hinauszukommen.

Jeder war mit der Darstellung der Macht des anderen zufrieden, und Rawen Niyoh sagte: «Ich glaube, es ist nicht gut für dich, daß du von den Leuten gesehen wirst, die hier vorbeikommen, denn du bist so häßlich, daß alle dir folgen würden, um dich anzustarren.»

Ah k'on wa-rah (das Falsche Gesicht) war derselben Ansicht, wollte aber unbedingt, daß ihm erlaubt sei, die neuen Menschen zu seinen Enkeln zu erklären, und daß sie ihn Großvater nennen sollten. «Ich werde alles tun», sagte er, «um jede Krankheit von den neuen Menschen fernzuhalten, und ich bin in der Lage, sie vor Stürmen zu beschützen, indem ich die Winde dazu bringe, hoch in den Himmel zu fliegen.»

Rawen Niyoh erwiderte: «Ich bin sicher, daß du viel Macht hast, um den Leuten zu helfen, und du mußt diese Kraft behalten, solange sie leben. Wir machen einen Handel. Sie werden deine Enkel sein und du ihr Großvater. Sie müssen im Langhaus einen Tanz abhalten – den Tanz der Falschen Gesichter –, für immer. Jetzt machen wir diesen Handel, der so lange gilt, wie du und ich und die Leute und die Welt leben.»

Ah k'on wa-rah erwiderte: «Es ist gut. Und ich möchte, daß du weißt, daß ich bei meiner guten Arbeit mit den Leuten viel Hilfe erhalte. Von meinem Bruder, der schwarz ist und bei mir sein wird, und auch von meinem Cousin, der uns immer begleitet. Er ist zur Hälfte schwarz und zur Hälfte rot.»

Daraufhin trennten sich Rawen Niyoh und Ah k'on wa-rah, und Rawen sagte: «Ich gehe in Richtung Sonnenuntergang.» Und das Rote Falsche Gesicht sagte: «Ich gehe dorthin, wo die Sonne aufgeht.»

Aus dieser Geschichte läßt sich ersehen, daß sogar Rawen Niyoh nicht zu den Höchsten gehört. Seine Kraft ist der von Ah k'on wa-rah ebenbürtig, und beide können sich an jeden Platz der Welt begeben, wie es ihnen gefällt.

Die Büffelhüter

– Cheyenne –

Weit fort, in einem großen kreisförmigen Lager, war das Essen sehr knapp, und einige Leute waren verhungert. Eines Tages ging einer der alten Männer herum und fragte, ob die Leute zu einem großen See reisen wollten, wo es sehr viele Enten und Wild gab. Sie brachen die Zelte ab und bepackten die Hunde mit ihren Sachen. Zwei junge Männer wurden vorausgeschickt, aber sie kehrten mit der Nachricht zurück, daß sie keinerlei Wild gefunden hätten. Die Kinder schrien alle nach Essen, und das Unglück war sehr groß. Die Leute wählten zwei starke Männer aus, die fähig waren, vier Tage ohne Essen zu reisen, und sagten ihnen, daß sie auf jeden Fall etwas für den ganzen Stamm finden müßten und mit guten Nachrichten zurückkehren sollten.

Die jungen Männer brachen auf und reisten stetig zwei Tage lang, bis sie erschöpft waren und von Mitternacht bis zum Aufgehen des Morgensterns schliefen. Dann gingen sie weiter Richtung Norden. Schließlich kamen sie an einen großen Fluß, und dahinter sahen sie einen blauen Berg. Der Fluß war langsam, sanft und breit, und an beiden Ufern sandig, aber dahinter waren steile

Büffeltänzer der Cheyenne. Photo vermutlich von Edward S. Curtis, vor 1927. Die beiden Frauen tragen einen Büffel-Kopfschmuck. Er besteht aus dem Skalp und einem Teil der Mähne, an dem die Hörner befestigt sind. Der Büffel war ein hochangesehenes Tier. Er repräsentierte ein langes Leben. Ihm zu Ehren gab es zahlreiche Zeremonien, und viele Mythen ranken sich um seine Schöpfung.

Felsen, und direkt hinter den Felsen lag dieser Berg. Die beiden Späher packten sich ihre Kleider auf die Köpfe und stiegen in den Fluß. In der Mitte des Flusses fühlte einer von ihnen, wie ihn etwas umklammerte. Er schrie, daß ihn irgend etwas Starkes unter Wasser festhalte, und bat seinen Freund, seinen Eltern zu sagen, sie mögen nicht allzusehr um ihn weinen. Der andere durchquerte den Fluß sicher. Sein Freund rief ihn noch einmal, er möge zurückkommen und ihn zum Abschied berühren. Also ging er noch einmal zurück in den Fluß und berührte den Freund. Dann ging er wieder ans Ufer, wanderte umher und weinte den ganzen Tag.

Plötzlich tauchte oberhalb des Flusses ein Mann auf und fragte ihn, warum er weine und ob er irgend etwas für ihn tun könne. Der junge Mann erklärte, daß ein mächtiges Tier seinen Freund im Fluß umklammert hielt, und zeigte auf ihn. Der Fremde war stark, er trug einen rotgefärbten Wolfspelz auf dem Rücken und hatte Wolfsfell um den Hals und um die Hüfte geschlungen, so daß er fast wie ein Wolf aussah, und er hatte ein langes Messer bei sich. Er tauchte in den Fluß, und das Wasser bewegte sich und warf Wellen. Schließlich tauchte eine riesige Schlange mit schwarzen Hörnern auf, und er schnitt ihr die Kehle durch. Der Mann, den die Schlange umklammert hatte, war bereits kalt, und seine Beine waren steif, aber die beiden anderen Männer zogen ihn heraus, schwammen mit ihm ans Ufer und legten ihn in die Sonne. Der Retter sagte zu dem anderen jungen Mann: «Geh zu dem Berg, zu der Türe aus Stein, und sage meiner Frau, daß

Das Tipi von Issiwun, *dem Heiligen Büffel-Hut der Nord-Cheyenne, aufgenommen von James Mooney um 1906. Nach Aussage des Cheyenne-Historikers Pater Peter Powell handelt es sich bei dem Objekt, das an der Stange über dem heiligen Tipi hängt, um* Nimhoya, «The Turner» *(Der Wender): eine rot bemalte Scheibe aus Rohleder, die mit Büffelschwänzen besetzt ist. Sie wurde deshalb so genannt, weil dieses heilige Objekt sowohl Tod als auch Krankheit vom Lager der Cheyenne abwenden konnte.* Issiwun *war (und ist immer noch) ein wichtiges Symbol und die Quelle der weiblichen Erneuerungskraft. Zusammen mit den* Mahuts *oder «vier heiligen Pfeilen» gehören diese heiligen Gegenstände zu der reichen Stammesmythologie der Cheyenne.*

ich das Tier getötet habe, hinter dem ich so lange her war.» Der junge Mann rannte zum Fuß des Berges, stand vor einer flachen Türe aus Stein und rief, was ihm aufgetragen war. Er sagte der Frau, daß sie ein Seil mitnehmen solle. Die alte Frau war froh, daß das Tier endlich getötet worden war. Der junge Mann rannte zurück, und der Mann im Wolfspelz wies ihn an, ihm beim Schlachten der Schlange zu helfen. Danach würden sie seinen Freund in sein Haus tragen. Sie zogen die Schlange an ihren Hörnern ans Ufer und teilten sie erst in zwei und dann in viele kleinere Stücke. Immer wieder gingen sie zum Berg und trugen das Fleisch hin.

Im Innern des Berges sah es aus wie in einem Tipi, mit Zeltstangen und Betten und dergleichen mehr. Dann trug der junge Mann seinen Freund in den Berg, indem er ihn auf den Rücken nahm und seine Hände festhielt. Die Frau machte eine Schwitzhütte, und dort wurde er hineingesteckt. Die Frau sagte ihm, er solle versuchen, sich zu bewegen. Als sie das zweite Mal Wasser auf die heißen Steine gossen, bewegte er sich ein wenig, beim dritten Mal etwas mehr, und nach dem vierten Mal war er wieder ganz gesund. Dann gingen sie in den Berg, und der Mann beauftragte seine Tochter, Essen zu kochen – Mais und Büffelfleisch. Dies war das erste Mal, daß die jungen Männer die Tochter gesehen hatten, die sehr hübsch war. Sie aßen alles auf, was sie bekamen und waren sehr zufrieden. Danach fragte die Frau, warum sie gekommen seien. Sie erzählten ihr, daß sie auf der Suche nach Wild für ihr hungerndes Volk seien. Die Frau sagte: «Gut, ihr werdet etwas für euren Stamm bekommen.» Dann fragte sie die beiden, welche Beziehung sie zu dem Mädchen haben wollten, ob sie ihre Brüder sein wollten. Während sie berieten, sagte die Frau, daß sie sie auch heiraten könnten. Der eine junge Mann schlug dem, der von der Schlange festgehalten worden war, vor, daß dieser sie heiraten sollte, und der war einverstanden. Sie waren einander alle sehr dankbar, und der junge Mann heiratete das Mädchen. Die Frau beauftragte ihre Tochter, die beiden jungen Männer zu der Büffelherde zu bringen. Das Mädchen zeigte ihnen große Büffelherden und auf der anderen Seite riesige Maisfelder. Dann sagte die Frau, sie sollten den Fluß an derselben Stelle überqueren wie zuvor und nicht zurückschauen und auf ihrem Heimweg viermal Rast machen.

So reisten sie vier Tage lang. Dann schrie ein alter Mann durch das Dorf, daß sie kämen. Alle ihre Verwandten und viele andere kamen herbei, aber als sie sahen, daß da drei Personen waren, blieben sie etwas zurück. Sie gingen in ein Zelt, und der neue Ehemann sagte zu einem alten Mann, er möge dem Volk verkünden, herzukommen und seiner Frau die Hand zu schütteln und sie zu umarmen. So geschah es. Dann sagte der junge Mann, daß er gute Neuigkeiten habe, daß noch in dieser Nacht die Herde seiner Frau vom Berg käme. In der Nacht kamen lange Kolonnen von Büffeln, und die Leute hörten sie auf allen Seiten. Früh am Morgen sah man Büffel, so weit man blicken konnte. Es wurde bekanntgegeben, daß die Hunde das Wild nicht stören durften. Danach begann die Jagd. Die Büffel rannten weg, wenn sie verfolgt wurden, aber sie kamen immer wieder zurück. Es wurden so viele getötet, wie gebraucht wurden, und es gab Fleisch im Überfluß. Die Häuptlinge versammelten sich und stellten fest, daß sie dem Mädchen für ihre Freundlichkeit dankbar waren, und beschlossen, daß jede Familie ihr ein Geschenk geben sollte, und zwar das beste, was sie hatten. Sie baten sie, die Geschenke ihren Eltern zu bringen. Alle gaben ihr etwas, und dann brach sie mit ihrem Ehemann und dessen Freund zu ihren Eltern auf.

Als sie beim Berg ankamen, stand ihr Vater dort und rief seine Frau, herauszukommen, da ihr Schwiegersohn zurückgekommen sei. Die Frau umarmte die beiden jungen Männer aus Freude und Dankbarkeit. Als die jungen Leute wieder zum Stamm zurückkehrten, wurde dort noch immer erfolgreich gejagt, und sie bekamen wieder Geschenke für die Eltern des Mädchens. Als sie zum zweiten Mal Geschenke brachten, war der Vater sogar noch dankbarer und bat seine Tochter, dem Stamm ein paar Maiskolben zu bringen. Aber seine Tochter fand, daß der Stamm genug an den Büffeln hatte, und blieb still. Als ihre Eltern sie fragten, warum sie nicht antwortete, nannte sie ihnen den Grund. Ihre Eltern warnten sie, nicht mit jedem Büffel Mitleid zu haben, der vor ihren Augen getötet werde. Dann kehrten sie wieder ins Dorf zurück. Bald darauf zerrten Kinder ein junges Kalb durch das Dorf, und die Jungen schossen darauf, und es starb vor dem Zelt der jungen Frau. Als sie herauskam, sagte sie zu sich selbst, daß sie mit dem Tier mitleide. Doch kaum daß sie es ausgesprochen hatte, rannte die Herde zurück zum Berg, und man sah nichts weiter als Staub. Ein Ausrufer ging umher und sagte, daß man dem alten Mann im Berg wieder Geschenke schicken müßte. Nach einem Gebet und mit Glückwünschen brachen die zwei jungen Männer und das Mädchen wieder zum Berg auf. Nach vier Tagen kamen sie an. Sofort sagte der alte Mann zu seiner Tochter, daß sie hätte aufpassen sollen. Und er ließ sie nicht zum Stamm zurückkehren. Die Eltern der jungen Männer und ihre Verwandten wurden einsam in der langen Abwesenheit und gingen allein hinaus, um zu weinen. Aber die jungen Männer kehrten niemals zurück.

Eine Medizinhütte der Mandan. Die typische Behausung der Mandan war eine runde Hütte, die mit Erde bedeckt war. Die Medizinhütte erkennt man an ihrer flachen Vorderseite, die einer eher archaischen Bauweise entlehnt ist. Die Erdhütten wurden rund um einen Dorfplatz angeordnet, in dessen Mitte ein Zedernholzpfahl stand, der von einem kleinen Zaun umgeben war. Der Pfosten repräsentierte die freundliche Mythenfigur «First Man» (erster Mensch), von dem gesagt wurde, er habe alles erschaffen. Auf diesem Dorfplatz fand die O-kee-pa-Zeremonie statt, bei welcher der Narr (Foolish One) *seine bizarren Possen vorführte.*

O-kee-pa-Zeremonie: der Narr

– Mandan –

In einem Dorf lebte einmal eine Frau, die noch nie mit jungen Männern zu tun gehabt hatte. Als sie mit anderen Frauen vom Feld zurückkam, streifte sie einen Klettenbaum, und die Kletten klebten an ihrem Kleid. Sie ging in die Hütte, um das Kleid auszuziehen und die Kletten zu entfernen. In der Hütte war es dunkel, daher stellte sie sich unter die Öffnung, aus der der Rauch hinausstieg. Plötzlich sah sie einen Schatten beim Rauchfang und versteckte sich. Kurze Zeit darauf hörte sie in ihrem Inneren jemanden singen, und sie starb fast daran. In der Nacht brachte sie ein Kind zur Welt, und sobald es geboren war, verschwand das Singen. Sie rief die ganze Familie zusammen, und man machte ein großes Feuer. Das Kind war schwarz. Es sprang immer auf und ab, und niemand konnte etwas mit ihm anfangen.

Der Sohn wuchs sehr schnell und hielt nie still. Immerzu rannte und hüpfte er herum. Eines Tages schnitzte sein Großvater Pfeile und verzierte sie mit den Federn von den Flügeln eines gesprenkelten Adlers. Dem Jungen gefielen die Pfeile, und er wollte sie in einem Köcher über der Schulter tragen. Er nahm sie und ging hinaus. Dies war das erste Mal, daß er die Lehmhütte verließ, da die Leute Angst hatten, er könne weglaufen. Als er vor der Hütte war, rannte er herum, machte große Sprünge, sauste die Lehmhütten entlang und flitzte umher, sehr zur Unterhaltung der Leute.

Aber der kleine Junge rannte hinaus auf die Hügel und tötete dort die heiligen Schlangen und viele andere heilige Dinge. Er tötete sogar die bösen Frauen, die in der Erde lebten und im Dunkeln herauskrochen, um die Männer von ihren Ehefrauen fortzulocken. Er wollte sich von den heiligen Dingen nicht fernhalten. Schließlich versammelten sich alle Geister der heiligen Dinge und beschlossen, daß er getötet werden müsse.

Eines Tages herrschte dicker Nebel, den die Geister der heiligen Dinge geschickt hatten. Als es aufklarte, war der Narr nicht zu finden. Nach kurzer Zeit kam sein Vater und suchte nach ihm.

Sein Vater muß die Sonne gewesen sein oder in der Sonne gelebt haben. Er fand seinen Sohn tot und wurde sehr böse. Alle Leute im Dorf hatten ihn gern gehabt, obwohl er so närrisch war. Der Vater war also sehr böse und verlangte nach Lone Man, der seinen Sohn getötet hatte. Alle Geister, die mitgeholfen hatten, den kleinen Narren zu töten, hatten Angst vor dem Geist der Sonne und versteckten sich in einem Loch auf dem Gipfel der Killdeer Mountains. Zu jener Zeit waren die Berge fest. Der Geist der Sonne schlug den Berg mit seinem Schläger und brach ihn in zwei Teile, so daß es heute zwei Teile gibt, den Kopf und den Körper.

Der große Narr fragte Lone Man, was mit dem kleinen Kerl geschehen solle. Sie kamen zu einem großen Felsen, und Lone Man zersplitterte ihn mit seiner Lanze. Sie steckten den Jungen in den Felsen und setzten den Felsen wieder zusammen. Dieser Felsen befindet sich in der Nähe eines unserer Lager am Heart River. Der große Narr ging zurück zur Sonne und kehrte niemals zurück. Viele verehren ihn noch immer als einen großen Geist, und an einem der Tage des Tanzes gehört er zur *O-kee-pa*-Zeremonie, denn er lebte hier auf der Erde, als Lone Man hier war.

Eagle Woman, eine Mandan-Frau, bei der Applikation von Federkielen auf Wildleder. Ihre Tochter ist eine halbe Hidatsa. Mit diesem Stamm waren die Mandan zu dieser Zeit (um 1900) eng verbunden. Sowohl die Mandan als auch die Hidatsa lebten in demselben Reservat, in Fort Berthold, North Dakota. Die große Scheibe, an der Eagle Woman arbeitet, ist wahrscheinlich die Vorstufe einer Decke. Kleinere Handarbeiten wie beispielsweise Bänder für Hemden oder Hosen waren sicher einfacher und schneller herzustellen.

Eine spätere Aufnahme (1871) von Petalesharro. Nach Aussage von Garland Blame (dem Erbfolge-Oberhäuptling der Pawnee 1976) war dieser Mann Oberhäuptling aller Pawnee und Dörfer und kam aus der Chaui-Gruppe. Der Photograph, W. H. Jackson, berichtet, daß er als guter Redner galt und eine würdevolle Haltung zeigte. Hier trägt er einen beeindruckenden mit Adlerfedern verzierten Kopfschmuck sowie perlengeschmückte Hosen und Strumpfbänder. In der linken Hand hält er einen Pfeifentomahawk mit einem Herz auf der Klinge.

Der Mann, der die Büffel rief

– Pawnee –

Dies geschah in den alten Zeiten, bevor wir die Weißen getroffen hatten. Damals lebten die verschiedenen Gruppen in getrennten Dörfern. Die Häuser wurden aus Lehm gemacht. Die *Kitka-hahk'-i*-Gruppe ging im Winter auf die Jagd und streifte wie immer auf der Suche nach Büffeln durch das Land. Aber diesmal gab es keine Büffel in der Nähe. Sie schickten Späher in alle Richtungen, fanden aber keinerlei Zeichen von ihnen. Es war eine schwere Zeit des Hungers. Die Kinder weinten, und die Frauen weinten. Sie hatten gar nichts zu essen.

Es gab einen Mann, der die weinenden Kinder sah, die nach Essen verlangten. Und das rührte sein Herz. Die Kinder waren sehr arm und taten ihm leid. Er sagte zu dem Oberhäuptling: «Sage den Häuptlingen und allen anderen Anführern, daß sie tun sollen, was ich sage. Mein Herz tut weh, wenn ich das Leid des Volkes sehe. Es kann sein, daß ich ihnen helfen kann. Laß außerhalb des Dorfes eine neue Hütte bauen, in der wir uns treffen. Ich werde sehen, ob ich irgend etwas tun kann, was dem Stamm hilft.» Der Häuptling sagte, es sei eine gute Idee und gab die entsprechenden Befehle.

Während die Leute den Bau der Hütte vorbereiteten, fehlte der Mann in der Nacht. Er verschwand wie der Wind und zog weit fort. Und als der Tag anbrach, war er wieder da. Manchmal, wenn er tagsüber in seiner eigenen Hütte saß, griff er hinter sich und holte ein kleines Stück Büffelfleisch hervor, halb fett und halb mager, und gab es jemandem, wobei er sagte: «Wenn du genug gegessen hast, heb den Rest auf und gib ihn jemand anderem.» Wenn er das kleine Stück Fleisch jemandem gegeben hatte, dachte dieser: «Das ist nicht einmal genug, um meinen Hunger zu stillen.» Aber nachdem er sich satt gegessen hatte, war immer noch genug übrig, um es weiterzugeben.

In jenen Tagen war es für den Oberhäuptling eines Stammes Brauch, hin und wieder auf sein Pferd zu steigen und im Dorf umherzureiten, mit den Leuten zu sprechen, ihnen gute Ratschläge zu geben und ihnen zu sagen, daß sie miteinander richtig umgehen sollten. Diesmal sprach der Häuptling mit den Leuten und erklärte, daß jener Mann versuchen wolle, dem Stamm zu helfen. Daher machten ihm die Leute viele schöne Geschenke, Otternhäute und Adlerfedern, und als sie ihm die Dinge brachten, sagte ein jeder: «Ich gebe dir dies. Es ist für dich. Versuche, uns zu helfen.» Er dankte ihnen für die Geschenke, und als sie sich alle versammelt hatten, sagte er: «Ihr Häuptlinge und Anführer der Stämme und ihr Leute, ihr habt gut daran getan, mir diese Dinge zu geben. Ich werde sie demjenigen weitergeben, der mir diese Kraft gibt und der Mitleid mit mir hat. Ich werde euch noch vier Tage hungern lassen. Dann wird Hilfe kommen.»

Während dieser vier Tage verschwand er jeden Tag und jede Nacht, kehrte aber immer in derselben Nacht wieder zurück. Er erzählte den Leuten, daß er weit fort gewesen sei, an einem

Blick auf ein Indianerdorf der Pawnee, aufgenommen 1871 in Nebraska. Eine große Menschenmenge sitzt auf den Dächern der Erdhütten, wahrscheinlich um der Zeremonie beizuwohnen, die auf dem Dorfplatz stattfindet. Die Zeremonien der Pawnee beschäftigten sich vor allem mit Himmelskörpern und kosmischen Kräften.

Eine Erdhütte der Pawnee in Loup Fork Village, Nebraska. Das Photo wurde 1871 von W. H. Jackson aufgenommen. In solchen Erdhütten wohnten im allgemeinen mehrere Familien. Die Pawnee waren wie die meisten Stämme am Missouri Halbnomaden und benutzten Tipis nur bei bestimmten Gelegenheiten wie etwa bei Jagdausflügen. Am Eingang der Erdhütte lehnen die langen Tipistangen.

Die Frau des Pawnee-Indianers Coming Sun, aufgenommen vermutlich auf der Weltausstellung von St. Louis, Missouri, 1904. Coming Sun oder Saku-ru Ta war vor allem unter dem Namen James Murie bekannt. Seine Mutter war eine Skidi-Pawnee und sein Vater ein Weißer. Die Familie Murie war sehr an der Kosmologie und Mythologie der Pawnee interessiert und trug eine Menge zur wissenschaftlichen Literatur bei. Mrs. Murie ist hier abgelichtet in einem schönen Wildlederkleid, das Cape schmücken viele Fransen und die sehr begehrten Elchzähne.

Ort, zu dem die Reise eigentlich drei oder vier Tage dauern würde, aber er war immer in derselben Nacht wieder zurück. Als er in der vierten Nacht zurückkam, sagte er den Leuten, daß die Büffel in der Nähe seien und daß sie am nächsten Morgen schon ganz nah sein würden. Er ging auf einen Hügel in der Nähe des Lagers und opferte ein paar Adlerfedern und ein paar blaue Perlen und etwas indianischen Tabak und kam dann wieder ins Lager zurück. Dann sagte er zu den Leuten: «Wenn das Tier an diesen Opferplatz kommt, mischt euch nicht ein, verjagt es nicht. Laßt es vorübergehen. Schaut nur genau zu, und ihr werdet schon sehen.»

Am nächsten Morgen bei Tageslicht kamen alle Leute aus ihren Hütten, um den Hügel zu beobachten und den Ort, wo er geopfert hatte. Und dann sahen sie einen großen Büffel über den Hügel an die Stelle kommen. Er blieb dort eine kurze Zeit stehen, schaute umher und spazierte dann den Hügel hinunter und galoppierte am Dorf vorbei davon. Daraufhin sprach der Mann zu den Leuten: «Dort. Das habe ich gemeint. Das ist der Leitbulle der Büffel. Wo er hingeht, dorthin folgt ihm die ganze Herde.»

Er schickte seinen Diener zu den Häuptlingen, um ihnen zu sagen, daß sie vier Jungen auswählen und sie auf den Gipfel des Hügels gehen lassen sollten, über den der Bulle gekommen war, um auf die andere Seite hinunterzuschauen. Die Jungen wurden ausgesandt und rannten zum Gipfel. Sie schauten auf die andere Seite, blieben stehen, drehten sich um und rannten wieder herunter. Sie gingen zur Hütte des Häuptlings und sagten zu den Häuptlingen, die dort saßen: «Hinter dem Opferplatz kommt eine ganze Büffelherde: viele, viele Büffel, die sich gegenseitig drängeln und schubsen.»

Sobald die jungen Männer dem Häuptling erzählt hatten, daß die Büffel kämen, ritt der Häuptling, wie es in den alten Zeiten Brauch war, durch das Dorf und sagte jedem, daß er sich zur Jagd bereit machen solle. Außerdem sagte er noch: «Laßt nichts liegen, wenn ihr einen Büffel erlegt habt. Bringt nicht nur das Fleisch und das Fell ins Lager, sondern auch den Kopf und die Beine und alle Teile. Bringt zuerst die besten Stücke und gebt sie bei der neuen Hütte ab, damit wir dort ein Festessen veranstalten können.» Denn das hatte der Mann so bestimmt.

Schon kamen die Büffel über den Hügel, und die Leute waren bereit, umzingelten sie und töteten so viele, wie sie konnten, und brachten sie nach Hause. Alle Männer gaben die Rippen und die jungen Büffel bei der Hütte ab und ließen sie dort. Die anderen Stücke brachten sie ins Dorf, wie man es ihnen gesagt hatte. Als sie das Fleisch heimgebracht hatten, gingen sie zur neuen Hütte und blieben vier Tage und vier Nächte dort und feierten ein großes Fest mit den gerösteten Büffelrippen. Der Mann sagte ihnen, daß sie die Herde viermal umzingeln würden, damit sie so viel Fleisch bekämen, wie sie könnten. «Aber», sagte er, «wenn ihr die Büffel einkreist, müßt ihr

dafür sorgen, daß alles Fleisch gesammelt wird. Ti-ra'-wa will nicht, daß die Menschen die Büffel verschwenden, und darum rate ich euch, alles, was ihr tötet, auch gut zu gebrauchen.» Während der vier Nächte des Festes verschwand der Mann jedesmal in der Nacht.

In der Nacht des vierten Tages sagte er zu den Leuten: «Morgen kommen die Büffel wieder, und ihr werdet sie wieder einkreisen. Aber achtet darauf, daß ihr nicht das gelbe Kalb – ein ganz kleines – tötet, das ihr in der Herde sehen werdet, und auch nicht seine Mutter.» Das Ganze spielte sich im Winter ab, und trotzdem hatte das Kalb dieselbe Farbe wie im Frühling. Sie kreisten die Herde ein und ließen das gelbe Kalb und seine Mutter laufen.

Viele Männer des Stammes erkannten, daß dieser Mann ein großer Mann war und große Dinge für den Stamm getan hatte. Darum brachten sie ihm viele Geschenke und gaben ihm die besten Pferde, die sie hatten. Er dankte ihnen, aber er wollte die Geschenke nicht annehmen. Der Stamm

Kithkhahki oder Republikanische Pawnee-Gruppe, aufgenommen von William H. Jackson 1868/69 oder 1871. Von links nach rechts: Te-rar-a-west oder «Stopped with Horses», *La-shara-chi-eks oder* «Humane Chief», *As-son-oo-cot-tuk oder* «As a dog but yet a high chief», *La-shara-tu-ra-ha oder*

«Good Chief» *und La-sharoo-too-row-oo-towy oder* «Difficult Chief». *Man beachte die Hose von Humane Chief, auf der sich Perlenstickereien in Form von Bärentatzen befinden. Die Kraft des Bären war für die meisten Stämme der Plains von großer Bedeutung.*

glaubte, daß er dieses Wunder getan hatte – er hatte ihnen Büffel gebracht –, und alle Leute wollten tun, was er ihnen sagte.

Bei den ersten zwei Umkreisungen töteten sie viele Büffel und trockneten viel Fleisch. All ihre Säcke waren voll, und das trockene Fleisch stapelte sich vor ihren Türen. Nach der zweiten Jagd feierten sie genauso wie zuvor.

Nach vier Tagen, als sie die Büffel zum dritten Mal angriffen, drehte der Wind. Bevor die Leute mit der Jagd beginnen konnten, witterten die Tiere ihre Jäger und gingen durch. Als sie davongaloppierten, rannte der Mann auf den Gipfel des Hügels zu dem Opferplatz. Er hatte eine Stange dabei, an die das Fell eines kleinen Fuchses gebunden war. Als er die Büffel fortrennen sah, und sah, daß die Leute sie nicht fangen konnten, schwenkte er die Stange und rief *«Ska-a-a-a!»* Daraufhin machten die Büffel kehrt und rasten mitten durch die Leute und töteten viele von ihnen. Der Mann wollte den Leuten zeigen, daß er Macht über die Büffel hatte.

Nach der dritten Jagd hatten alle eine große Menge Fleisch. Der Mann rief die Häuptlinge zusammen und sagte: «Nun, ihr Häuptlinge, seid ihr zufrieden?» Sie antworteten: «Ja, wir sind zufrieden, und wir sind dir dankbar, daß du mit uns Mitleid hattest und uns geholfen hast. Nur durch deine Kraft wurde der Stamm davor bewahrt, zu verhungern.» Der Mann sagte: «Ihr werdet die Büffel noch einmal einkreisen, und dann wird Schluß sein. Ich möchte, daß ihr so viele fangt, wie ihr könnt. Tötet so viele wie möglich, denn das sind die letzten Büffel in diesem Winter. Die Geschenke, die ihr mir gegeben habt, und die ich nicht haben wollte, gebe ich euch zurück.»

Einige der Leute wollten die Geschenke nicht zurücknehmen und bestanden darauf, daß er sie behielt, und schließlich sagte er, daß er sie behalten würde.

Die Männer umzingelten die Büffel zum vierten Mal und töteten viele und trockneten das Fleisch. In der Nacht nach der vierten Jagd verschwand der Mann und führte die Büffel fort. Am nächsten Morgen sagte er den Leuten, sie sollten sich umschauen und ihm sagen, ob sie irgendetwas sähen. Das taten sie, aber sie konnten keinen Büffel mehr entdecken.

Am nächsten Tag brachen sie das Lager ab und gingen nach Osten in ihre Heimat. Sie hatten so viel Trockenfleisch, daß sie es gar nicht auf einmal mitnehmen konnten und den Weg zweimal machen mußten. Auf dem Weg nach Osten hatten sie kein frisches, sondern nur trockenes Fleisch. Aber manchmal kam der Mann von seinen Reisen zu ihnen und brachte ein Stück Fleisch mit, ein kleines Stück, und dann teilte er es unter den Leuten auf. Sie taten das Stück in ihre Töpfe und kochten es, und alle Leute aßen, aber sie konnten es nicht aufessen. Immer blieb noch etwas übrig. Dieser Mann war so voller Wunder, daß er sogar die Büffelfladen, die auf der Prärie lagen, in Fleisch verwandeln konnte. Er bedeckte sie mit seinem Mantel, und wenn er den Mantel wegzog, lag da geklopftes Büffelfleisch und Dörrfleisch, *tŭp-o-har'ŭs*.

Der Mann war nicht verheiratet. Er war ein junger Mann, und damals dachten die Leute, daß er einer der bedeutendsten Männer des Stammes sei, und sie wollten, daß er heirate. Sie gingen zu einem der Häuptlinge und sagten, daß sie seine Schwiegerväter sein wollten, denn sie wollten, daß er Kinder aufzog, und waren der Meinung, daß das gut für den Stamm sein würde. Sie wollten nicht, daß diese Rasse ausstirbt. Die alten Leute sagen, daß es gut gewesen wäre, wenn er Kinder gehabt hätte, aber er hatte keine. Hätte er welche gehabt, hätten diese vielleicht seine Kraft geerbt.

Dieser Mann rief zweimal die Büffel und rettete den Stamm zweimal vor dem Hungertod. Das zweite Mal war die Not sehr groß, und es wurde ein Rat gehalten, um ihn zu bitten, dem Stamm zu helfen. Sie stopften die Pfeife und hielten sie ihm hin und baten um Mitleid mit dem Stamm. Er nahm die Pfeife, zündete sie an und rauchte. Er tat es genauso wie beim ersten Mal, und sie gingen viermal auf Büffeljagd und erhielten viel Fleisch.

Als dieser Mann starb, trauerte das ganze Volk lange Zeit um ihn. Der Häuptling ritt durch das Dorf und rief: «Jetzt ist mein Herz arm, weil dieser Mann gestorben ist, denn er hatte Mitleid mit uns und rettete den Stamm. Nun ist er gegangen und niemand ist hier, der so ist wie er.»

Dies ist eine wahre und heilige Geschichte, die der *Kit-ka-hahk'-i*-Gruppe gehört. Sie geschah vor langer Zeit und wurde in dieser Gruppe immer vom Vater an den Sohn weitergegeben.

Der Lakota-Sonnentanz

– Sioux –

In ihrem Winterlager litten die Lakota Hunger, und die Kinder schrien nach Fleisch. Da wurde einem Schamanen in einer Vision mitgeteilt, daß ein Mann nach Westen gehen solle. Dort würde er erfahren, wie das Volk an Nahrung kommen könnte. Man hielt Rat, und ein junger Mann erbot sich, die Reise anzutreten. Also gab man ihm einen Beutel mit etwas Essen mit. Er ging nach Westen und traf eine alte Frau. Sie bat ihn um etwas zu essen, und er gab ihr seinen Beutel. Sie aß gierig, und er dachte schon, sie würde alles aufessen. Aber er sang ein fröhliches Lied und blickte, während sie aß, nach Westen. Sie beobachtete ihn, und als sie mit dem Essen fertig war, gab sie ihm den Beutel zurück. Sie sagte, sie sei Wakanka, die Alte Frau, und weil er ihr so heiter sein ganzes Essen überlassen hatte, solle er niemals Hunger leiden. Er sah in seinen Beutel, und er war gefüllt mit gutem Essen. Auch danach blieb er immer gefüllt, wie oft und wie viel er auch daraus aß. Die alte Frau sagte, daß das Wetter kalt und der Schnee tief sei und daß niemand reisen würde, der nicht in Not sei.

Sie gab ihm einen Mantel aus gewebten Kaninchenfellen, sehr leicht und sehr warm, und Mokassins, die mit Otternfell gefüttert waren und deren dicke Sohlen so federnd waren wie ein Bogen. Sie sagte, er solle zu einem Hügel im Westen gehen, und dort würde ihm jemand den Weg zeigen. Der Mantel war so leicht, daß er nicht im Schnee versank, und die Sohlen seiner Mokassins federten so, daß er wie ein Pfeil vorwärts schoß. Bald kam er zu einem Hügel und sah einen alten Mann dort sitzen. Der alte Mann sagte, ihm sei sehr kalt, da er keinen Mantel habe. Der junge Mann gab ihm den Kaninchenfell-Mantel. Der alte Mann sagte: «Ich bin Wazi, der Zauberer. Weil du mir deinen Mantel gegeben hast, sollst du nie wieder frieren.» Er sagte, er solle zu einer Höhle gehen, dort werde ihn jemand führen, sollte er aber einen jungen Mann sehen, solle er nicht auf ihn hören.

Der junge Mann ging weiter in Richtung Westen. Das Wetter war warm, und es lag kein Schnee. Er sah einen anderen jungen Mann nach Westen gehen und überholte ihn bald. Dieser

Lakota-Tanz und Feier zum 50. Gründungsjubiläum der Rosebud Agency *in South Dakota, 1929. Hier sieht man viele der traditionellen Kostüme der Plains-Sioux ab 1890: den fein gearbeiteten Brustharnisch aus haardünnen Rohrpfeifen und den Kopfputz des Mannes im Vordergrund (Mitte) oder den Kriegskopfschmuck aus Adlerfedern der Person zu seiner Rechten. Andere tragen Otterfellkragen und Tanzglöckchen.*

Lakota-Sonnentanz anläßlich des 50. Jubiläums der Gründung der Rosebud Agency, photographiert von Bert Bell, 1929. Der Mann im Bild bläst auf einer Flöte aus den Knochen eines Adlerflügels, an den Federn und Lederriemen gebunden sind.

junge Mann fragte ihn, wohin er gehe und warum er so schnell gehe. Unser junger Mann gab keine Antwort und ging weiter. Der Fremde ging mit ihm, ebenso schnell wie er. Er stellte viele Fragen, aber der junge Mann gab keine Antwort. Dann sagte der Fremde, daß er dem jungen Mann sagen könne, wie er noch schneller reisen könne. Als der junge Mann fragte, wie das gehen solle, antwortete der Fremde, daß ihn die Sohlen seiner zwei Mokassins so schnell laufen ließen, wenn er aber vier Mokassinsohlen hätte, sei er doppelt so schnell. Der junge Mann fragte, wie er vier Mokassinsohlen kriegen könne, und der Fremde sagte, das sei leicht. Er könne die Sohlen seiner zwei Mokassins in zwei Hälften schneiden, und dann hätte er vier Mokassins. Der junge Mann zerschnitt seine Mokassinsohlen und machte vier Sohlen daraus. Als er sie aber anzog, sprangen die Sohlen nicht, und er konnte nur noch so schnell laufen, wie er es gekonnt hatte, bevor er die Zauber-Mokassins hatte. Daraufhin lachte der Fremde laut und lange. Als ihn der junge Mann fragte, wer er sei, sagte er, er sei Iktomi. Und er sagte, wenn die Leute von dem jungen Mann sprechen würden, der losgezogen war, um Fleisch für die Kinder zu holen, dann würden sie lachen, weil er die Sohlen seiner Mokassins zerschnitten hatte.

Nun schämte sich der junge Mann und nahm seinen Beutel mit Essen in die Hand, denn das war alles, was von dem, was ihm die alte Frau gegeben hatte, noch übrig war. Als er den Beutel in die Hand nahm, klapperte dieser wie eine Klapperschlange, und er schüttelte ihn in Richtung Iktomi, woraufhin dieser in Panik die Flucht ergriff.

Dann lachte der junge Mann über Iktomi und ging weiter zu der Höhle. Als er zur Höhle kam, sah er ein neues Tipi daneben. Er blieb stehen und schaute es sich an. Eine schöne junge Frau kam heraus, nahm ihn bei der Hand, führte ihn durch die Tür und setzte ihn auf den Platz des Mannes im Tipi. Dann setzte sie sich auf den Platz der Frau und nähte ein Paar Mokassins zu Ende. Der junge Mann war so überrascht, daß er sie nur anstarrte. Als sie die Mokassins fertig hatte, sagte sie, daß sie nun ihr Tipi eingerichtet und für ihren Mann Mokassins gemacht habe. Sie gab dem jungen Mann die Mokassins und bat ihn, sie anzuziehen. Das tat er, und dann fragte er sie, wer sie sei. Sie sagte, sie sei seine Frau und daß sie ihm so lange dienen werde, wie er bei ihr bliebe.

Sonnentanz bei der Rosebud Agency, *aufgenommen von Bert Bell, 1929. Im Vordergrund rechts blasen die Tänzer die Adlerknochenflöte, einer trägt einen Reifen, das Symbol der Kontinuität (ein stets wiederkehrendes Thema in der Religion und Mythologie der Lakota). Die Hauptfigur ist mit dem Tanzpfahl durch Riemen verbunden, die an seiner Brust befestigt sind. In dieser Art spirituellem Tanz geht es um die Kraftübertragung von dem heiligen Pfahl auf den Tänzer.*

Daraufhin erzählte er ihr, daß die Kinder seines Volkes nach Fleisch schrien, daß er in den Westen gehen würde, um herauszufinden, wie man Fleisch für sie bekäme, und daß er sich deswegen nicht aufhalten und nicht bei ihr bleiben könne. Sie sagte, daß sie ihn an der Hand durch den Eingang in ihr Tipi geführt habe, ihn auf den Platz des Mannes in ihrem Tipi gesetzt hätte und ihn so an sich gebunden habe, und daß er, indem er die Mokassins angezogen habe, die sie für ihn gemacht hätte, nach dem Brauch seines Volkes sein Einverständnis gegeben habe, ihr Mann zu sein. Der junge Mann sagte, daß er die kleinen Kinder seines Volkes nicht Hungers sterben lassen könne und daß er gehen müsse, um zu erfahren, wie er für sie Fleisch kriege. Sie antwortete, daß er heute nacht bei ihr im Tipi bleiben solle, und dann würde sie mit ihm gehen und ihn dorthin führen, wo er erfahren würde, wie man an ganz viel Fleisch komme.

Also blieb der junge Mann in dieser Nacht bei ihr. Am nächsten Morgen gingen sie zusammen in die Höhle, und sie führte ihn. So gelangten sie hinunter zu dem Ort, wo die Büffelmenschen leben. Sie tanzten gerade. Die junge Frau gab ihrem Mann eine Pfeife und brachte ihm bei, mit den Büffelmenschen zu tanzen. Und so lernte er, so zu tanzen wie sie. Dann sagte ihm seine Frau, er solle sich zu den Musikern setzen. Und so lernte er die Lieder, die sie sangen.

Als der Tanz vorüber war, sagte die Frau dem jungen Mann, daß die Büffelmenschen vor der Sonne getanzt hätten, weil sie wollten, daß die Sonne etwas für sie tat, und wenn sie der Sonne auf diese Art eine Freude machten, würde sie das tun, was sie von ihr wollten. Dann ergriff sie den Arm ihres Mannes und führte ihn zum Tipi des Häuptlings der Büffelmenschen. Sie erzählte ihrem Vater, daß sie diesen jungen Mann durch den Eingang ihres Tipis geführt und ihn auf den Platz des Mannes in ihrem Tipi gesetzt habe und daß er die Mokassins angezogen habe, die sie ihm gemacht habe; daß die kleinen Kinder seines Stammes nach Fleisch schrien und daß er gekommen sei, um zu erfahren, wie er für sie Fleisch bekommen könne. Der Häuptling sagte

Medizinmänner der Piegan (ein Blackfoot-Stamm): Spotted Eagle, Chief Elk und Bull Child. Das Photo (vor 1938) zeigt einen Teil der Sonnentanz-Zeremonie. Der Ethnologe J. C. Ewers bezeichnete sie als «Wetter-Tänzer», die dafür sorgen sollten, daß während der Zeremonie gutes Wetter herrschte. Alle drei befinden sich in der Sonnentanz-Hütte, ihr Blick ist auf den Pfahl in der Mitte gerichtet, und sie blasen auf Flöten aus den Knochen von Adlerflügeln.

ihm, daß er, da er seine Tochter als seine Frau angenommen habe, dasselbe geworden sei wie ein Büffelmensch. Und dann erzählte ihm der Häuptling, wie die Büffelmenschen die Sonne erfreuen, so daß ihnen die Sonne das gibt, was sie wollen.

Er sagte, wenn die Leute so tanzen würden, wie sie es taten, als der junge Mann kam, dann würde das die Sonne erfreuen und sie würde ihnen das geben, was die Leute brauchten. Dann sagte er, der junge Mann solle zu seinem Volk zurückkehren und den Leuten folgendes sagen: Wenn sie versprächen, vor der Sonne zu tanzen, wenn der Schnee geschmolzen sei, und die Sonne um Fleisch bäten, würde ihnen die Sonne ganz viel Fleisch geben. Der junge Mann kehrte zu seinem Volk zurück, und seine Frau ging mit ihm. Er erzählte seinem Volk alles, was er gesehen hatte und was ihm gesagt worden war, und die Leute versprachen, vor der Sonne zu tanzen, wenn der Schnee geschmolzen war. Dann bat der Schamane die Sonne, ihnen Fleisch zu geben. Danach

Zwei Lakota-Frauen: Rosie-Returns-from-Scout (links) und Nellie-No-Two-Horns (rechts), die Verwandte eines berühmten Holzschnitzers der Hunkpapa, der hoch symbolische Pferdebilder herstellte. Die Frauen tragen prachtvolle, mit Muscheln verzierte Kleider und Schals, die in dieser Periode sehr beliebt waren.

trat die Büffelfrau vor den Rat und sagte, daß sich alle Männer zur Jagd bereit machen sollten. Sie würde sie zu einem Ort führen, wo sie so viele Büffel töten konnten, daß sie Fleisch in Mengen haben würden.

Als die Frauen die Büffelfrau vor dem Rat stehen sahen und sie sprechen hörten, fingen sie an, laut zu schreien, und sagten, sie sei die Frau mit den zwei Gesichtern und sie wolle ihre Männer von ihnen fortlocken. Sie machten auf ihr braunes Haar und ihre blauen Augen aufmerksam, als Beweis dafür, daß sie ein böses Wesen sei. Daraufhin zweifelten auch die Männer an ihr. Der junge Mann stand neben seiner Frau und sagte, daß er Mokassins trage, die sie für ihn gemacht habe, und er legte seinen Mantel um sie und um sich selbst. Er sagte, es gäbe Fleisch für die kleinen Kinder, und wenn die Männer Angst hätten, loszugehen und es zu holen, würde er mit seiner Frau zu ihrem Volk gehen. Daraufhin stellte sich der Schamane vor das Volk, und die Leute waren still. Er füllte eine Pfeife, zündete sie an und reichte sie weiter, und der Rat rauchte gemeinsam. Während die Leute rauchten, entfachte der Schamane einen Duft, erst von Salbei und dann von süßem Gras.

Dann stand er auf, und die Leute waren still. Er sagte, daß diejenigen, die nicht das täten, was ihnen der junge Mann gesagt hätte, leiden sollten. Daraufhin ordnete der Rat an, daß sich alle Männer für die Jagd vorbereiten und aufbrechen sollten, angeführt von der Büffelfrau. Sie führte sie auf die andere Seite eines Hügels, und dort trafen sie auf eine große Büffelherde. Die Männer töteten so lange Büffel, bis sie genug hatten. Die Frauen waren ihnen vom Lager aus gefolgt und sangen Klagelieder, die man für jemanden singt, der Abschied nimmt, um auf eine gefährliche Reise zu gehen. Als sie jedoch den Gipfel des Hügels erreichten und sahen, wie ihre Männer die Büffel töteten, eilten sie schnell zum Lager zurück und riefen und sangen fröhliche Lieder. Sie holten ihre Werkzeuge und schnitten das Fleisch aus den toten Büffeln.

Es gab genug Fleisch für viele Monde. Die Frauen bereiteten ein großes Festessen vor. Als alle feierten, stand die Büffelfrau auf, und die Frauen des Stammes malten ihren Scheitel rot an, und der Schamane malte einen roten Streifen auf ihre Stirn. Dadurch wurde sie zu einer Tochter des Stammes. Der junge Mann stand neben ihr und legte seinen Mantel um sie und sich selbst, und die jungen Frauen sangen Lieder, um sie zu preisen.

Eine Dakota-Frau bereitet ein großes Stück Leder vor, das in einem Rahmen aufgehängt ist. Wann die Aufnahme entstand, ist nicht klar, vermutlich jedoch um 1900. Dies war die traditionelle Methode, große Häute weich zu machen. Man konnte sie aber auch auf dem Boden auslegen. Haare und Fettgewebe wurden vorsichtig mit Knochen- oder Hornwerkzeugen entfernt. Dann rieb man Gehirn und Leber des Tieres in das Leder und brach die Fasern, indem man das Leder über ein Seil aus Rohleder zog.

Der Waschbär-Mond kam, und der Schnee war geschmolzen, und das Volk zog weiter. Nur der junge Mann, seine Frau und der Schamane blieben am Ort des Winterlagers. Der junge Mann saß mit dem Mantel über dem Kopf da. Er hatte die Leute an ihr Versprechen erinnert, vor der Sonne zu tanzen. Sie hatten geantwortet, daß sie genug Fleisch hätten und bald zu den Büffeln gehen und mehr holen könnten. Deshalb schämte sich der junge Mann für sein Volk.

Die Leute jagten, aber sie fanden kein Wild und ihr Fleisch war aufgebraucht. Jetzt erinnerten sie sich an ihr Versprechen und kamen zum Schamanen, um zu fragen, was sie machen sollten. Es war gerade der Mond der reifen Tollkirsche. Der Schamane sagte ihnen, daß sie mit ihrem Versprechen der Sonne gegenüber nicht aufrichtig gewesen waren und daß sie nun ihre Aufrichtigkeit unter Beweis stellen müßten, indem sie ihr Blut aus Wunden fließen lassen sollten, und ihr Versprechen einlösen müßten, indem sie vor der Sonne tanzten. Da aber die Frauen bezweifelt hätten, daß die Sonne Fleisch geben könne, sollten sie nicht vor dem Antlitz der Sonne tanzen. Dann zeigte die Büffelfrau den Leuten, wie man ein Lager im Kreis aufbaut und eine Tanzhütte errichtet, und der junge Mann brachte den Männern die Lieder und den Tanz bei. Die Büffel kamen, und es gab sehr viel Fleisch. Die Büffelfrau zeigte den Frauen, wie man die Büffelzungen für das Festessen zubereitet. Der Schamane sagte ihnen, wie ihr Blut fließen müsse und wie sie zu leiden hätten, weil sie nicht aufrichtig gewesen waren. Bei Vollmond waren alle bereit: die Frauen gaben das Festessen, und die Männer tanzten vor dem Antlitz der Sonne, und die Sonne freute sich. Seit dieser Zeit verspricht ein Lakota, der sich etwas sehr stark wünscht, immer, den Sonnentanz zu tanzen, damit ihm die Sonne seinen Wunsch erfüllt. Und wenn er das tut, dann sollte er den Sonnentanz tanzen, wenn die Tollkirschen reif sind.

Das Heilige Bündel

– Pawnee –

In der Hütte oder im Haus jedes einflußreichen Pawnee hängt auf der Westseite, also gegenüber der Tür, ein Heiliges Bündel, ordentlich in Wildleder gepackt und von Rauch und Alter schwarz. Was diese Bündel enthalten, wissen wir nicht. Manchmal ragen am Ende des Bündels Teile eines Skalps heraus oder das Ende eines Pfeifenstiels und dünne Stöcke, aber den ganzen Inhalt des Bündels kennen nur die Priester und der Besitzer – und vielleicht nicht einmal der. Die Heiligen Bündel werden an der Westseite der Hütte aufgehoben, weil diese am weitesten von der Türe entfernt ist und daher weniger Leute daran vorbeikommen, als wenn sie sonstwo in der Hütte hängen. Viel Aberglaube rankt sich um diese Bündel. In den Hütten, in denen einige solcher Bündel hängen, ist es verboten, ein Messer ins Feuer zu halten, in anderen darf kein Messer geworfen werden, andere Hütten darf man nicht mit bemaltem Gesicht betreten, oder ein Mann darf nur eintreten, wenn er Federn an seinen Hut gebunden hat. Bei bestimmten heiligen Anlässen werden die Bündel geöffnet, und ihr Inhalt bildet einen Teil der Kultzeremonie.

Niemand weiß, woher die Bündel kamen. Viele davon sind sehr alt, zu alt sogar, um eine Geschichte zu haben. Ihr Ursprung verliert sich im Nebel der alten Zeit. Die Heiligen Bündel wurden den Menschen vor langer Zeit gegeben. Niemand weiß, wann das war.

Alle Heiligen Bündel stammen aus einem weitentfernten Land im Südwesten, woher die Pawnee vor langer Zeit kamen. Sie wurden dem Volk gegeben, bevor es seine Reise antrat. Damals hatten die Pawnee noch nie so etwas wie Eisen gesehen, aber sie hatten entdeckt, wie man Messer und Pfeilspitzen aus Feuerstein herstellt. Dieses Wissen haben sie nicht von den Weißen. All das kam durch die Kraft von Ti-ra'-wa. Mit Hilfe seiner Kraft lernten sie, wie man Bögen, Steinmesser und Pfeilspitzen herstellt.

Es waren die Herrscher des Universums, die ihnen die Heiligen Bündel gaben. Sie halten sie in Ehren, denn dadurch und durch die Büffel und den Mais verehren sie Ti-ra'-wa. Sie alle, selbst die Häuptlinge, achten die Heiligen Bündel. Wenn ein Mann auf den Kriegspfad ging, viele Späher angeführt und Skalps errungen hat, dann geschah dies durch die Kraft der Heiligen Bündel. Früher durchliefen sie viele verschiedene Zeremonien. Der Hohepriester vollzieht diese Zeremonien.

Die Hohepriesterschaft wurde folgendermaßen gegründet: Der schwarze Adler sprach zu einem Mann und sagte ihm: «Ich gehöre zu denen, die Ti-ra'-wa am nächsten stehen, du mußt dich an mich wenden, wenn du Hilfe willst. An die Vögel und die Tiere – achte auf mich, den schwarzen Adler, auf den Weißkopfadler, auf den Otter und den Büffel.»

Der schwarze Adler schickte den Bussard als Boten zu jenem Mann, und er gab ihm den Mais. Die Geheimnisse der Hohepriesterschaft und die anderen Geheimnisse wurden zur selben Zeit übergeben. Der Bussard ist wegen seines kahlen Kopfes ein Symbol für die alten Männer, die wenig Haare haben. Der Weißkopfadler steht auch für die alten Männer, deren Haare weiß sind. Dies sind die Boten, durch die Ti-ra'-wa den Menschen seine Worte schickt. Auch die Wichita kannten diese Geheimnisse und die Ree ebenso.

Pawnee-Mann und -Frau. Sie waren die Hüter des Totenkopf-Bündels, das mit der südöstlichen Richtung und dem Tcaihixparuxti oder «Wonderful-Man»*-Dorf der Pawnee-Mythologie in Verbindung steht. Man sagte, der Totenkopf stamme von «Closed Man», einem mythologischen Führer, der bevor er starb, verfügte, daß sein Schädel in Zeremonien verwendet werden sollte, so daß er immer bei dem Volk der Skidi-Pawnee sein würde.*

«Leader» *(Führer), ein Priester der Skidi-Pawnee. Photo vermutlich von G. A. Dorsey um 1900. Leader war ein berühmter Ritualist der Morgenstern-Zeremonie und hütete eines der wichtigen Bündel, deren Inhalt, so glaubte man, die Kommunikation der Pawnee mit den übernatürlichen Kräften ermöglichte. Die Zeremonien sollten dem ganzen Stamm reichhaltiges Essen, ein langes Leben und Wohlstand verschaffen. Leader hält hier eine Kürbisrassel und einen Fächer aus Adlerfedern in den Händen.*

Ra-tu-tsa-kntesa-tu oder «Sun Chief»*, ein Chaui oder Grand Pawnee, photographiert vermutlich von H. W. Jackson um 1870. Er war ein Sohn von Petalesharro und Häuptling sowie Anführer der Pawnee-Räte. Er trägt die James-Buchanan-Friedensmedaille aus dem Jahre 1857. Die Kleidung von Sun Chief ist mit Sternensymbolen verziert, ein Hinweis auf die Himmelskörper – besonders den Morgenstern –, die im Zentrum zahlreicher Zeremonien der Pawnee standen.*

Die Karte verzeichnet die Kulturregionen und Territorien jener Stämme, deren Mythen im Textteil vorkommen. Zur leichteren Orientierung wurden die modernen Grenzen ebenfalls aufgenommen.

1 The Southeast Der Südosten
2 The Southwest Der Südwesten
3 The Plains Die Plains
4 Plateau and Basin Plateau und Basin
5 California Kalifornien
6 The Northwest Coast Die Nordwestküste
7 The Subarctic Die Subarktis
8 The Northeast Der Nordosten
9 The Arctic Die Arktis

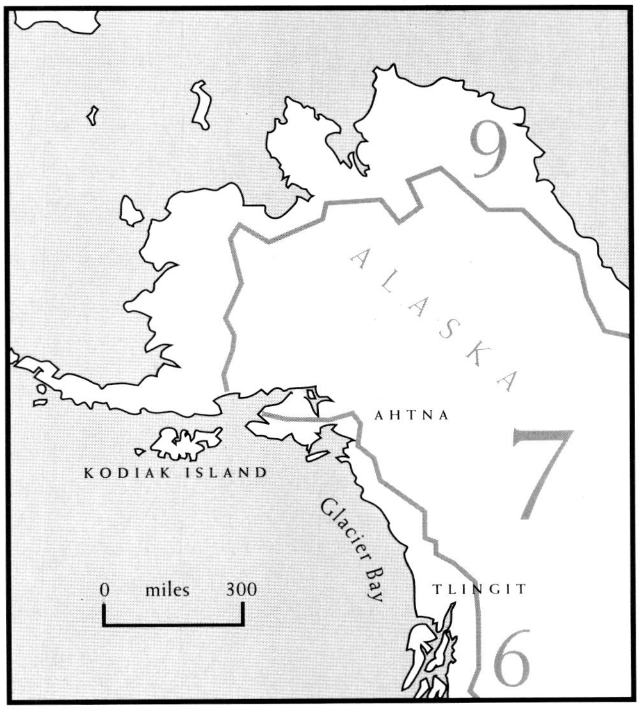

Anmerkungen

Zweites Kapitel

1. Die meisten Pfeifen bestanden aus zwei Teilen – dem Pfeifenkopf und dem Stiel. Einige alte Modelle, wie zum Beispiel die Kriegspfeife und eine Pfeife, die in der *O-kee-pa*-Zeremonie verwendet wurde, waren aus einem Stück und im allgemeinen aus Holz (siehe Paper).
2. *Catlinit* war ein rotes Gestein, das in Minnesota abgebaut wurde. Seine erste Beschreibung stammt von dem Maler und Reisenden George Catlin (1796–1872), der dieses Gebiet 1834 besuchte. Der Stein ist ziemlich weich, wenn er frisch aus der Erde gegraben wird, härtet an der Luft und wirkt wie roter Marmor, wenn er poliert wird (siehe Catlin 1841, Band II, S. 201–206).
3. Nach altem Brauch war es üblich, daß auf den Händen junger Navaho Spinnennetze verrieben wurden, um die Kunstfertigkeit der Spinne auf die zukünftigen Weber zu übertragen.

Drittes Kapitel

4. Dies ist ein interessanter Hinweis auf den Feminismus bei den Pawnee: Die Frauen hatten in den Gesellschaften der nordamerikanischen Indianer mehr Macht, als allgemein angenommen wurde (siehe zum Beispiel K. M. Weist in: Wood and Liberty, S. 255–271).
5. Dies taten die Pawnee, bis der Brauch etwa 1838 aufgegeben wurde. Obwohl die meisten der Beteiligten den Brauch in der Regel verabscheuten, wurde er dennoch aus Furcht vor dem Zorn der Götter ausgeführt.

Viertes Kapitel

6. Die Bilderschrift war in Nordamerika seit alters weit verbreitet. So verwendete man früher sogenannte Winter-Zählungen, um die Ereignisse und die Geschichte eines Stammes aufzuzeichnen. Bei den Stämmen der Ostküste reichen diese Dokumente bis 1680 zurück (Howard, S. 5).
7. In den Perlenstickereien der Sioux wurde das Kriegshaus immer mit blauen und grünen Perlen dargestellt, offensichtlich ein Hinweis auf den Himmel, von dem die Macht des Blitzes ausging.

Fünftes Kapitel

8. *Wakan-Tanka* oder der «Große Geist» in der Sprache der Lakota (Plains Sioux) kommt dem christlichen Gottesbild wohl am nächsten – eine große Kraft, die das Universum durchdringt und Schöpfer aller Dinge ist.

Bibliographie

Arens, Werner und Hans Martin Braun (Hrsg.), Der Gesang des Schwarzen Bären, Lieder und Gedichte der Indianer, München 1992

Barbeau, Marius, How The Raven Stole the Sun, Transactions of the Royal Society of Canada, Third Series: Section II, Bd. 38, Ottawa 1944

–, Tsimsyan Myths, National Museum of Canada, Bulletin 174, 1961

Barbeau, Marius und W. Benyon, Tricksters, Shamans and Heroes: Tsimshian Narratives, Ottawa 1987

Barnett, H. G., The Coast Salish, Eugene, Or. 1955

Boas, F., Kwakiutl Culture as Reflected in Mythology, Memoirs of the American Folk-Lore Society, 1935

Bowers, A., Mandan Social and Ceremonial Organization, Chicago 1950

Brotherston, Gordon, Image of the New World: The American Continent Portrayed in Native Texts, London 1979

Brown, Vinson, Voices of Earth and Sky, Harrisburg, Pa. 1974

Bryant, Page, Native American Mythology, London 1991

Burland, Cottie, North American Indian Mythology, London 1965

Catlin, George, Letters and Notes on the Manners, Customs, and Conditions of the North American Indians, 2 Bde., London 1841

–, «O-kee-pa»: A Religious Ceremony and Other Customs of the Mandans, hrsg. von John C. Ewers, New Haven 1967

Clark, E. A., Indian Legends of Canada, Toronto 1960

Densmore, Frances, Teton Sioux Music, Bureau of American Ethnology, Bulletin 612, Smithsonian Institution, Washington, DC. 1918

Dorsey, George, Pawnee Mythology, Carnegie Institution, Washington, DC. 1977

Dutton, B. und C. Olin, Myths and Legends of the Indians of the Southwest: Navajo, Pima, Apache: Book I, Santa Barbara, Cal. 1991

–, Myths and Legends of the Indians of the Southwest: Hopi, Acoma, Tewa, Zuni: Book II, Santa Barbara, Cal. 1991

Eppridge, Theresa, The Star Image and Plains Indian Star

Legends, Plains Indian Design Symbology and Decoration, hrsg. von Gene Ball und George Horse Capture, Buffalo Bill Historical Center, Cody, Wy. 1980
Erdoes, R. und A. Ortiz, American Indian Myths and Legends, New York 1984
Gifford, E. W. und G. H. Block, California Indian Nights Entertainment: Stories of the Creation of the World, of Man, of Fire, of the Sun, of Thunder, Glendale, Cal. 1930
–, California Indian Nights Entertainment: Stories of Coyote, the Land of the Dead, the Sky Monsters, Animal People, Glendale, Cal. 1930
Hardin, Terri (Hrsg.), Legends and Lore of the American Indians, New York 1993
Helbig, A. (Hrsg.), Nanabozho: Giver of Life, Brighton, Mich. 1987
Howard, James H., The British Museum Winter Count, British Museum Occasional Paper 4, Department of Ethnography, London 1979
Hultkrantz, A., Mythology and Religious Concepts, Handbook of North American Indians, Bd. 2, hrsg. von W. L. D'Azevedo, Washington, D. C. 1986
Irving, Sue und Lynette Harper, Not Another Trade Exhibit? An Inside Look at Trapline Lifeline, Muse, Autumn 1988
Lankford, G. E. (Hrsg.), Southeastern Legends: Tales from the Natchez, Caddo, Biloxi, Chickasaw, and Other Nations, Little Rock, Ark. 1987
Lowie, Robert H., Myths and Traditions of the Crow Indians, Anthropological Papers of the American Museum of Natural History 24, Teil I, New York 1918 (Reprint: Lincoln und London 1993, Einführung von Peter Nabokov)
McClintock, Walter, The Old North Trail, Lincoln und London 1968 (Reprint)
Miller, H. und E. Harrison, Coyote Tales of the Montana Salish Rapid City, S. Dak. 1974
Mooney, James, The Sacred Formulars of the Cherokees, Annual Report of the Bureau of American Ethnology (1885–1986), Government Printing Office, Washington, D. C. 1891, S. 307–397
–, The Ghost Dance Religion and Wounded Knee, 14th Annual Report (Teil 2) of the Bureau of American Ethnology, Smithsonian Institution, Washington, D. C., New York 1973 (Reprint)
Morriseau, N., The Legends of my People the Great Ojibway, Toronto 1965
Nelson, R. K., Make Prayers to the Raven: A Koyukon View of the Northern Forest, Chicago 1983
Paper, Jordan, Offering Smoke: The Sacred Pine and Native American Religion, Edmonton 1988
Parson, E. C., Micmac Folklore, The Journal of American Folk-Lore 38, 1925
Rasmussen, K., The Netsilik Eskimos: Social Life and Spiritual Culture, Report of the Fifth Thule Expedition, 1921–24, Bd. 8, Teil 1–2, 1931
Rockwell, David, Giving Voice to Bear, Colorado 1991
Sheehan, Caroll, The Northwest Coast, Native American Myths and Legends, London 1994
Speck, F. G., The Celestial Bear Comes Down to Earth, Reading, Pen. 1945
Spence, Lewis, The Myths of the North American Indians, London 1916; deutsch: Mythen der Indianer, Augsburg 1995
–, The Illustrated Guide to North American Mythology, Einleitung von Arthur Cotterell, London 1993
Swanton, John R., Indian Tribes of the Lower Mississippi Valley and Adjacent Coast of the Gulf of Mexico, Bureau of American Ethnology, Bulletin 43, Smithsonian Institution, Washington, D. C. 1911
–, Source Material for the Social and Ceremonial Life of the Choctaw Indians, Bureau of American Ethnology, Bulletin 103, Smithsonian Institution, Washington, D. C. 1911
Tanner, A., Bringing Home Animals: Religious Ideology and Mode of Production of the Mistassini Cree Hunters, New York 1979
Taylor, Colin F., Costume with Quill-Wrapped Hair: Nez Perce or Crow?, American Indian Art Magazine 6,3, 1981, S. 42–53
–, The Plains Indians, London 1994
– (Hrsg.), Native American Myths and Legends, London 1994
Voegelin, C. F. (Übers.), Walam Olum or ‹Red Score›: The Migration Legend of the Lenni Lenape or Delaware Indians, Indiana Historical Society, Indianapolis 1954
Walker, James R., The Sun Dance and Other Ceremonies of the Oglala Division of the Teton Dakota, Anthropological Papers of the American Museum of Natural History, Bd. XVI, Teil II, New York 1917
–, Lakota Myth, hrsg. von Elaine A. Jahner, Lincoln London 1983
Weyer, E. M., The Eskimos: Their Environment and Folkways, New Haven, Con. 1932
Wissler, Clark, Some Protective Designs of the Dakota, American Museum of Natural History, Bd. I, Teil II, New York 1907
Wood, Raymond W. und Margot Liberty (Hrsg.), Anthropology on the Great Plains, Lincoln und London 1980
Woodhead, Henry (Hrsg.), People of the Desert, Alexandria, Va. 1993

Textnachweise

Der Verlag hat sich nach Kräften bemüht, bei allen Rechteinhabern die Erlaubnis für den Abdruck von Textauszügen zu erhalten und möchte folgenden Institutionen danken:

Den Trustees des British Museum, London, und der Smithsonian Institution, Washington, DC (J. C. Ewers [Hrsg.]): Indian Art in Pipestone: George Catlins Portfolio in the British Museum, British Museum Press and Smithsonian Institution, London und Washington, DC, 1979 (Bildunterschrift zu Abb. 3)

Den Trustees der Smithsonian Institution; Washington, DC, (J. R. Swanton: Source Material for the Social and Ceremonial Life of the Choctaw Indians, Bureau of American Ethnology, Bulletin 43, Washington, DC, 1931, S. 202–204)

University of Chicago (A. Bowers: Mandan Social and Ceremonial Organization, Chicago 1950, S. 365)

Bildnachweise

Alle Schwarzweiß-Photographien in diesem Buch werden mit Erlaubnis des National Anthropological Archive, Smithsonian Institution, Washington, DC, veröffentlicht.

Die in Farbe abgebildeten Objekte stammen allesamt aus der Sammlung von Colin Taylor in Hastings, England, und wurden von Ian Fane photographiert.

Register

Abenaki 14, 17, 22, Abb. 53
–, ‹Der Ursprung von Sommer und Winter› 49, 60, 62–63
–, ‹Die Geschichte des Nordlichts› 83–84
Acoma 49
–, ‹Der Ursprung von Sommer und Winter› 49, 60, 62–63
Adler 121, Abb. 4
–, Seemonster-Adler (Tsimshian) 95
Ahtena Abb. 57, 76, 83
–, Babytrage Abb. 55
–, Halsketten Abb. 81
–, Jagdlager Abb. 57
Aleuten 18
Algonkin (Sprachfamilie) 7, 12, 13, 14, 17, 75, Abb. 53, 78
–, Gottheiten 21, 95
–, ‹Der himmlische Bär› 75, 78
Apachen 8, Abb. 8, 22, 35, 36
–, Lastkorb Abb. 39
–, ‹Der Schöpfungsmythos der Apachen› 21, 33, 36
Arapaho 11, 146
–, Sternmotive Abb. 77
Arikara 11
Assiniboin 11
Athapaskan (Sprachfamilie) 12, 17, 21, Abb. 81, 110, 146
Athapasken 8
–, ‹Der Ursprung der Kiefer› 17, 49, 55
–, ‹Die Sonne und der Mond› 17, 81–82
Awonawilona (Zuni-Gottheit) 31, 96
Ayyuini (‹Schwimmer›) Abb. 137, 141

Babytrage (Ahtena) Abb. 55
Bären Abb. 45, 69, 159
–, ‹Der himmlische Bär› 75, 78
Bannock 21
Barry, D. F. Abb. 142
Barthelmess, Christian Abb. 108, 132
Bassett, James Abb. 98
Beaver 17
Bell, Bert Abb. 160, 162
Bell, C. M. Abb. 87
Bella Coola 13
Biber 119
–, ‹Der Ursprung des Feuers – Wie der Biber das Feuer stahl› (Nez Perce) 10, 49, 65
Biberbündel (Blackfoot) 120, 146, Abb. 39
Birkenrindenhütte (Passamaquoddy) Abb. 54
Blackfoot 12, 75, 76, Abb. 14, 39, 41, 43
–, Biberbündel 120, 146, Abb. 39
–, Lazy Boy Abb. 45
–, ‹Die Blackfoot-Genesis› 11–12, 21, 37, 39, 41–42, Abb. 41
Blame, Garland Abb. 154
Blasrohr Abb. 30
Blitz 95, 96, 117
–, ‹Die Darstellung des Himmelsgottes, der den Blitz beherrscht› (Hopi) 117
Blood 42
Blue Jay siehe Eichelhäher
Böser Junge (Chippewa-Krieger) Abb. 88
Broad, Joe Abb. 122
Büffel 11, 12, 121, 135, 137, 145–146, Abb. 142
–, Heiliger Büffel-Hut Abb. 150
–, ‹Der Mann, der die Büffel rief› (Pawnee) 145, 154–155, 157–159
–, ‹Die Büffelhüter› (Cheyenne) 12, 145, 146, 148, 150–151
Büffeltanz (Cheyenne) 146, Abb. 148

Cayuga 14
–, Häuptling Abb. 92
Cayuse 10
Chareya (Gottheit) 13, 22, 45
Chato (Apachen-Jäger) Abb. 35
Cherokee 8
–, Gottheit 95
–, Hütte Abb. 137
–, Töpferei Abb. 120
–, Medizinmann Abb. 141
–, ‹Die Stein-Schilder› 120–121, 141
Cheyenne 11, 12, 75, Abb. 85, 87, 106, 108, 135, 137
–, Büffeltänzer 146, Abb. 148
–, Geistertanz 96, Abb. 108
–, Parfleche-Beutel Abb. 134
–, Sonnentanz-Zeremonie Abb. 137
–, Sternmotive Abb. 77
–, Tipi (Heiliger Büffel-Hut) Abb. 150
–, ‹Der böse Medizinmann› 121, 135, 137
–, ‹Die Büffelhüter› 12, 145, 146, 148, 150–151
–, ‹Die Pleiaden› 85, 87
–, ‹Über den Messias› 96, 106, 109
Chickasaw 8
Chilkat
–, Decken 14, 48, 58, 60, Abb. 58
–, ‹Die Chilkat-Decke› 48, 58, 60
Chinook
–, ‹Blue Jay – der blaue Eichelhäher› 119, 141
Chipewyan 17
Chippewa 14, 17, 75, Abb. 24, 88, 98, 122
–, Häuptling Abb. 124
–, Midewiwin-Zeremonie 17, Abb. 24, 45, 88, 124
–, Mokassins Abb. 98
–, Perlenstickerei Abb. 98, 122
–, ‹Das Sternmädchen› 87–88
–, ‹Die Geschichte vom ersten Mann und der ersten Frau› 17, 22, 24, 26

–, ‹Menabozho› 95, 98, 101
–, ‹Wie Licht, Feuer und Wasser entstanden› 119, 122, 124
Choctaw 8, 21–22, Abb. 29, 30
–, Ballspiel Abb. 28
–, ‹Der Schöpfungsmythos der Choctaw› 10, 21, 28, 30
Christie, James P. Abb. 129
Chumash 13
Coeur d'Alene 120
Comanchen 11, 12
Cory, H. T. Abb. 124
Coyotero-Apachen Abb. 36
Cree 11, 17, 42, 75, 146
Creek 8, 22
Crow 11, Abb. 65, 127
–, Morgensternmotiv Abb. 77
–, Tabakgesellschaft 48
Curtis, Edward Abb. 8, 41, 43, 112, 148

Dakota Abb. 142, 165
Decken (Chilkat) 14, 48, 58, 60, Abb. 58
Densmore, Frances Abb. 124
Digger-Indianer 10
Dogrib 17
Donner 95–96
–, ‹Der Ursprung des Donners› (Passamaquoddy) 47, 53–54
Donnervogel 14, 95, 120, Abb. 67
Dorsey, G. A. Abb. 168

Eichelhäher 119, 120, 141
–, ‹Blue Jay – Der blaue Eichelhäher› (Chinook) 141
Elchhaarstickereien 14, Abb. 102
Elmanico, Mary Abb. 53
Elstern 121
Emerging-from-the-Sweat Abb. 112
Emmons, George Abb. 50
Erdhütten 12
–, Pawnee Abb. 155, 157
Erikson, A. W. Abb. 146
Erntetanz (Zuni) Abb. 32
Eskimos 18
–, Eskimo-Kinder auf St. Lawrence Abb. 129
–, Winterdorf auf Kodiak Island Abb. 130
–, ‹Der Rabe› 18, 120, 129–132
Ewers, J. C. Abb. 163

Falsche Gesichter (Onondaga) 145, 148
–, Gesellschaft der Falschen Gesichter (Irokesen) 145
Federschmuck 14, Abb. 9, 27, 70, 123, 154, 160, 161
Feuer 47
–, ‹Der Ursprung des Feuers – Wie der Biber das Feuer stahl› (Nez Perce) 10, 47, 49, 65
–, ‹Wie Licht, Wasser und Feuer entstanden› 119, 122, 124
Fishcarrier, William Henry Abb. 92
Flathead 10, Abb. 8, 124, 127, 129
–, Tanzgruppe Abb. 91
–, Wintergeist-Tanz 120
–, ‹Wie der Kojote den Riesen tötet› 10, 119, 124, 127
Fort-Laramie-Vertrag (1851) Abb. 85
François, Familie Abb. 104
Füchse 119

Gahan-Tänzer Abb. 13
Gahano (Caroline Parker) Abb. 66
Geistertanz (Cheyenne) 96, Abb. 108
Gens-Gi'gilkum-Indianer (Haus) Abb. 67
Gill, D. L. Abb. 85, 98, 106, 122, 135, 137

Grand Medicine Society siehe Midewiwin
Gros Ventre 42

Haida 13, 22
–, Potlatch-Tänzer Abb. 58
Halsketten Abb. 81
Hand-Shot-Off (Flathead) Abb. 127
Hastings, C. O. Abb. 67
Heiliges Bündel
–, ‹Das Heilige Bündel› (Pawnee) 146, 166
Hexerei 47, Abb. 52
–, ‹Der Ursprung der Hexerei› (Tlingit) 47, 49, 50, 52
Hidatsa 11, Abb. 153
Hill, John siehe Hand-Shot-Off
Hillers, John K. Abb. 4, 16, 31, 32, 102, 127, 133
Himmelsmenschen
–, ‹Der Krieg mit den Himmelsmenschen› (Salish) 75, 88
Himmlischer Bär
–, ‹Der himmlische Bär› (Algonkin) 75, 78
Hogans
–, Apachen Abb. 22
–, Navaho 8, Abb. 111
Hopi 96
–, Kachinas 47, Abb. 10, 48, 113, 117
–, Powamu-Zeremonie Abb. 113, 117
–, ‹Die Darstellung des Himmelsgottes, der den Blitz beherrscht› 95, 117
Hupa Abb. 146
–, Weißer-Rehleder-Tanz Abb. 146
Huronen Abb. 104, 105
–, Elchhaarstickerei Abb. 102
–, Häuptling Abb. 105
–, Himmelsgeist 75
–, ‹Die Geschichte von Tijaiha, dem Zauberer› 96, 103–105

Illinois 14
Inuit-Inupik 18
Irokesen 7, 14, 47, 75, Abb. 92, 104, 105
–, Glengarry-Hut Abb. 73
–, Gottheit 95
–, Häuptlinge Abb. 72
–, Mittwinterfest 145
–, Schärpe Abb. 73
–, Traumfestival 14
–, ‹Der Ursprung des Mais› 47, 66–67
Issiwun-Tipi Abb. 150

Jackson, W. H. Abb. 154, 157, 158, 159, 168
Jenks, A. E. Abb. 88, 100
Jicarilla-Apachen 11, Abb. 8

Kachinas (Hopi) 47, 96, Abb. 10, 48, 113, 117
Kalispel 120
Karok 13
Kiefer
–, ‹Der Ursprung der Kiefer› (Athapasken) 17, 49, 55
Kinsey, Darius Abb. 83
Kiowa 11
Kodiak-Island-Eskimos 18, Abb. 129, 130
–, ‹Der Rabe› 18, 120, 129–132
Kojoten 10, 119
–, ‹Wie der Kojote den Riesen tötet› (Flathead) 10, 119, 124, 127
Kokkoksi (Zuni) Abb. 10
Korbflechterei 13
–, Apachen Abb. 39
Koskimo Abb. 69
Kutchin 17
Kutenai 10
Kwakiutl 22, Abb. 69

–, Gemälde Abb. 67
–, Totempfähle Abb. 48, 69
–, ‹Der erste Totempfahl› 14, 47, 67, 69

Lachs 10, 13, 48, Abb. 69
Lakota (Teton-Sioux) 11–12, Abb. 143, 165
–, Gottheit 95
–, Perlenstickerei Abb. 143
–, Sonnentanz 7, 146–147, 160–163, 165–166, Abb. 160, 161, 162
LaMoose, Angelica Abb. 124
LaMoose, Joseph Abb. 124
Lazy Boy (Blackfoot-Krieger) Abb. 45
Lederbearbeitung Abb. 142, 165
Lewey, Mrs. Wallace Abb. 84
Little Hand (Cheyenne) Abb. 106

Maidu 13
Mais Abb. 29, 41, 47, 60, 62
–, ‹Der Ursprung des Mais› (Irokesen) 47, 66–67
Makah 13
Malecite 14, Abb. 84
Mandan 12, Abb. 153
–, Häuptling Abb. 26
–, Medizinhütte Abb. 152
–, O-kee-pa-Zeremonie 7, 146, 152–153, Abb. 152
–, ‹Der Schöpfungsmythos der Mandan› 22, 26
Manitu (Gottheit) 7, 22, 24, 26, 95, 98
Medizin, Ursprung (Navaho) 97
Medizinbündel 146, Abb. 39, 65
Medizinhütten Abb. 100, 152 (siehe auch Midewiwin-Zeremonie)
Medizinmann
–, Cherokee Abb. 137, 141
–, Chippewa Abb. 88
–, Piegan (Blackfoot) Abb. 163
–, ‹Der böse Medizinmann› (Cheyenne) 121, 135, 137
Meister des Atems 10
Menabozho (Chippewa) 95, 98, 101
Menominee 14
Mescalero-Apachen Abb. 8, 13
Messias 96, 106, 109
Metamorphose Abb. 65
Michabo (Gottheit) 21
Micmac 14, Abb. 78
Midewiwin-Zeremonie (Chippewa) 17, Abb. 24, 45, 88, 124
Mikasuki-Seminolen Abb. 18
Miles, Brüder Abb. 81
Mimbre-Apachen Abb. 8
Miochin (Sommergeist) 49, 62–63
Missionare 22, 75, 96, Abb. 32, 64, 103
Mörser (und Stößel) Abb. 18, 29, 41
Mohawk 14, 47, Abb. 92
–, Häuptling Abb. 72
Mokassins 14, 76, 77, 87
–, Apachen Abb. 35
–, Chippewa Abb. 98
Mond 75 (siehe auch Sonne)
Montagnais 17
Mooney, James Abb. 120, 137, 141, 150
Moorhouse, Major Lee Abb. 8, 127
Morgenstern 12, 76, 96, Abb. 77
–, Zeremonie (Pawnee) Abb. 168
Morris, Christian Abb. 78
Mudeater, Matthew (Huronen-Häuptling) Abb. 105
Murie, James (‹Coming Sun›) Abb. 157
Murie, Mrs. Abb. 157
Muskogean 8, 10, 13, Abb. 25, 30
–, ‹Der Schöpfungsmythos der Muskogean› 10, 21, 22, 26

Nabelschnurbehälter (Sioux) Abb. 143
Napi siehe Old Man
Naskapi 17

Natchez 8, 146
Navaho 8, 120, Abb. 110, 112
–, Hogans Abb. 111
–, Nachtgesangs-Zeremonie Abb. 112
–, Silberschmuck Abb. 110, 111
–, Weben 48
–, ‹Der Schwarze Gott› 8, 97, 110, 112–113, 117
Nez Perce 10, Abb. 64
–, Kojote-Mythos 119
–, Taschen Abb. 65
–, ‹Der Ursprung des Feuers – Wie der Biber das Feuer stahl› 10, 47, 49, 65
Nootka 13
Nordlicht 75
–, ‹Die Geschichte des Nordlichts› (Abenaki) 75, 83–84

Oglala-Lakota Abb. 71
O-kee-pa-Zeremonie (Mandan) 7, 13, 146, 152–153, Abb. 152
Old Man (Napi) 13, 21, 22, 37, 39, 41, 42, 45, Abb. 41
–, ‹Wie Old Man Above die Welt erschuf› (Shasta) 13, 22, 45
Omaha 11, 12
Oneida 14, Abb. 92
Onondaga 14, 17, 47
–, Häuptling Abb. 72
–, ‹Die Falschen Gesichter› 145, 148
–, ‹Die Geschichte der Pleiaden› 90–92
Orenda (Gottheit) 7, 95

Paitue 96
Parfleche (Cheyenne) Abb. 134
Parker, Caroline Abb. 66
Passamaquoddy 14, 17, Abb. 53, 83, 84
–, Birkenrindenhütte Abb. 54
–, ‹Der Ursprung des Donners› 47, 53–54
Pawnee 12, 22, 76, Abb. 157, 167
–, Dorf Abb. 155
–, Erdhütten Abb. 155, 157
–, Gottheit 95
–, Häuptlinge Abb. 154, 168
–, Hüter des Totenkopfbündels Abb. 167
–, Morgenstern-Zeremonie Abb. 168
–, Republikanische Pawnee-Gruppe Abb. 158–159
–, Sternenbündel 146
–, ‹Das Heilige Bündel› 146, 166
–, ‹Der Mann, der den Büffel rief› 145, 154–155, 157–159
–, ‹Wie die Tochter des Abendsterns besiegt wurde› 76
Perlenstickerei
–, Chippewa Abb. 98, 122
–, Irokesen 14, Abb. 73
–, Nez Perce Abb. 64, 65
–, Pawnee Abb. 159
–, Teton-Sioux (Lakota) Abb. 143
Petalesharro (Pawnee-Häuptling) Abb. 154, 168
Pfeifen 48, Abb. 26, 71
–, ‹Der Ursprung des Pfeifensteins› (Sioux) 47, 48, 71
Piegan (Blackfoot) 42
–, Krieger Abb. 45
–, Medizinmann Abb. 163
–, ‹Beaver Medicine Song› 146
Pima-Stämme 8
Plains-Stämme 11–13, 121, 147, Abb. 102, 137
–, Mythos vom Sternenehemann 76
–, Sonnentanz 146–147
Pleiaden 75
–, ‹Die Geschichte der Pleiaden› (Onondaga) 75, 90–92
–, ‹Die Pleiaden› (Cheyenne) 75, 85, 87
Pomo 13

Poncho Abb. 39
Potlatch-Zeremonie 48, Abb. 58
Powamu-Zeremonie (Hopi) Abb. 113, 117
Powell, Pater Peter Abb. 150
Prärie-Stämme 8, 11–12
Pueblo-Indianer 8, 47
Pueblo-Siedlungen (Zuni) Abb. 16, 31, 61, 62, 63, 133

Qualla Reservat, North Carolina Abb. 120, 137, 141

Raben 14, 48, 119, 120
–, ‹Der Rabe› (Kodiak Island) 18, 120, 129–132
Ratunda, Joseph Abb. 64
Red Cloud, Jack Abb. 71
Regentanz (Zuni) Abb. 10, 61, 62, 63
Ridge Walker (Cheyenne-Scout) 106, Abb. 108
Rogel, Pater 96
Rosebud Agency (Gründungsjubiläum) Abb. 160, 161, 162
Rushing War Eagle (Mandan-Häuptling) Abb. 26

Sahaptin 10
Salish 10, Abb. 129
–, Gottheit 95
–, Donnervogeltanz 95
–, Tänzer Abb. 91
–, ‹Der Krieg mit den Himmelsmenschen› 75, 88
Salzgöttin (Zuni) 96, 101, Abb. 100
Sarcee 42
Scapulimancy 17
Schamanen 14, 52, 121
–, Ahtena Abb. 81
–, Tlingit Abb. 52
Schmidt, Donald Abb. 45
Schmuck (siehe auch Halsketten)
–, Ahtena Abb. 81
–, Navaho Abb. 110, 111
Schwarzer Gott (Navaho) 8, 97, 110, 112–113, 117
Schwirrholz Abb. 33
Seemonster-Adler (Tsimshian) 95
Seminolen 8, Abb. 18, 25
Seneca 14, 47, Abb. 66
–, Häuptling Abb. 72
–, ‹Der Ursprung des Wampum› 47, 71
Shakok (Wintergeist) 49, 60, 62–63
Shalako-Tänzer (Zuni) Abb. 61, 63
Shasta 13
–, ‹Wie Old Man Above die Welt erschuf› 13, 22, 45
Shoshonen 11, 21
Shuky (Tlingit-Häuptling) Abb. 50
Silberschmuck (Navaho) Abb. 110, 111
Silestine, Joe Abb. 30
Sioux (siehe auch Lakota) 7, 11–12, Abb. 41, 161
–, Gottheit 95
–, Nabelschnurbehälter Abb. 143
–, Pfeifen 48, Abb. 71
–, ‹Der Ursprung des Pfeifensteins› 47, 48, 71
–, ‹Wie der Nordwind sein Geburtsrecht verlor› 121, 142
Sommer
–, ‹Der Ursprung von Sommer und Winter› (Acoma) 49, 60, 62–64
Sonne 22, 75
–, ‹Die Sonne und der Mond› (Athapasken) 17, 75, 81–82
Sonnentanz-Zeremonie
–, Blackfoot 76, Abb. 14
–, Cheyenne Abb. 137
–, Lakota 7, 146–147, 160–163, 165–166, Abb. 160, 161, 162
–, Piegan (Blackfoot) Abb. 163
–, Sioux 13, 48
Spinnen 119
–, Spinnenfrau (Navaho) 48, 120
–, ‹Die Legende vom Spinnenturm› (Zuni) 120, 132–133
Spokan 120
Steinkoch-Methode Abb. 41
Stein-Schilder
–, ‹Die Stein-Schilder› (Cherokee) 120–121, 141
Sterne 75–77, Abb. 77 (siehe auch Nordlicht, Pleiaden)
–, Mythos vom Sternenehemann (Plains-Stämme) 76
–, ‹Das Sternmädchen› (Chippewa) 75, 87–88
Stickwan, Häuptling Abb. 81
Sulia (Gottheit) 95

Tabak 47–48
Tänze Abb. 91
–, Büffeltanz (Cheyenne) 146, Abb. 148
–, Donnervogeltanz (Salish) 95
–, Erntetanz (Zuni) Abb. 32
–, Gahantanz Abb. 13
–, Geistertanz (Cheyenne) 96, Abb. 108
–, Potlatch (Haida) Abb. 58
–, Potlatch (Tlingit) Abb. 58
–, Regentanz (Zuni) Abb. 10, 61, 62, 63
–, Sonnentanz siehe Sonnentanz-Zeremonie
–, Weißer Rehdecken-Tanz (Hupa) Abb. 146
–, Wettertanz Abb. 163
–, Wintergeist-Tanz (Flathead) 120
Tanana 17
Taschen 14
–, Cheyenne Abb. 134
–, Chippewa Abb. 122
–, Nez Perce Abb. 65
–, Passamaquoddy Abb. 83
Thomas, Joseph Abb. 54
Thomas, Newell Abb. 54
Tiere 10, 12, 13, 14, 119, Abb. 64, 91 (siehe auch Bären, Biber, Büffel, Füchse, Kojoten)
Tijaiha, der Zauberer (Huronen) 96, 103–105
Tillamook 13
Tipis 10, 12, Abb. 43, 127, 142, 150, 157
Tirawahat (Gottheit) 22, 95, 146, 158
Tlingit 13, 14, 22, Abb. 50
–, Potlatch-Zeremonie Abb. 58
–, Schamane 49, Abb. 52
–, ‹Der Ursprung der Hexerei› 47, 49, 50, 52
Töpferei (Cherokee) Abb. 120
Tomason (Timothy) Abb. 64
Totempfähle 13, 14, Abb. 48, 69
–, ‹Der erste Totempfahl› (Kwakiutl) 14, 47, 67, 69
Transvestiten (Zuni) Abb. 102
Tsimshian 13, 22
–, Seemonster-Adler 95
Tuscarora 14
Twin Mountains (Schrein) Abb. 96

Umatilla 10

Vermilljou, Pater Abb. 83
Vögel siehe Adler, Eichelhäher, Elstern, Raben

Wakanda (Gottheit) 7, 95
Wakinyan (Gottheit) 95
Wallawalla 10
Wampum
–, Gürtel Abb. 72
–, ‹Der Ursprung des Wampum› (Seneca) 47, 71
Weben (siehe auch Chilkat-Decken)
–, Navaho 48–49
–, Zuni Abb. 132
White-Mountain-Apachen Abb. 8
Wickiups 8
Wigwams 14, 17 (siehe auch Tipis)
Winnebago 14
Winter siehe Sommer

Yupik 18
Yurok 13

Zuni
–, Erntetanz Abb. 32
–, Gottheiten 96, 101, Abb. 96, 100
–, Pueblo Abb. 4, 31, 133
–, Regentanz Abb. 10, 61, 62, 63
–, Schrein Abb. 96
–, Straße Abb. 16
–, Transvestit Abb. 102
–, Weben Abb. 132
–, ‹Der Schöpfungsmythos der Zuni› 21, 31–32, Abb. 33
–, ‹Die Göttin des Salzes› 96, 101
–, ‹Die Legende vom Spinnenturm› 120, 132–133